團體諮商的觀念與應用

張景然博士　著

作者序言

　　民國八十三年間透過中研院余伯泉教授的引介，作者有機會和嘉義大學吳芝儀老師共同翻譯出版 Dr.Gerald Corey《團體諮商的理論與實務》一書的第三版，到現在正好十年；更早回顧到學生時代，受到彰化師大何長珠、吳秀碧兩位老師的啓迪開始接觸到團體諮商這門課程，到現在也有二十年了；在因緣際會之下，1996 到 1999 年這段期間在美國進修的主要領域也是團體諮商；回國後在世新大學社會心理系任教的主要課程又是團體諮商。這半生專業生涯既然和團體諮商有不解之緣，現在能有機會再度把教學、實習和研究團體諮商的成果集結起來，那真是人間一大樂事。

　　這本書第一部份收錄了我回國後陸續發表過的五篇論文，第二部分是從學生們所設計的團體企劃書中整理出三十篇比較完整而有代表性的作品。要特別感謝這些原創者們所貢獻的的心血精華；還有幾年來擔任過督導的助教群，包括王鈴惠、蘇陳端、謝秋嬋（秋嬋在第四篇有關團體「此時此地」的論文中同時有很多參與）、李淑儀、曾瓊瑩、劉琦等人，在無數個週末假期漫長的督導歷程，才使得我們大家共同編織出來的願景成為可能。本書的後期作業要感謝身兼經紀公司簽約的歌詞創作者和我的工作夥伴的王俞方小姐，她花了許多時間修改團體企劃書成為可讀性較高的作品，更煞費心思地將團體領導者姓名改寫成為文謅謅的小說角色，以避免在具有示範功能的自我揭露時暴露個人隱私。

　　一本書的影響力有可能輕於鴻毛，也有可能重於泰山，不敢說本書的出版會對國內團體諮商員訓練和督導，以及團體諮商的型態和實質效能的提昇產生戲劇性的變化，這裡倒是想提醒讀者，這本書的三十篇企劃書內容篇篇都是連貫的一個完整主題，不是只有累積幾個團體活動在一起；也

都是領導者們實際帶領團體過後整理出來的成品，不是只有紙上談兵；它們適用的對象是成年的大學生或社會人士，在主題、活動、帶領方式等方面都和適用於青少年、兒童的團體方案有所區別的。

　　民國九十一年九月有序出生以前，我大部分的週末時間都在學校的團諮室和團體成員、領導者、助教們度過，那真是一段值得回憶的豐富之旅。有序出生以後，我勢必無法再像從前那樣投入許多休假時間在團體的實習督導工作，那麼，這本書就特別顯得彌足珍貴和值得紀念，謹以這本書獻給我的舊愛團體諮商和新歡張有序小朋友。

目錄

團體諮商的重要觀念

準團體諮商員的迷思與衍生的問題

「團體諮商」(或稱「團體輔導」，本文互用這兩個名詞，不特別區分其定義) 的課程對於助人專業 (helping profession) 相關科系，亦即主修教育、心理、輔導、社工等科系的學生而言並不陌生，這些學生除了學習團體諮商的基本理論之外，大都還會被安排以團體成員的角色體驗團體進行的過程。這其中有部分學生基於課程的要求，還必需參與設計團體實施的方案計劃，並且實際帶領團體，以驗證團體輔導的基本理論和領導技術，獲致完整的團體輔導學習經驗，甚至進一步做為專業團體諮商員的準備。

過去十數年間，作者在求學及工作的經驗中得以有機會在國內外幾個機構觀察和督導準團體諮商員們的工作情形，深切感受到其中普遍存在的疑問不斷困惑著這些學員 (trainee)；部分共同的誤解或迷思 (myth) 也並沒有因為時空的替換而有所改變或得到澄清；一些初始團體諮商員們容易發生的缺失更值得有系統的歸納整理以減少學員們的焦慮和挫折感。本文試圖針對準團體諮商員常有的迷思與因之衍生的問題分別提出探討和澄清，期使準團體諮商員的工作更有效能，既能提供給當事人較佳的服務品質，更能維護團體諮商的專業性。

【迷思一】以為團體諮商就是數個活動的累積

同時也因為這個迷思而產生以下四個常問的問題：

▶▶(問題 1-1)一個九十分鐘的團體，只準備一個活動真的夠嗎？

▶▶(問題 1-2)團體計劃既定的內容能臨時更改嗎？

▶▶(問題 1-3)在團體中談論中小學階段的人事物、系裡人事物、團體內

的人事物，哪一個比較恰當？爲什麼？

▶(問題 1-4)離團體結束只剩五分鐘，還有一個二十分鐘的活動還沒有進行完，怎麼辦？

在團體諮商的實務工作或團體諮商員訓練環境中，最常看到的團體進行方式即是累積許多個團體活動成爲團體進行的主軸，於是學員們的認知便以爲團體諮商就是團體活動的累積，規劃團體進行的方案便是準備團體活動，往往一個六十分鐘的團體需要使用兩個團體活動，而一個九十分鐘的團體便需要使用三個團體活動。學員們上圖書館或到書店找尋帶領團體的參考教材，泰半都在介紹團體活動，更容易令人誤以爲那是帶領團體的標準模式。質言之，在高度結構的團體中，團體活動只是用來做爲每個活動進行後的團體分享做引導，它有引發成員動機、促進團體互動、協助成員構思、以及探索成員情緒的作用，卻絕對不是團體的主要內容。也就是說，活動本身永遠是次要的，活動後的分享才是團體的重點，即便是眾所熟知的大肢體動作暖身活動 (例如 「信任走路」和「信任跌倒」) 亦然；而團體活動在低結構團體、團體中後期，或具有高度表達能力與參與動機的成人團體中更是可有可無的，因爲那時候團體領導者的同理心技術、促進團體互動的引導技術、和治療性十足的 「此時此地」 (here and now, Yalom, 1995) 原則便成爲團體的主軸，團體諮商員自然也不必擔心漫長的團體時間沒有準備足夠的團體活動如何「支撐」下去的問題了。「此時此地」既然爲團體諮商學者所看重，談論過去或現在孰重孰輕的問題自是十分明顯，因爲「此時此地」的動力或治療性必然大於「彼時彼地」(there and then)。換句話說，能提到團體內的人事物就別提到團體外的人事物（但衝突事件要特別留意，要看彼此是不是衝突雙方還存有關心和誠意）；能提到大學時代的人事物就別提到童年時代的人事物。

【迷思二】以為團體諮商就是團康活動或團體討論

由此分別衍生的問題便是：

▶▶(問題 2-1)團體成員的歡笑帶給團體領導者很大的鼓舞，這有什麼不好，

▶▶(問題 2-2)在團體中有人習慣爭辯名詞的定義或歸納原則，怎麼辦？

有些學員可能把在其他社團活動參與過的團康活動誤以為就是團體輔導活動的內容，把一個諮商團體帶得活潑歡樂，團體成員也覺得很有樂趣，作者絕無貶低其他專業的意圖，相反的，團康活動在台灣教育界有它十足的貢獻，同時也是本土研究「團體動力學」一個特殊而重要的主題，不過把團體輔導活動帶成團康活動恐怕是根本誤解了團體諮商的性質和功能。

也有部份學員或許對於團體諮商的性質有所誤解，或由於本身習於認知思考而忽略情感探索的人際互動模式，很難體會「同理心訓練」為何物，遇有需要揭露本身經驗或情緒時，往往只做名詞定義（例如，分析「親情的成分」、而非揭露與家人的互動經驗；分析「愛情的種類」、而非揭露與異性的互動經驗），無法進一步探索廣泛和深層的情緒（這裡暫排除有意抗拒的可能性），對於這類的準團體諮商員或團體成員，「具體」(concreteness)、「給予回饋」(giving feedback)、「立即性」(immediacy)、和「反映情緒」(reflecting feeling)（本文所提的諮商技術係參考徐西森，民86；張景然和吳芝儀，民 84；黃惠惠，民 85；Ivey & Authier, 1978 等資料）等技術的反覆練習和使用是有必要的。

【迷思三】以為團體諮商就是解決成員的問題

伴隨這個觀念而來的疑問是：

▶▶(問題 3-1)團體真的不能給建議嗎？

▸▸(問題 3-2)那什麼時候是使用同理心技術的時機？

當團體進入工作期 (working stage) 之後，成員間的信任感和凝聚力都大為提高，成員在這個階段也許比較願意談及個人的問題，準團體諮商員們大都會因為成員願意在他們所規劃及帶領的團體中有深度的揭露而感到滿意，同時一種願意傾全力協助解決問題的使命感也油然而生。這或許也是受到個別諮商工作中「短期諮商」 (brief therapy) 趨勢的影響，本是無可厚非，唯同理心技術的使用，以及提供機會讓成員充分探索其隱藏在問題之下的情緒反應，對於團體諮商員的養成教育而言，是遠勝於直接提出建議來解決成員問題的，因此同理心技術（主要由「摘要」和「反映情緒」構成，參見 Ivey & Authier, 1978）的使用時機是無所不在的。事實上連結 (link) 其他成員處理（或解決）某一事件的經驗，往往也具有做建議的效果，而較無做建議所可能產生的弊端，這是團體諮商較有利於個別諮商的技術之一；如果諮商員非建議不可，則包裹著「自我揭露」（self-disclosure）糖衣的建議會更勝直接建議一籌。

作者嘗見大學二年級學員設計並帶領同班同學進行以「生涯規劃」、「情緒管理」、和「壓力管理」為主題的團體，結果進行得很不順暢，不僅成員不滿意，領導者更是十分挫折。事後的督導中學員們歸納出可能的原因是，這類具有問題解決導向的主題，諮商員是以專家的身分帶領團體，換句話說，學員們必需具備與各該主題有關的專門知識和經驗才能使團體發揮效能，否則成員不啻問道於盲。以「生涯規劃」團體為例，團體諮商員必需修習過「心理測驗」、「教育與職業資料分析」、甚至「生涯規劃」或「生涯輔導」等課程，如果沒有機會在帶領該主題的團體之前擁有這些專門知識，至少也要得到督導員或校內學生心理諮商單位的協助。再從諮商專業倫理而言，任何超越諮商員專業訓練的技術是違反專業倫理標準的 (American Counseling Association, 1995)。

【迷思四】以為團體諮商就是在團體中做個別輔導

成員們會問：

▶▶(問題 4-1)領導者和協同領導者如何分工？

▶▶(問題 4-2)團體結束前五分鐘，有一位成員「好像」準備要做很深的自我揭露，怎麼辦？

一個典型八至十二人的小團體足以讓缺少實務經驗的準團體諮商員們忙得焦頭爛額，加上督導者對團體帶領技術的要求，可能使他們連原有的談話習慣都得斟酌再三，遇到有成員談到比較深入的問題，難免就會專注於單一成員而忽略到引導整個團體的互動。安排兩位學員協同領導似乎是不錯的方法，兩位協同領導者交互留意團體談論的內容與互動的情形，藉機以「目標設定」(goal setting)、「連結」其它成員的相關問題、或引導其他成員「給予回饋」(張景然和吳芝儀，民 84) 等技術引導成員互動，可以避免集中過多注意力與時間在某個成員的問題上，同時也可以讓每個團體成員都能從中受益。

如果是基於以上考慮而安排兩位學員共同帶領一個團體，這兩位學員在每次團體規劃和實施的責任分工應該是各佔百分之五十，而不是某一單元一主一從，另一單元角色互換，除非一個是很有經驗的團體領導者帶領一個沒有經驗的協同領導者學習團體領導技巧，兩個人的角色始有主從之分。

學員們常見的分工方式是由領導者負責一整個單元，協同領導者僅僅是作客心態，雙方「輪流」負責團體方案的設計與執行，而非「協同」分工，無怪乎領導者長覺得忙不過來，協同領導者則內疚幫不上忙。一個可行的簡要責任劃分是讓協同領導者執行結構上團體活動的部份，提供示範讓成員很快瞭解團體進行的方式，依座位安排角度留意領導者容易疏忽的成員反應，並且可以補足領導者因過於專注或經驗不足而忽略掉的重要訊

息做適當的介入。值得一提的是領導者和協同領導者在團體進行之際是容許做立即性的對話的，特別是在「聚焦」（focusing）和「結構」（structuring）團體方向和進行方式時，準團體諮商員或許是耽心被成員視為默契不佳，遇到需要溝通時只能焦慮的比手畫腳（通常它們的座位會有一定距離），以致反而失去團體的透明度（transparency，Yalom, 1995）和真實度，這種溝通的前提是雙方事先有充分的準備協調，所以次數應該不致過多。

【迷思五】以為督導者沒有提出指正就是對的

國內諮商員（包含團體諮商員）的養成教育是開始於大學階段，學生人數眾多或可達到推廣諮商專業的部份效果，但另一方面由於大學部的師生比例不若研究所來得寬裕，在大學階段訓練諮商員便產生教師（督導者）過勞或學員得不到適當督導的窘境。督導者提供「臨場督導」（on-site supervision，Bradley, 1989）當然是最理想的狀況，但舉例而言，一名負責三個班級，每班平均六十個人，每個「領導組」每學期至少帶領八小時的團體諮商員（請注意，不是「團體成員」）訓練者兼督導者，光是要付出的時間就接近天文數字，因此學員們的「同儕督導」（peer supervision）或借助錄音、錄影器材的使用協助準團體諮商員事後整理團體經驗，便成了尋求專業督導以外的重要學習管道。然而這些輔助的學習、訓練方式卻也造成學員們的許多疑惑未解，甚至是以訛傳訛、積非成是，這其中有些是督導者視為理所當然的團體基本步驟，而學員們卻困惑不已的，督導者不可不慎。例如學員們會有以下問題：

　　▶▶(問題 5-1)為什麼團體要圍成一個圓圈坐著？

　　▶▶(問題 5-2)團體進行中可以喝水嗎？

　　▶▶(問題 5-3)團體進行中可以錄音或錄影嗎？

　　▶▶(問題 5-4)由同學所組成的團體，在第一次團體進行的見面活動中，

彼此要假裝不認識嗎？

▶▶(問題 5-5)觀察者（或同儕督導）可以和團體互動嗎？

▶▶(問題 5-6)觀察者（或同儕督導）要觀察紀錄些什麼？

▶▶(問題 5-7)領導者和協同領導者只要引導團體的進行，還是一邊帶領團體，一邊也要和成員一樣，參與團體所進行的各項活動？

▶▶(問題 5-8)團體規範已經明定不能遲到，還是有人不能遵守規定怎麼辦？

▶▶(問題 5-9)在最後一次的道別活動中，領導者需不需要和成員交換小禮物或卡片？

▶▶(問題 5-10)成員「發言」的次序是順時針方向比較好還是逆時針方向比較好？

要回答這些疑問，可能有見仁見智的答案，可能資深的督導會啼笑皆非，可能根本沒有合適的答案，耐心十足的老師也可能要不斷叮嚀才不會使自己的學生貽笑大方。然而學生的疑惑絕對是真實的，如果沒有機會提出來，或是督導沒有機會發現，這些準諮商員們就有可能帶著電視上 call in 節目或「益智節目」主持人的方式出去帶領團體而不自知。作者花了無數的時間反覆從最基本詞彙使用上提醒學生儘量習慣用「分享」代替「發言」或「發表」，用「經驗」或「感受」代替「意見」或「見解」，用稱呼「成員」代替「團員」，避免把團體輔導變成記者會或綜藝節目，這在一個對團體諮商課程從無到有的新環境中，感受特別深刻。

即使是老生常談，作者還是要簡要條列回答前面所提的幾個問題。

▶▶(5-1)團體圍成一個圓圈坐著是能使每一位參與者都能看到彼此的眼神、表情、和身體語言，以增進互動的可能性。

▶▶(5-2) 團體規範中最好規定不要喝水（或進食），這會使得成員精神不集中，甚至藉由喝水隱藏呼之欲出的情緒。附帶一提，其他不適當的社交行為，如鼓掌、戲謔、分食食物、說髒話等，應該被禁止在團體中出現。

▶(5-3)在說明錄音或錄影的目的、銷毀的時限後，經由全體成員的同意即可錄音（影）。

▶(5-4)可依照彼此熟識的程度和團體主題進行深一層的認識活動，也可簡短帶過這個部份。唯團體中如果至少有一名新成員，就應該以讓該新成員對所有成員有基本的認識為原則。

▶(5-5)觀察者（或同儕督導）不能和團體有任何互動，如果設備允許，最好是在單面鏡或螢幕監控室進行觀察。

▶(5-6)觀察者（或同儕督導）紀錄的內容可以包括領導者（和協同領導者）的帶領技術和行為、個別成員的參與情形、全體成員的反應狀況、整體團體的歷程與動力、和觀察者的心得等。大致而言，觀察者負有臨場同儕督導的職責，其所觀察紀錄的內容應該要比團體參與者事後的回憶周詳豐富許多。

▶(5-7)領導者和協同領導者可以視團體時間長短和成員多寡決定共同參與的程度。一般而言，團體以讓成員充分探索其經驗為主要考量，在這個原則之下，領導者和協同領導者的示範、有感而發的自我揭露，和適度的透明性，都可以使團體的進行更加順暢、自然。

▶(5-8)團體規範不周延之處可以在團體進行中提出來修正，必要時可以訂定罰責以降低遲到或缺席的機率。

▶(5-9)同樣基於領導者透明性的考量，領導者可以和成員交換小禮物或卡片，如果活動屬於選擇性的贈送小禮物，領導者更需要多準備幾份，避免有成員沒收到小禮物的情形發生。

▶(5-10)成員願意在團體中分享經驗本無按照順序的必要，理想的團體進行方式是呈現成員與成員或成員與領導者間的「交錯型」（潘正德，民 84）互動。如果必須由領導者指名，可以佐以「連結」、「非口語線索」（nonverbal referent）的技術，讓成員不覺得突兀。團體談話順序另一個特色是先分享自身經驗的前一、兩位成員自自然然起了示範作用，領導者如果要指定成員說話，最好讓比較瞭解團體

走向、表達能力較佳的成員優先，這可以提供後續的成員參考如何適當的呈現自己。

【迷思六】以為團體諮商員的焦慮是不正常的

常見的問題則是：

▶▶(問題 6-1)被觀察、錄音或錄影很不自在，可以在團體中說出來嗎？

▶▶(問題 6-2)團體領導者常常想著要使用什麼「技術」，以致反應慢了半拍，怎麼辦？

▶▶(問題 6-3)「反映情緒」的技術使用多了會很呆版，成員也會抗拒，怎麼辦？

▶▶(問題 6-4)團體中有人哭泣時怎麼辦？

▶▶(問題 6-5)團體成員的抗拒行為如何處理？

在學習期間的團體諮商員從理論的學習過渡到實習經驗，當中有非常大的落差，這種理論與實務的差距同時會帶來成就感、新奇體驗、疑慮、禁忌、不安、或不知所措，不論成員或準諮商員都應該有充分的機會來表達這些經驗。所不同的是諮商員可以找督導談；而成員的上述經驗，不論來自被觀察或來自參與團體的陌生感覺，也需要諮商員在團體中以澄清感覺、支持、同理、探索原因等方式做適當的處理。任何諮商技術的使用，都可以由領導者和協同領導者合力完成，這也會幫助領導者不致產生太大的急迫感。

團體諮商員有意識到使用「反映情緒」的技術是擺脫資料收集階段，把團體帶得更深入的指標之一，這個原本十分具有治療性的技術的確也會給諮商員帶來挫折感，原因是一成不遍的問話方式（例如反覆詢問：「那你有什麼感覺？」）容易招致成員的反感，避免同樣的句型或語氣應可以讓成員在自然對話的情況下揭露更深。例如交叉使用：「那你當時的心情如

何？」、「現在呢？」、「你會很生氣嗎？」、「你是說你很無奈？」等問句，或是「所以你會很不高興」這樣的肯定句。

　　成員在團體中哭泣時，領導者較適合使用的技術是「沉默」。在不斷練習新技術，獲得新經驗的團體帶領過程中，「沉默」算是反向操作，困難之處在於領導者急於介入心態的調整，和應用的時機的掌握。一般成員在看到某一成員哭泣時都會傳遞面紙或輕拍哭泣者表達關心，領導者可以靜觀成員間如何互動，並判斷哭泣者適不適合接續談話，提供機會讓該成員自己做決定，如果他的選擇是稍後再談，領導者要記得留時間讓他把話說完。

　　團體成員的抗拒行為可能表現在經常性的遲到、無故缺席、不專心、不參與特定主題或所有主題、甚至根本就否認自己有抗拒現象。領導者宜判斷該成員抗拒的來源是對團體進行方式、團體主題（例如有些成員不願意或沒有準備好談家庭經驗或兩性交往的經驗）、領導者的領導風格、督導者、其他團體成員、甚至是課程或就讀科系的抗拒；也有可能是該成員本身的因素，例如疲倦、動機低落、個性防衛、不信任團體、不習慣揭露自己、或是過去不愉快的經驗（包括生活經驗或參與團體的經驗）使然。領導者若能分辨成員的抗拒來源，在適當時機加以處理，不僅可以避免本身無謂的焦慮，更能協助成員從抗拒行為中進一步探索自己抗拒行為背後蘊含的意義。

　　當發現某成員可能有抗拒現象時，領導者處理的方式從輕到重可以是：留心但不處理、領導者揭露自己的感受、使用「立即性」技術、溫和的「面質」（confrontation）、以及運用「此時此地」的原則邀請其他成員給予回饋。如果因為其他成員的回饋或面質過於強烈，領導者反而應該調整自己的角色，改使用同理心技術、保護（protecting）、阻止（blocking）、或調律（tone setting）等技術調節團體動力，以免使得該成員過於防衛或受到傷害。在團體中談多談少的決定權屬於成員所擁有，領導者只能加以引導、催化、或呈現現狀，處理抗拒的目的是要讓該成員有足夠的自我覺察，並不是促成立即的改變，也不是讓領導者和其他成員宣洩怒氣的。成

員在團體中除了分享自身實際經驗之外，還可以談及感覺和想法，如果成員只是不願意談到自己的生活經驗，領導者仍舊可以引導這類成員傾聽其他成員的談話內容，並鼓勵揭露自己的觀點和感受，做一個稱職的回饋提供者。

　　本文可以說是作者在訓練三個班級的團體領導者一學年下來的督導報告。在歷經無數次團體方案的規劃、執行、和檢討的大大小小聚會之後，我決定把它整理出來。仔細算算，兩位助教和我自己總共合力實地督導過216 次的團體，每次進行八十至九十分鐘。我想最大的受惠者是我自己，不僅讓我有改善教材教法和自己反思的機會，日後再接觸到新一批的學生，也可以不必辛辛苦苦的每次都從零開始，當然我更希望讀者能從本文或益。我雖然花了比較大的篇幅來敘述嚴肅的諮商員訓練過程，事實上團體另一個很大的吸引力是能夠經由觀察學生們的經驗分享，和他們一同感受成長過程中的痛苦、艱辛、疑惑、和愉悅。在一般師生還常常存著見了面認不出名字的尷尬關係中，我卻能夠有這種特別機緣去碰觸他們的內心世界。這原本不屬於督導者的督導內容（甚至有時候還會有形同諮商員不適當的「反移情」反應），我也約束自己儘可能不在工作的時候坦露這些情緒，只不過學生們的經驗太過真實、深刻，不是教科書上可以讀到的。以哭泣來說，每一位成員在淚水背後必然深植許多辛酸，然而這在這種教材式的文章中只能受到公式化的對待，其實是蠻不公平，甚至是荒謬的，這是作者特別要提出說明的。

參考資料

徐西森（民 86）　《團體動力與團體輔導》。台北：心理。

張景然和吳芝儀譯　（民 84）　《團體諮商的理論與實務》。台北：揚智。

黃惠惠（民 85）　《助人歷程與技巧》。台北：張老師。

潘正德 (民 84) 《團體動力學》。台北：心理。

American Counseling Association (1995, June). Code of ethics and standards of practice. Counseling Today, 33-40.

Bradley, L. J. (1989). Counselor supervision (2nd ed.). Muncie, IN: Accelerated Development.

Ivey, A. E., & Authier, J. (1978). Microcounseling (2nd ed.). Springfield, IL: Charles C Thomas.

Yalom, I. D. (1995). The theory and practice of group psychotherapy (4th ed.). New York: Basic Books.

本文摘要

◇團體諮商並非數個活動的累積。在高度結構的團體中，團體活動只是用來做為每個活動進行後的團體分享做引導，它有引發成員動機、促進團體互動、協助成員構思、以及探索成員情緒的作用，卻絕對不是團體的主要內容。

◇活動本身永遠是次要的，活動後的分享才是團體的重點。

◇「此時此地」的動力或治療性必然大於「彼時彼地」（there and then），換句話說，能提到團體內的人事物就別提到團體外的人事物（但衝突事件要特別留意，要看彼此是不是衝突雙方還存有關心和誠意）；能提到大學時代的人事物就別提到童年時代的人事物。

◇團體諮商不是團康活動或團體討論。

◇團體諮商並非就是解決成員的問題。

◇連結（link）其他成員處理（或解決）某一事件的經驗，往往也具有做建議的效果，而較無做建議所可能產生的弊端。如果諮商員非建議不可，

則包裹著「自我揭露」糖衣的建議會更勝直接建議一籌。

◇領導者和協同領導者在團體進行之際是容許做立即性的對話的,特別是在「聚焦」和「結構」團體方向和進行方式時,與其比手畫腳,不如增加團體透明度。

◇避免把團體輔導變成記者會或綜藝節目。

◇團體圍成一個圓圈坐著是能增進互動的可能性。

◇團體規範中最好規定不要喝水(或進食)。

◇在說明錄音或錄影的目的、銷毀的時限後,經由全體成員的同意即可錄音(影)。

◇不適當的社交行為,如鼓掌、戲謔、分食食物、說髒話等,應該被禁止在團體中出現。

◇活動屬於選擇性的贈送小禮物,領導者更需要多準備幾份,避免有成員沒收到小禮物的情形發生。

◇理想的團體進行方式是呈現成員與成員或成員與領導者間的「交錯型」互動。如果必須由領導者指名,可以佐以「連結」、「非口語線索」的技術。

◇避免同樣的句型或語氣應可以讓成員在自然對話的情況下揭露更深。

◇成員在團體中哭泣時,領導者較適合使用的技術是「沉默」。

◇當發現某成員可能有抗拒現象時,領導者處理的方式從輕到重可以是:留心但不處理、領導者揭露自己的感受、使用「立即性」技術、溫和的「面質」、以及運用「此時此地」的原則邀請其他成員給予回饋。

◇如果其他成員的回饋或面質過於強烈,領導者應該調整自己的角色,改使用同理心技術、保護、阻止、或調律等技術調節團體動力,以免使得該成員過於防衛或受到傷害。

團體諮商的規劃和實施

壹、前言

　　筆者擔任世新大學社會心理系團體諮商課程教學和訓練工作剛剛屆滿兩年時間，第一年結束之際嘗就個人督導學生團體帶領實習經驗所見，寫成〈準團體諮商員的迷思與衍生的問題〉（張景然，民 90）一文，主要在探討新手領導者共同的疑惑和實務訓練的要領。其間觀察督導的團體領導者均為本系大學部二年級學生，這一批學生在進入大學三年級之後，絕大部分繼續接受第二年團體諮商員的實務訓練。不同於前一年帶領同班同學兩學期各八小時的課程要求，第二年的帶領對象改為真實的成員，學生必需依序完成訂定團體主題、設計團體計劃、招募和篩選成員、領導與協同領導團體的進行，並在團體進行前後與督導充分討論團體內容。

　　比較起第一、二年學生們在團體諮商實習的表現，可以發現充分的事前準備能讓團體進行得更順利，例如在邀請卡上說明各次團體的主題、事前與督導詳細的討論團體計畫、事前演練、及輔助器材的準備、團輔室的環境佈置等，都是團體進行之前需要詳加準備的。同一組的領導者們首次接觸陌生成員，透過相互合作大都能夠適時發揮各自的角色功能，熟練地引導成員參與團體主題的進行。對於結構性團體從陌生到熟悉，但有的學生們亦偏好採用低結構團體。另外，同儕督導者的評論內容進步很多，對團體帶領技術的分類也很正確。大致而言，比較進入狀況的成員比較喜歡低結構團體，比較有信心的領導者也會傾向帶領低結構團體，並且也不再混淆團康與團體輔導（或團體諮商）的性質；團體方案均能針對主題設計活動、分配時間、分工合作，團體進行現場則能視情況彈性調整。唯領導

者在事前對於團體主題與團體目標應能清楚釐清，團體進行中要能繞著主題走，團體結束前要有機會讓團體檢視團體目標達成的程度。在團體方案的內容上，不受教科書或以往團體輔導進行的限制，能掌握各種背景的成員所關切的主題，並能適度的創新及嘗試新題材；但是，主題的設計上範圍有過大的問題（例如以朋友、家庭、愛情、學業等四個主題貫穿四次團體），領導者不易處理，成員也會覺得意猶未盡。

在與另外兩位團體實習助教長時間的臨場督導經驗分享中，筆者發現這些第二年（亦即帶領團體經驗從十七至卅二小時）的準諮商員們常會有些共通的問題或瓶頸，這其實也頗符合個別諮商員在不同階段會出現不同現象的發展模式（吳秀碧，民 83；Stoltenberg & Delworth, 1987）。以下便就一般領導者常遇到的困擾問題和可行的處理方式做進一步的說明。

貳、事前準備工作

諮商實務訓練的課程常常會被「顧名思義」地視為僅僅是土法煉鋼式的經驗累積，不少想要好好從書本閱讀中學習團體帶領方法的學生，也往往不知如何準備起。要帶領一個團體，當然必需先熟練基礎的諮商技巧和團體領導技巧，這部分在《助人歷程與技巧》（黃惠惠，民 88）、《助人技巧》（林美珠和田秀蘭譯，民 89）兩本書中都有許多個別諮商技術的介紹和情境練習；《團體動力與團體輔導》（徐西森，民 86）第五章和《團體諮商的理論與實務》（張景然和吳芝儀譯，民 84）第三章中則有針對團體領導的技術做詳盡介紹。

如果想要事先掌握團體中特殊狀況的處理要領，筆者推薦可以先閱讀《團體動力與團體輔導》（徐西森，民 86）第五章後半部、《團體諮商——策略與技巧》（劉安真、黃慧涵、梁淑娟和顏妃伶譯，民 84）第十四章、和〈準團體諮商員的迷思與衍生的問題〉（張景然，民 90）一文，唯處理

得當與否還要看事件發生時的狀況、時機掌握、和領導者的經驗而定，在督導時間則可以提出來充分討論。

帶領特定主題的團體，除了要熟悉引導技術之外，還要掌握該主題的重要內涵。例如，檢驗「壓力管理團體」是否帶得深入重點的標準是，是否碰觸到「壓力源」、「身心症狀」、「放鬆練習」、「社會支持」、「做決定」、「休閒活動」等重點，這部分應補充閱讀特定主題的參考資料。

以往新手團體領導者（甚至包括有經驗的領導者）通常會依賴高度結構式的團體活動貫穿每一次團體時間。關於這部分，《團體領導者訓練實務》（張老師，民85）、《團體動力與團體輔導》（徐西森，民86）第六章與第十章、《領導才能訓練實務》（吳翠霞、吳淑敏和陳怡君譯，民81）、《增進自我概念》（呂勝瑛譯，民73）等書籍，甚至如「台灣心理諮商資訊網」等網路資源（請參閱 http://heart.ncue.edu.tw）都有豐富的活動可供參考。坊間這一類的書籍不少，唯大多數內容都只適合最初層次的領導者和國中小學成員，著重趣味性和活潑性，或許具有暖身的效果，卻不容易作深入探索。對於教育程度較高、參與動機較強、或心理輔導相關科系的學生而言並不適用，這類成員可能會有被操控和深度不足的感覺而心生反感；就進階的團體領導者而言也應該減少對團體活動的依賴，才能夠有足夠機會琢磨諮商技術。因此，筆者逐漸不鼓勵學生參考這一類團體活動的書籍去設計團體內容，除非能夠針對主題和成員特性適作修改，並降低團體的結構度，才能從工作經驗中學得更多。

選擇團體活動要根據自己過去的成員經驗或領導經驗、同理心、和與同儕間的預演效果來取捨，參考書籍中許多活動並不適合成年成員、學習動機強烈、或預備前來參加特定主題的團體成員，尤其如果只是隨機堆砌幾個不痛不癢的暖身活動或團康活動（例如：大風吹+瞎子走路+腦力激盪+有配樂的冥想），那不啻是團體的沉淪。我們很樂於見到創新的活動或結合許多相關活動的創新題材出現，團體諮商這個專業領域已經到了需要注入新血的時候了。

參、團體主題與目標的擬定

團體主題的規劃，大致可以依照下列三種方式來訂定：

一、根據已經分配好的成員共同特質去安排團體內容，例如高二社會組學生的生涯規劃團體、大學轉學生的適應團體、班級同儕團體（死黨）的人際關係團體等。

二、參考傳統團體輔導書籍的題材去設計主題，再徵求合適的成員。例如情緒管理團體、生涯發展團體、壓力管理團體、自我成長團體等。

三、根據領導者特定的興趣或嘗試去設計創新且符合時效的題材，例如同性戀團體、體重控制團體、名牌情結團體等。

在我們的團體實習經驗中，有的組別按部就班地依照傳統的團體諮商重要題材設計作為團體進行的主題，這類主題可以參考的資料相當多，許多碩博士學位論文都附有完整的團體進行流程可供參考，遇到中規中矩的成員，都能相安無事的進行，但在招募成員上比較不順利。有的組別會按照自己的興趣或設想成員的需求來決定主題，這種做法兼具創新和冒險的性質，像是同性戀團體、體重控制團體、和名牌情結團體等組，都得到成員和督導很高的評價。不過也有不少挫敗的例子，大致而言，在為期八小時四個單元的內容裡宜避免題材過廣。一次談家庭、一次談友誼、一次談生涯、一次談兩性的團體往往會流於表面化。除非團體是特定的主題，領導者計畫分別從以上幾個方向切入，如在「壓力探索」、「寂寞感」、「衝突」、「拒絕」、「失落感」、「遺憾」、「誤解」、「挫折」等特定經驗中擇一主題，分別就家庭、友誼、生涯、和兩性等範圍中深入探索分享，可能會比較深刻一些。

領導者在僅有的四次團體單元中，也要把握有限的時間充分對主題深入探索，包括團體主題說明、自我介紹都可以結合主題「提前」介紹給成

員，而第一和第四單元也都有必要安排適當的活動針對主題進行「真正」的團體內容。比較不適當的做法是認爲第一單元不適合「深入」談主題，第四單元又要做「總結」，以致僅僅安排中間兩個單元觸及主題，這都使得真正探索主題的時間大打折扣。換句話說，第一個單元可以從自我介紹階段即導入主題，而最後一個單元也不要只用來回顧前三個單元的內容，至少可以安排一半的時間進行另一個和主題有關的活動。

團體企畫書中有關「團體目標」的擬定和呈現方式也有必要稍作說明。團體目標常常被視爲團體企劃書中「必要的附屬品」，寫來十分乏味。其實從團體目標的擬定可以同理成員參加團體的需求，也可以確保成員不致於空手而回。領導者在設計團體內容之前，宜就團體主題討論出期望成員參加團體過後，可能得到的所有收穫，一一列在總目標中，再分次設計各單元內容。每個單元目標需能完成總目標所列的一項以上任務，否則就不是好單元。以一個理想的「體重控制團體」目標爲例，這個團體至少應該敘明並達成下列團體目標：

一、能實際減輕體重三公斤以上

二、成員間彼此能得體地分享體重控制的經驗

三、能接納自己的體型

四、傾聽、接納、和同理其他成員在團體中的揭露

五、能適當的提供和接受其他成員的回饋

爲了能讓團體吸引潛在成員的目光，團體標題應該費心擬定。例如：「她他 ～兩性成長團體～」、「破繭的蝴蝶／展翅飛翔～妳&你的故事」、「PT團體──女同志人際關係成長團體──」、「愛情限時批──You Got A Mail!」、以及「人際.com」都是理想的主題；至於「人際團體」（是「人際關係團體」吧？）、「家庭」、「愛情」、「友情」（都太白話了，有的組別甚至只有各單元名稱，沒有完整主題）就有待琢磨。

肆、行政協調工作

　　課堂上有關諮商實習的安排，通常都是由任課老師、助教、或系裡行政人員代為妥適安排，而學生們向來所學到的團體諮商經驗就是從「成員坐定位」的一刻開始的。問題是實際的諮商工作並非如此，有機會前往校外實習的學生甚至會認為，在團體內所發生的任何事情，他們大多能根據過去的經驗一一克服，至少也能夠在事前經由閱讀或同儕討論而有所準備，然而像是招募不到足額成員、場地衝突、成員遲到、單元時間太短等問題，都足以讓準諮商員傷透腦筋。

　　在大學校園內所進行的團體，情況還算能夠掌握，但如果需要到校外尋找中小學生作為團體諮商實習對象，就可能發生意想不到的突發狀況。時間（例如，利用午休四十五分鐘的時間）與場地（例如場地太擁擠，或以太空曠的音樂舞蹈教室權充）不理想是常有的事；有的實習學生需要到教室去「懇求」成員依約赴會；有的準諮商員是到了該學校才臨時被告知「因事」取消、延期、或縮短團體的進行；團體進行途中還曾經發生成員的任課老師打斷團體的進行，與成員攀談起來等等令人感到不受尊重的事件。

　　我們無意強調提供團體諮商實習的單位（例如輔導室），在行政支援有什麼缺失，事實上上述現象正好也反映出目前學校團體諮商工作的實際狀況，這或許也是值得學生們去協調、克服、或改善的地方。因此，完整的團體或許不是從成員坐定位的一刻開始的，（協同）領導者的分工和討論、成員招募和篩選、場地和時間的安排、以及與相關行政單位的協調（或妥協），都要費神處理，這同時也是學習的一部份。

　　前面提到，在大學校園招募成員的方式所進行的團體，受到的限制或許較小，但也有需要留意的地方。以團體進行前的準備為例，團體進行之前的幾分鐘對成員的招呼、問候、聊天都不能輕忽，這會提早讓成員（甚

至是領導者）減低參與團體的拘束感；同樣的，休息時間（特別是一整天的密集式團體）的短暫接觸，也都有助於領導者與成員的關係建立，這也再次說明團體不是從成員坐定位才開始的。

有時爲了補足團體成員的名額，學生們會找來自己相識的同學或朋友前來參加，卻也同時發生了雙重關係的問題（雙重關係對某些主題如「生涯發展」影響不大，但對需要做個人深度揭露了主題，的確會造成干擾）。如果因爲（協同）領導者當中的某一個人介紹自己的朋友（們）來當成員，而使得團體中有結盟或親密度不一的情形，或者使得該領導者難以保持平常心帶領團體，考慮與其他團體互換成員倒是不錯的方法。

帶領中小學生團體需要更多的團體活動和秩序掌控，行爲改變技術是蠻合適的教室常規管理方法。我也提醒準諮商員們一件事，並不是每一個人都適合接受團體輔導，如果有某位成員的行爲或人格特質已對團體的順利進行造成嚴重干擾，或是團體的形式讓某一成員感到不習慣和不舒服，則可以考慮排除該成員參與團體，改以個別輔導或其他處理方式。

在以中小學生爲主要成員的團體中，團體的順利進行可能比深入分享和探索來得重要，因此要注重團體常規的約束和團體活動的趣味性和活潑性，可能要多花一些時間建立信任感，必要時不妨設計團康活動待命（請注意，這並不是團體諮商的常態），而色彩鮮豔的輔具、剪貼、繪畫、紙筆活動、布偶、恐龍蛋、競賽、角色扮演、或肢體活動都可以充分靈活應用。帶領中小學生團體活動的程序、步驟、和指導語都需講求具體明確。對大學生而言，寒暑假期間有許多不同性質的營隊可以有機會直接接觸或服務小朋友，多利用機會參加帶領中小學生營隊的活動可以提早適應與學習帶領小朋友的技巧。

伍、團體帶領技術

　　任何一次團體開始之初,領導者都應該對成員完整介紹團體的主題、性質(例如,澄清團體不是教學、不是解決問題,而是經驗的分享或探索;成員才是團體的主角等等)、和進行方式(例如,鼓勵多對多的網狀互動代替一對一的問答)。先前由同班同學組成的實習團體,雖然成員都清楚這些基本要領,領導者都可以把握機會充分練習,以免遇到真實成員時顯得生澀無助。

　　新手領導者都會擔心準備好的活動進行完了,還會剩餘很長的時間如何處理。事實上只要在每個成員分享過後充分的引導、催化(亦即穿針引線),很單純的活動(或是低結構團體)就能帶得很密集且豐富。而通常最後一個單元總結活動時所進行的成員間回饋,那種頻繁的網狀互動都會令全體參與者有「動起來」的感覺,諮商員可以記住這種印象,這其實是各單元所追求的效果。

一、團體規範是可以調整的

　　帶領真實成員在執行「團體規範」時宜多保留討論空間,避免視為裡所當然的執行各項禁令。例如有關遲到、喝水、或接聽手機的禁令,對於主動報名前來的成年成員都不適合冒然制止,必要時可重新檢討修正規範內容適做調整,而調整的方向可以是修改、刪除原禁令,也可以是加訂罰責徹底執行該禁令。

　　「團體規範」的訂定除了常有的守時、保密、關手機以外,還可以出現「開放自己」、「主動回饋」、「眼神環顧團體」、「傾聽」等有助團體互動的提示;也可以在適當的階段修正或補充。如果某種不適當的行為屢次出現而影響團體進行,可加訂罰責或暫停原主題稍作此時此地的檢驗。

二、從自我介紹導入主題

　　在自我介紹階段，領導者除了可以對成員說話內容作簡要摘述之外，也可以「連結」相關的成員特性。例如，連結同樣喜歡球賽的成員、同樣想升學的成員、或同樣感受到功課壓力的同學，以使團體迅速凝聚成一個整體感（group as a whole）。自我介紹的內容宜視成員的熟悉度和團體主題做調整。以這個原則而言，「人際關係團體」、「家庭經驗團體」、或「生涯規劃團體」的自我介紹內容應該是不一樣的。而領導者在自我介紹和總結階段的相互回饋中都應該與成員共同參與，以保持團體的透明度（transparency, Yalom, 1995），這也會增加團體的真實感。

三、用紙筆作業或簡易活動帶動團體

　　任何一個紙筆作業的活動，超過三、四分鐘都會顯得冗長。使用團體活動的原則是，活動之後的分享永遠比活動本身重要，如果書寫的時間不夠，可以提醒成員只寫關鍵詞即可。相似的情形還包括作業太多，例如讓八位成員分別寫下八個人格特質，或是八個人彼此寫下給對方的回饋，團體內出現過多的訊息，同樣會使團體互動流於表面化。除非所帶的是國中小學學生、不夠投入的成員、或每一單元的時間太短，否則寧願書寫得少，保留多一些口語互動的時間提供團體足夠的分享機會是有必要的。

　　使用心理測驗或趣味心理測驗作為暖身活動可以偶一為之，但領導者要記得說明這只是參考之用，重點仍是在於事後的經驗交流，如果測驗結果與該成員的狀況不符合，可以讓他加以澄清或說明，當事人的真實經驗應該比測驗結果更重要。

　　如果不願意受到既有的教科書束縛，有創意的題材和團體活動都是值得鼓勵的。以最後一個單元的互贈小禮物活動為例，讓成員憑空想像不如適做示範引導。例如送鏡子代表「看清自己」、送椅子代表「多多休息」、電腦代表「思考快速（敏捷）」、書代表「知識淵博」、鑽石代表「高貴華麗」、

電視代表「輕鬆一下」、藥箱代表「別生病了」、水晶球代表「預知未來」、衣服代表「多采多姿」、窗戶代表「增廣視野」、星星代表「忽近忽遠」，甚至冰箱都可以用來代表「好冷」，這些內容在書上是看不到的，因爲它們來自創意的累積。

四、隨時不忘使用初層次同理心技術

團體帶領的基本技術永遠脫離不了基本的、初層次的同理心技術，例如領導者透過「反映情緒」技術的使用掌握成員的情緒，使團體成員知道他們正在被傾聽和了解；透過「摘述」技術的使用掌握成員經驗敘述當中與心理學有關的重要題材等。掌握成員所敘述的深刻經驗並詢問其感受，往往能協助成員深入探索其問題和情緒，領導者應該追蹤至成員揭露真實情緒爲止，必要時可以以封閉式問句協助成員釐清其感受，但避免過早出現。

任何時機都不能忘記使用初層次同理心的技術，過早或是沒有摘要、情緒反映就使用解釋、挑戰、面質、建議易引發成員的防衛及抗拒。其中，經驗告訴我們，建議一提出通常都會被當事人否定掉，如果非建議不可，包裹著「自我揭露」糖衣的建議會讓彼此都有台階下。亦可以在配合著初層次的同理心技術之下，用嘗試性的口氣幫當事人猜測或解釋，這也稱爲「高層次同理」（advanced empathy）技術。成熟的領導者也會使用較爲精準而貼切的（專有）名詞來界定、澄清或摘述成員含混通俗的用語。例如用「人性化」（的服務）取代「有禮貌」；用「小技巧」取代「靠反應」或「投機」；用「中規中矩」（的工作態度）取代「普普通通」等。同理心是由摘要、情緒反映、或特定時機的自我揭露等技術所構成的，它同時也是一種對待他人的態度，能夠讓成員感受到專業的照顧和聲息相通。

五、邀請成員的技術

　　邀請成員談話的方式除了直接點名、輪流等較突兀的方法之外，可以適當的連結，靈活變換方式來引導或催化成員做「多對多」的「網狀互動」。像是觀察「非口語行為」（點頭、微笑、手勢）（例如：「XX，你好像有話要說。」）、「連結」相同特質或相關議題的成員（例如：「兩位男士可不可以說說看？」、「ＸＸ，你也有相同的經驗，你要不要也來說說看？」）、「連結」私誼很好的成員（例如：「XX，你跟ＯＯ蠻熟的，要不要說說看？」）、領導者「揭露」自己很想（或很好奇）聽聽某成員的說法（或經驗、感覺）（例如：「ＸＸ，我很好奇你會怎麼說？」）、或「催化」成員給當事人回饋（例如：「大家眼中的ＸＸ是這樣子嗎？」）此外，領導者對於某一位成員陳述自身經驗時連帶提到的其他團體成員，應該有敏感度邀請被提及的成員來做回應，這都比突然點名成員說話或讓成員依座位輪流說話更有效果。

六、緊接在成員表達後的反應技術

　　一位成員表達完自己經驗之後，領導者典型的反應可以是「同理」（「摘要」＋「反映情緒」）、「自我揭露」、「解釋」、「再保證」、請該成員「具體」舉例、邀請其他成員「此時此地」地檢驗對該成員的印象（這一點也是成熟領導者的指標之一）、或另行邀請其他成員開始談自己的經驗，切勿直接跳到問題解決的階段（例如：問成員「你有沒有想過怎麼做比較好？」）。

七、建議或解決問題的時機

　　如果把團體諮商也分為探索、領悟、問題解決（或行動計劃）等三個階段（林美珠和田秀蘭譯，民 89），在僅有四至八個單元的團體裡可以以前兩階段為主，新手領導者常常會冒然進入問題解決階段，如此將會減損探索問題的機會。如果領導者對於特定問題的解決策略有充分的專業知識

和經驗，也要確定成員在付諸行動之前已經過充分探的探索和領悟，而行動計劃也要有家庭作業和較長期的追蹤做配合。

經驗比較少的團體領導者容易陷入問題解決或直接進入建議的層次，類似的有趣情形是，比較少參與團體的成員也常容易出現對其他成員的建議。如此一來，一則失去深入探索情緒和相關主題的機會，二來對諮商相關題材專業知識能力不足的情形下驟然解決問題恐影響成員福祉及專業倫理，領導者在這方面宜有適度的自我覺察。

準團體領導者漸漸接受「謹慎做建議」的原則之後，往往會留意到來自成員之間的建議相當多。遇有成員對成員間的建議情形，領導者可視為是成員出自善意的表現（除非出現的次數過多、過於集中某人、或過於僵化），領導者可加以摘要或連結，協助被建議者審視該建議的可行性。

新手團體領導者不宜做建議或嘗試作問題解決（例如：「你有試著跟他溝通嗎？」、「你有沒有想過，以後如果有相同情況發生怎麼做比較好？」），應著重在探索和領悟階段，也就是多用反映情緒和摘要等同理心技術。等到領導者學習足夠專業的問題解決策略，加上充分的探索問題之後，才適合做適量的建議。

八、當團體內出現潛藏的動力

當一位成員反覆陳述同一件事情，其中必然隱含關鍵重點或強烈情緒，也反應出領導者有該處理而未處理之處，值得領導者注意。遇到成員以「某人」、「大家」、「有人」、「另一個人」、「他」、「許多人」等試圖隱藏真相或逃避責任時，領導者要有敏感度使用「此時此地」和「具體」的技術請該成員明確指出要表達的對象與事件為何。成員也習慣使用「你」代替「我」、「他」代替「你」的投射方式來避開直接的情緒和責任。典型的例子是使用「你跟他聊天的時候……」的表達方式來代替「我跟你聊天的時候……」，領導者要有敏感度指認出當中的說話習慣和隱藏的真相。

　　當團體內出現潛藏的動力時，不論來自領導者對領導者、領導者對成員、成員對成員、或成員對領導者，特別是成員間的潛在衝突時，領導者要有敏感度使用「此時此地」、「具體」、或領導者「揭露」自己「有興趣」、「很混淆」、「很納悶」等技術把問題帶到團體中來，否則團體會流於壓抑和虛假，即使是同理都會變得隔靴搔癢，甚至荒謬。

九、團體的結束技巧

　　開始與結束是團體最重要的兩個階段，開始決定團體的風格，結束則是整合參與與學習的成果，並觸及可能的行動計畫。有效的團體中，成員們會努力實踐他們在團體中所體驗到的經驗運用在日常生活。如果沒有處理好團體的結束，團體就會喪失探索成員內心情感的機會。包括每一次的團體單元，領導者都有必要使用終結技術讓成員的團體經驗具有整體性，並幫助鞏固在一次活動中學到的內容。每一單元的團體結束前至少宜留下三至五分鐘做終結 (ending，或稱 closing)，而每一期團體結束前宜至少留下十分鐘以上的時間做總結 (termination) 的工作。結束團體常用的技術和要領則包括：

1.領導者摘述整個團體進行的內容。
2.領導者摘述個別成員的談話內容。
3.領導者連結個別成員之間相似或相反的談話內容。
4.領導者使用沉默技術等待成員補充或澄清。
5.領導者自我揭露帶領團體和參與團體的心得。
6.檢驗團體開放的程度和目標完成的程度。
7.邀請成員揭露參與團體的心得。
8.邀請成員彼此回饋，主要根據團體進行的主題和該回饋接受者在團體中的行為，而非彼此在日常生活互動的印象。
9.團體結束的回饋結構式活動尚可參考團體活動相關書籍內容，配合

互贈小卡片或小禮物，也可以以家庭作業（homework）的方式在團體結束前一週交代這項作業。提供和接受回饋者不限成員，領導組也宜包括在內，領導組如能先進行示範，團體動力會更佳，但如果成員回饋意願原本就極濃厚則不在此限。如果團體凝聚力強，還必需處理成員離開團體後可能產生的失落感問題。

10.領導組示範做回饋時可提到印象深刻的一個人、一件事、一句話、或直接和某位成員對話，對成員歷次團體下來的表現（進步或退步）做動態的比較也是不錯的示範。一些沒有得到完整處理的話題或成員也可以利用最後的時間來完成，因此宜預留較長的時間做總結。

11.通常在最後一個單元讓成員（甚至包括領導者）進行相互回饋的活動是適當的，唯請注意是要以「受回饋者」為主角，而不是以「給回饋者」為主角，否則會使得團體焦點變得混亂不堪。

12.領導組宜確定回饋接受者都有機會與回饋提供者互動，甚至交叉互動，除非使用一整次的時間進行回饋，否則不必要每人都提供和接受回饋，但領導者宜有敏感度顧及一向被冷落的成員。

陸、結語

擔任這樣的課程，從必需不斷要去回答「為什麼不能帶團康活動？」、「為什麼不能給建議？」、「要和同學假裝不認識嗎？」等等有孤軍奮戰意味的問題，到學生們會主動發現來自成員之間的大量建議有何不妥，甚至理直氣壯的直接指正成員喝水、接聽手機是違反規定的（然後才在督導時間委屈的說，「我只是在執行團體規範啊！」）；把「回饋」、「揭露」、「分享」掛在嘴邊，而避開「踴躍發言」、「討論」、「報告」等這些中小學時代「班會討論」的「術語」，其實是很令人玩味的。有時冷眼旁觀領導者的緊張焦慮、同儕督導者對領導者不太留情的「回饋」、以及他們心得報告的疑惑、

領會、覺察、或直接了當的談收穫如何如何，也會令人莞爾。團體諮商就是這麼吸引人，足以牽動一個人複雜的情緒，不論你是當事人、領導者、旁觀者、或僅僅只是透過文字傳輸訊息的讀者。

參考資料

呂勝瑛譯（民 73）《增進自我概念》。台北：遠流。

吳秀碧（民 83）〈 Stoltenberg 的督導模式在我國準諮商員諮商實習督導適用性之研究〉。《彰化師大輔導學報》，15，43-114。

吳翠霞、吳淑敏和陳怡君譯（民 81）《領導才能訓練實務》。台北：心理

林美珠和田秀蘭譯（民 89）《助人技巧》。台北：學富。

徐西森（民 86）《團體動力與團體輔導》。台北：心理。

救國團「張老師」（民 85）《團體領導者訓練實務》。台北：張老師。

張景然（民 90）〈準團體諮商員的迷思與衍生的問題〉。《諮商與輔導》，185，2-7。

張景然和吳芝儀譯（民 84）《團體諮商的理論與實務》。台北：揚智。

黃惠惠（民 88）《助人歷程與技巧》。台北：張老師。

劉安真、黃慧涵、梁淑娟和顏妃伶譯（民 84）《團體諮商—策略與技巧》。台北：五南。

Stoltenberg, C. D., & Delworth, U. (1987). Supervising counselors and therapists: A developmental approach. San Francisco: Jossey-Bass Publishers.

Yalom, I. D. (1995). The theory and practice of group psychotherapy (4th ed.). New York: Basic Books.

本文摘要

◇要帶領一個團體，當然必需先熟練基礎的諮商技巧和團體領導技巧。

◇帶領特定主題的團體，除了要熟悉引導技術之外，還要掌握該主題的重要內涵。

◇新手團體領導者通常會依賴高度結構式的團體活動貫穿每一次團體時間，大多數內容都只適合最初層次的領導者和國中小學成員，著重趣味性和活潑性，或許具有暖身的效果，卻不容易作深入探索。

◇團體主題的規劃，大致可以依照下列三種方式來訂定：1.根據已經分配好的成員共同特質去安排團體內容，2.參考傳統團體輔導書籍的題材去設計主題，再徵求合適的成員；3.根據領導者特定的興趣或嘗試去設計創新且符合時效的題材。

◇在爲期八小時四個單元的內容裡宜避免題材過廣。一次談家庭、一次談友誼、一次談生涯、一次談兩性的團體往往會流於表面化。

◇第一個單元可以從自我介紹階段即導入主題，而最後一個單元也不要只用來回顧前三個單元的內容，至少可以安排一半的時間進行另一個和主題有關的活動。

◇領導者在設計團體內容之前，宜就團體主題討論出期望成員參加團體過後，可能得到的所有收穫，一一列在總目標中，再分次設計各單元內容。

◇爲了能讓團體吸引潛在成員的目光，團體標題應該費心擬定。

◇完整的團體或許不是從成員坐定位的一刻開始的，（協同）領導者的分工和討論、成員招募和篩選、場地和時間的安排、以及與相關行政單位的協調（或妥協），都要費神處理，這同時也是學習的一部份。

◇團體進行前的準備，團體進行之前的幾分鐘對成員的招呼、問候、聊天都不能輕忽，這會提早讓成員（甚至是領導者）減低參與團體的拘束感；休息時間的短暫接觸，也都有助於領導者與成員的關係建立。

◇爲了補足團體成員的名額，學生們會找來自己相識的同學或朋友前來參

加，卻也同時發生了雙重關係的問題，可考慮與其他團體互換成員。

◇不是每一個人都適合接受團體輔導，如果有某位成員的行為或人格特質已對團體的順利進行造成嚴重干擾，或是團體的形式讓某一成員感到不習慣和不舒服，則可以考慮排除該成員參與團體，改以個別輔導或其他處理方式。

◇任何一次團體開始之初，領導者都應該對成員完整介紹團體的主題、性質、和進行方式。

◇團體規範是可以調整的。在執行「團體規範」時宜多保留討論空間，避免視為裡所當然的執行各項禁令。

◇在自我介紹階段，領導者除了可以對成員說話內容作簡要摘述之外，也可以「連結」相關的成員特性。

◇任何一個紙筆作業的活動，超過三、四分鐘都會顯得冗長。使用團體活動的原則是，活動之後的分享永遠比活動本身重要，如果書寫的時間不夠，可以提醒成員只寫關鍵詞即可。

◇團體帶領的基本技術永遠脫離不了基本的、初層次的同理心技術。任何時機都不能忘記使用初層次同理心的技術，過早或是沒有摘要、情緒反映就使用解釋、挑戰、面質、建議易引發成員的防衛及抗拒。

◇如果非建議不可，包裹著「自我揭露」糖衣的建議會讓彼此都有台階下。

◇同理心是由摘要、情緒反映、或特定時機的自我揭露等技術所構成的，它同時也是一種對待他人的態度，能夠讓成員感受到專業的照顧和聲息相通。

◇邀請成員談話的方式除了直接點名、輪流等較突兀的方法之外，可以適當的連結，靈活變換方式來引導或催化成員做「多對多」的「網狀互動」。像是觀察「非口語行為」。

◇一位成員表達完自己經驗之後，領導者典型的反應可以是「同理」（「摘要」+「反映情緒」）、「自我揭露」、「解釋」、「再保證」、請該成員「具體」舉例、邀請其他成員「此時此地」地檢驗對該成員的印象、或另行邀請

其他成員開始談自己的經驗。忌直接跳到問題解決的階段。

◇新手團體領導者不宜做建議或嘗試作問題解決，應著重在探索和領悟階段，也就是多用反映情緒和摘要等同理心技術。

◇當一位成員反覆陳述同一件事情，其中必然隱含關鍵重點或強烈情緒，也反應出領導者有該處理而未處理之處，值得領導者注意。

◇遇到成員以「第三人稱」試圖隱藏真相或逃避責任時，領導者要有敏感度使用「此時此地」和「具體」的技術請該成員明確指出要表達的對象與事件為何。

◇領導者要有敏感度指認出當中的說話習慣和隱藏的真相。

◇每一單元的團體結束前至少宜留下三至五分鐘做終結 (ending，或稱 closing)，而每一期團體結束前宜至少留下十分鐘以上的時間做總結 (termination) 的工作。

◇邀請成員彼此回饋，主要根據團體進行的主題和該回饋接受者在團體中的行為，而非彼此在日常生活互動的印象。

◇回饋時，注意是要以「受回饋者」為主角，而不是以「給回饋者」為主角，否則會使得團體焦點變得混亂不堪。

大學生成長團體實務：
新手團體領導者效能的提昇

　　作者在大學擔任「團體諮商」實習課程倏忽屆滿三年，先前曾以〈準團體諮商員的迷思與衍生的問題〉（張景然，民 90a）和「團體諮商的規劃和實施」（張景然，民 90b）兩篇文章分別記錄前兩年在團體實習督導工作中的所見和所感。如今在第三個年度結束之際，作者仍願意將一年來的督導筆記整理出來，有了這些書面資料，將來在教學上比較可以吸取過去的經驗，節省許多摸索和嘗試錯誤的時間，另一方面也可以和讀者分享我和學生們的專業成長經驗。

　　坊間有關成長團體活動設計的參考書籍相當多，早期最為人所熟知的要算是由救國團「張老師」所出版的《團體領導者訓練實務》（民 71），隨後陸續出版的還有《價值澄清法》（洪有義，民 72）、《增進自我概念》（呂勝瑛譯，民 73）、《團體諮商實務》（吳秀碧，民 74）、《社會教育活動方案設計》（邱天助，民 76）、《國中輔導活動單元設計《（盧台華、王秀如和莊麗貞，民 77）等不一而足，近年出版的還有《團體動力與團體輔導》（徐西森，民 86）、《團體方案設計與實例》（謝麗紅，民 91）等，以及越來越多的網路資源（請參閱 http://heart.ncue.edu.tw）。這些資料共同的特色是適合青少年使用，多年以來對國內團體領導者的教育訓練和實習都有十足的貢獻。對絕大多數的團體領導者而言，從書本的研讀到達團體實習經驗，通常都是從同儕相互帶領團體開始的，然而由於向來欠缺為年紀較長的大學生所設計的成人團體活動教材，這些由大學生所組成的團體只能勉強操作現有的教材，兩者之間存在著相當程度的差距，造成成員必須降低成熟

度配合團體的程序，不容易產生真誠的互動經驗，對領導者學習處理團體
此時此地現象的效果打了折扣，大學生成員也因而失去了從團體中獲得成
長的最佳契機，殊為可惜。

　　依照 Erikson（1963）心理社會階段論的劃分，大學生的發展階段處於
青春期晚期到青年期早期之間，其身心發展的重點以現今台灣大學生的生
活型態而言，持續的自我探索、人際關係、兩性關係、生涯探索都是常見
的團體主題；猶有甚者，許多學生離家在外求學，從而衍生出對自身家庭
經驗的反省、疏離感、勇氣、寂寞感、情緒管理、（兩性間）親密關係的探
索，以及在現代都會生活中從打工經驗而後經濟自主所衍生出來的職場關
係、時間管理、金錢使用、生涯規劃、時尚追求、身體意象、體重控制、
網路團體等題材，大都有別於傳統針對中小學生所設計的題材。作者有機
會觀察學生們開發這些貼近真實生活的題材，加上輔具和活動安排的巧
思，常常令人為之驚艷不已，這也是學生們活潑、創意和同理心的展現，
隱約透露出幾十年來堅定不移的「團體諮商」做法已有鬆動的跡象，新一
代更切合當事人需求的成長團體星火已然蔓延開來。

　　話雖如此，在觀察督導諮商新手帶領團體的經驗中仍舊可以發現他們
常發生的共同問題，以下將就其普遍的困難和可能的改善方法分項說明。

一、陌生情境下的新手團體領導者

　　雖說現代的團體領導新手充滿了巧思和創意，惟畢竟受限於經驗不
足，加上由日常社交性的對話過渡到團體帶領專業技巧有其一定的難度，
不僅用詞不容易達到精準，對大多數人而言團體內的溝通方式與日常生活
的用詞大相逕庭，這些諮商新手們無異是在一種焦慮而陌生的情境下引導
團體行進，領導者們普遍的不適應行為約有下列三種：

㈠同理心技術的難度

同理心技術大概是領導者帶領團體以前必經的訓練重點，新手們也都知道隨時都要使用同理心技術，但往往做出來卻不是這回事。例如某成員說：「我回家才住不到幾天，父母又開始吵吵鬧鬧」，領導者想「摘要」該成員的說話內容，說出來卻變成：「你父母一直爭吵不休，所以你不想回家」（過多推論，有些「高層次同理心」的意味，說成：「你回家沒幾天父母又發生爭吵了」或許比較貼切）；或是領導者想對該成員「反映情緒」，說出來卻變成：「你父母感情不好呵！」（這倒比較像摘要或高層次同理心，不如說成：「難怪你會很不高興」）。

也有的領導者雖然使用適當的問話試圖探索成員的情緒，成員在第一時間並沒有正確說出情緒字彙（feeling words），領導者卻沒有積極追蹤，以致失去良好探索成員情緒的機會。以上述成員為例，領導者當時詢問：「看到你父母吵吵鬧鬧，讓你產生什麼感覺？」，成員回答：「我『覺得』他們不如離婚算了。」，其實這位成員是在陳述他的想法或態度（如果要再進一步追究，他使用「覺得」其實是「認為」之誤），並沒有提到他自己的情緒，領導者可以追問：「你當時會不會很生氣啊？」（這是以封閉式問句反映情緒，成員通常會回答「是」或「不是」，有時回答：「也沒那嚴重啦」或「比較不是生氣，而是難過」，則有「澄清」的作用），或問道：「你那時的心情如何？」（這是以開放式問句探索情緒，試圖引領成員回答出類似「我對他們太『失望』了」的情緒字彙）。

新手領導者在團體中「太專心」使用同理心技術時，還可能疏於觀察其他有意參與互動的成員的非口語訊息，以致忽略連結成員間共同的訊息來達到連結或網狀互動的狀態。這種使用非口語技術邀請成員互動的時機，對新手領導者而言可能會顯得手忙腳亂，因此另一位協同領導者這時候就可以以旁觀者清的姿態，掌握有意一同參與談話的成員表達的時機，成員這時候的參與，有可能是給其他成員回饋，也有可能是自己想順勢揭

露自己的經驗、想法或感覺，這些都是很寶貴的自發行為。

(二)用詞過於僵化

團體諮商大量倚賴密集而專業的口語溝通行為，新手領導者剛開始要學習適當地說出一段指導語或一句對話，或是在零點幾秒之內要馬上使用種種眼花撩亂的技術時（通常又有一堆人在旁邊觀察紀錄），可能變得連最基本的對話都不會說了。許多體貼的參考書籍都會有諮商技術的口語範例提供新手們學習，例如「反映情緒」加上「摘要」的標準句型就是：「你覺得～～，因為～～」；單純「摘要」的標準句型就是：「你的意思是說～～」；加上大家相沿成習的詞彙，像是：「你要不要試著～～（通常下接建議案）」、「XX，你好像有話要說」（又在根據對方的非口語行為使用邀請技術了）、「你要不要多說一點」（像是催化又像輕微鼓勵）、「你那時候有什麼感覺？」（主要在探索情緒，這裡順帶舉一個極端僵化的真實例子，有好幾次成員都已經說出情緒字彙了，領導者還在問：「那你那時候有什麼感覺？」）等，其實已漸漸脫離他們原來的意涵，反倒可能招致成員的反感，領導者宜從基本句型學習靈活表達，才能夠使團體進行起來流利而順暢。以反映「無奈」情緒為例，你覺得無奈、你感到無奈、你會無奈嗎、你的心情很無奈、也難怪你會那麼無奈、你滿無奈的、你超無奈的、你一定很無奈呵、你的情緒滿無奈的……，都可以靈活變化。

另一個用詞僵化的例子不如說是思考僵化或可用的詞彙太少，雖然領導者知道要在適當時機反映情緒，但用來用去總脫離不了「你覺得很難過」、「你覺得很快樂」等過於籠統的情緒；也有的領導者只能不斷重述成員的詞彙做摘要，都顯示基本情緒的辨識和詞彙的廣度有待加強。

(三)太快進入問題解決的階段

成員對團體不切實際的期待，可能早在述說參加團體的動機或期望時

就表明「希望聽聽別人的建議」或「希望尋找解決自己問題的方法」，缺乏經驗的領導者爲了不「辜負」成員，難免也會隨之翩翩起舞。稍有經驗的領導者漸漸知道，團體適於「探索個人問題」，而非「尋求問題的解決方法」，然而當其他成員很熱心的提出各種建議時，領導者往往不知如何是好。

解決問題所需的建議或行動計劃並不是洪水猛獸，事實上許多指導取向的學派（例如行爲治療法或認知行爲治療）的本質都是在做建議，領導者需要清楚知道，只有經過充分的探索階段和領悟階段之後，才適合進入問題解決階段（Hill & O'Brien, 1999）；多數諮商學派甚至都不做問題解決，因爲當事人的問題在團體中經過充分探索、領悟之後，自然會形成行動計劃，團體的寶貴時間應該更適合用於探索問題之上。

成員間少量的建議可以視爲一種善意的表現，可以不特別處理，或者也可以稍稍嘉許（即「輕微鼓勵」）一番；遇到成員之間不斷的相互建議，領導者可以加以摘要、連結並重新聚焦；如果習慣建議的情況只發生於某個特定成員，領導者可以就該成員的人格特質或與人的互動方式（例如過於僵化或習於指導）做立即性的檢驗；建議的發生如果源於成員確實不明瞭團體的基本性質，則領導者有必要重新說明團體的方向。同樣的，領導者少量的建議並不是嚴重的過失，惟使用的前提是需要有十足的證據證明某種方法有效，而不是單單憑著道聽塗說或獨門秘方。把建議包裹於領導者的「自我揭露」糖衣之中是比較和緩的做法，不論效果好不好或成員接不接受都有較大的轉圜空間；有的領導者將建議或解決問題的步驟安排於「回家作業」中，並帶到下一次團體聚會中檢閱，這也是可行的做法。

二、團體最初期的結構技術與活動

團體的組成成員們可能對團體的性質熟悉程度不一，領導者有必要先行了解成員的背景。如果團體成員對於團體輔導十分陌生，領導者有必要

在團體進行的最初階段先介紹團體的性質。例如:「團體輔導不是教學所以不適合做筆記」、「不是團康活動所以不一定要很歡樂」、「不一定是解決問題(要視團體的取向或主題而定)所以通常不是在給建議或尋求建議的」、「不是討論或辯論所以更著重情感的表達」、「不是在團體中進行個別輔導所以鼓勵多對多的網狀互動」;「團體是一群人在特定主題之下共同分享生活的經驗,領導者將會很樂意看到成員有自發性的談話或是給他人回饋」等重點。這部分屬於比較刻板的內容,領導者可以先擬妥草稿事先練習幾次,在團體中以適當的節奏表達出來。

另外,為求團體的順利進行,團體的主題、各單元次主題和時間安排都有必要在團體開始時對成員作說明。有的領導者會書寫各次團體流程貼在牆上,倒也是不錯的做法,一方面可以提醒所有的團體參與者明瞭團體進行的次序,同時也可以適時進行各階段摘要或在各階段結束之際檢驗團體主題執行的狀況。

團體目標除了書寫在團體企劃書之外,在團體初期也可以以口語化、生活化的方式向成員說明。與團體目標有關的是團體期望,有的領導者會讓成員說說前來參加團體的期望,這限於對團體主題、團體進行方式都有相當熟悉程度,並且事先有機會填寫書面團體期望的自願性成員比較適合,如果上述條件不夠齊備,成員通常會說:「我希望聽聽別人的經驗」、「我希望多聽少說」、「我希望別人給我一些『意見』來『解決』我的問題」,甚至有的成員會說:「我是來學習如何帶領團體的」,這些可能都不是領導者所樂意見到的。

領導者在團體一開始應該向成員介紹觀察員和督導者的身分與工作性質,強調他們觀察紀錄的重點在於領導者而非成員,可使成員降低被觀察的焦慮。如果基於督導研究的目的而必需錄音影,更需要經過成員的同意;有時在錄音影一段時間過後,成員仍舊明顯感到不自在,就有必要停下原主題來檢驗彼此對被錄音影的感受,甚至停止錄音影都可以。

再來就是讓團體參與者都能彼此熟悉的自我介紹部分了。自我介紹可

以短到繞一輪圓圈讓每位參與者介紹自己最基本的資料，也可以煞有其事的當作一個完整的活動，加入與主題有關的題材作介紹。自我介紹最基本的目標是能夠讓每位參與者很容易就能直呼他人的名字以方便在團體中對談，製作名牌可以很快地達到這個目標，惟要留意每個人是不是都把名牌置放在顯眼之處。關於稱呼名字的另一個原則是避免使用綽號，特別是避免使用不雅的綽號。如果要花較多的時間安排一個自我介紹的活動，則應依主題作調整。在這個原則之下，一個以家庭經驗為主題的團體，其自我介紹內容勢必和生涯發展、人際關係、學習輔導等主題的團體有所不同。

團體規範同樣可以短到將事先寫好的規約直接貼上牆壁，也可以長到當作一個活動讓成員充分參與，當作是一個增加熟悉度的暖場活動。比較值得一提的是，團體規範可以視情況在後續的單元增刪（例如增加新規範或增訂罰責），也可以透過適時的檢驗來催化團體的動力。基本的規範項目例如：勿遲到、避免作人身攻擊、坦誠開放、傾聽、保密、關手機等；有的團體會發展出更加積極而有創意的規範，例如：享受團體經驗（而不是應付了事）、你做得到、把握機會、分擔責任、哭泣無妨、積極回饋、相互尊重等。

三、深化團體活動的影響力

為了要使成員能夠明瞭團體活動的進行方式，並且就活動的內容深入探索成員的經驗，領導者要使用具體清晰的指導語說明正確的活動步驟。指導語是以成員能清楚理解為最大考量，領導者寧願放慢腳步，等到成員身心都穩定且能注意傾聽的狀態才開始說明，而不是急著把背誦的指導語內容快速說出，交差了事。

輔助器材往往是提高成員興趣和吸引成員專注於團體活動的有效工具，許多新手領導者都願意花費心思製作精美的輔具，這也是新手們在變

幻莫測的團體進行過程中，自認比較能事先掌握的部分。需要注意的是，有些領導者花極多的時間精雕細琢輔具（例如逐筆逐劃的剪貼團體流程或規範條文），不僅耗費過多事前寶貴的準備時間或無暇休息，如果團體進行效果不如預期，則會有很大的挫折感；再者需要留意的是成員會不會因為對輔具過於好奇，根本沒有專心聽到領導者講解活動進行方式，一拿到輔具就把玩起來，甚至自發性的以為像在參加考試一般，爭取在第一時間就逕自作答起來。正因為輔具通常都是新奇好玩的，前一階段的輔助器材（例如紙筆、顏料、塑膠、鐵器等）一旦結束就應該收拾乾淨，否則成員會自然的拿在手上玩耍，造成團體動力的散失。

安排協同領導者緊接在領導者說明指導語之後，示範自己如何完成團體活動作業（例如事先填寫句子完成作業、剪貼、塗寫溫度計等），可以進一步確保活動程序和品質。成員如果先前對指導語聽得不夠清楚，將可以從協同領導者示範的作業得到確認。協同領導者這部分的作業可以在團體進行前就事先完成，越是認真完成一份精美（也可以放大尺寸）的作業，成員越能夠從中感受到領導者的用心，進而更願意全心投入，這也是示範標準活動程序的額外收穫。如果連領導者們都對活動進行方式一知半解，或是臨時草率地比畫兩下當作示範，則不巧示範給成員的是生澀與敷衍。

一般而言，在團體中進行的活動作業時間都宜精簡，兩、三分鐘是最適合的，超過五分鐘就會顯得冗長，也會使得辛苦帶出來的團體凝聚力冷卻下來。領導者在指導語中需要清楚說明作業的時間長度，例如：「我們的時間是兩分半鐘」，這並不意味是精準的 150 秒，而是要讓所有成員知道作業的時間並不長。此時領導者可以觀察鄰近成員的狀況，看看是不是都明白「遊戲規則」，在多數成員都接近完成時還可以預告：「我們的時間還有 30 秒，請加快動作」。或許會有成員來不及完成全部作業，或對緊縮的時間抱持疑慮態度，領導者可以在指導語或作業時間過後說明，活動本質並不是要大家巨細靡遺的書寫和作畫，簡要的關鍵字就已足夠，因為團體更看重的是能夠根據作業的關鍵內容，對大家做面對面的口語（和非口語）

互動。

　　國內已有許多團體活動的參考書籍可供領導者在規劃團體內容時參考之用，領導者要針對團體成員的身心成熟度，選擇並調整活動的內容，以適合於成員理解的指導語加以說明；同時也要決定活動的目的，從單純的消除疲勞、調整座位、改變團體基調，進一步到引發成員興趣、催化團體凝聚力、促進成員互動、或深化主題的探索，其所選擇的活動都不盡相同。

　　新手領導者通常會從一連串活動的堆砌，再邀請成員一一輪流「發言」來開始他們的團體實習，事實上良好的活動設計方式是根據團體目標和各單元目標做規劃。領導者往往在面對數百個團體活動時無從下手選擇，除了上述的考量之外，另一個理想指標是，越能夠達成團體目標的活動，或是同時能完成一個以上團體目標的活動就是好活動，反之如果一個團體活動的功能很薄弱，領導者就要考慮該活動是否有使用的必要了。

　　舉例而言，在自我介紹階段安排「小記者」活動頗能同時引發成員興趣、改變團體基調、促進成員互動，亦能夠達成團體一開始讓成員相互認識的目標。如果「小記者」們還能夠經由領導者指導語的引導收集到部分與主題有關的資料（前面也提過，如此一來生涯團體、家庭經驗團體、或兩性關係所收集到的訊息勢必有所不同），這就是一個好活動。再如結束階段的「分送小卡」活動，同樣具有引發興趣、改變基調、促進網狀互動、催化凝聚力、以及讓成員分享團體參與經驗和彼此回饋等效果（這通常都是告別活動的主要目標），常被用於團體的最終階段。需要留意的是，再好的活動都不適合反覆使用於固定成員身上，這會容易造成成員的厭煩；而領導者也要勇於嘗試創新，才不會使得團體內容老是原地打轉或「近親繁殖」，妨害進步的空間，透過完整的團體進行前、進行間、進行後的督導，可以讓領導者的新嘗試發揮較佳的功能。

　　關於團體活動的使用，作者最後還要補充一點說明。所有的活動都是配合團體的主題和成員的反應在進行，如果因為前一個單元佔用過多時間，使得先前安排的團體無法依照預期的時間進行，領導者要當機立斷縮

短活動的流程（如果只是稍稍延誤時間）或乾脆取消（如果留給新活動的時間不多），留下充裕的時間完成上一個單元內容，或是用稍長的時間來終結該階段。反過來說，如果前一個單元預留的時間太過充裕，稍稍提早結束、加長新活動時間、或安插一個小小的暖場活動都是可行的做法。

四、領導者的示範與自我揭露技術的使用

上述領導者或協同領導者的示範目的，主要是在成員未下筆之前提供他們正確的活動進行方式。事實上示範的功用，還可以透過領導者們的自我揭露，引導成員聚焦於主題、催化成員作深度的揭露、並作為掌控團體進行時間的活棋。領導者在企劃團體內容的同時，自然也有必要拿各次團體的主題對照自己的經驗，既可以同理成員參與團體的經驗，也可以適時示範給成員知道，如何適當的揭露自己過往的生活經驗，這通常也是團體進行之前和督導者討論的重要內容。

當團體內所有參與者都完成一項活動作業之後，領導者會邀請願意率先主動分享的人談談他的作業和他的經驗。典型的情況是，團體內總會有團體參與經驗多一點、表達能力好一點、勇敢一點、或比較願意揭露的成員先開口說話，此時團體的走向便交付在這位成員身上。團體內的行為其實處處充滿示範效果，成員到團體裡來會發現團體自有一套被充分鼓勵或不被贊同的互動方式，許多理想或不理想的行為標準都和日常社交行為不一樣，因而必須時時觀察他人在團體內的行為時時仿效。領導者把每個新階段的談話機會都開放出來交由成員作自發性的表露其實是存在著冒險性的，除非團體聚會時間夠長，團體的走向十分低結構，領導者甚至也準備以這些自發行為作為團體的部分主題，否則寧願安排協同領導者率先揭露，再把第二順序留給成員，會是比較允當的做法。

協同領導者在示範過自身的經驗後，需要由領導者給予同理，而不是

孤孤單單的結束，因為領導者要示範給成員的，還包括「保證」說完話會被同理到。這部分的同理主要包含對協同領導者的情緒反映，以及摘要協同領導者示範的內容，結合該次主題讓團體成員清楚團體接下來對他們所期待的分享內容。通常在摘要完示範者的重點之後，領導者會詢問團體成員：「在場各位有沒有類似的經驗？」作為邀請，更加有彈性的問法還有：「那你自己的狀況呢？」（成員可以談類似的經驗，也可以就相反卻相關的經驗來談）、「你想要對 XX（即協同領導者）說些什麼？」（讓成員對示範者回饋）、「這會讓你聯想到什麼？」（既可以談自己相關的經驗，也可以給示範者回饋）。

　　領導者（們）的自我揭露（加上率先揭露的成員）行為在團體中都會具有示範的作用，領導者除了要覺知這種無心插柳的效果之外，也可以善用這種影響力。自我揭露大致可以區分為過去的生活經驗和諮商過程中此時此地的想法或感覺（Cormier & Hackney, 1987），前者尤其一向被要求限量、謹慎使用。一個適當的使用時機是當兩、三位成員輪番分享其生活經驗過於離題、或範圍過於狹隘（例如在人際關係的主題中接連提到使用金錢的經驗）時，領導者可以適時使用自我揭露技術示範給成員如何聚焦。

　　另一個應用過往經驗「自我揭露」的時機是「作為掌控團體進行時間的活棋」。當團體預定的時間甚為緊湊，成員也都能按照主題在進行時，儘管領導者事先預備揭露某個經驗，都應該讓成員充分的分享和互動，而不是爭著要搶先揭露，甚至最後備而不用也無妨；反之如果團體進行的時間十分充裕，甚至有可能有不少剩餘時間，此時領導者在團體後段不妨也說說自己的經驗，可以讓團體進行得更加完整，也可以讓領導者在成員面前有更多的透明度。

　　前面提及，領導者的自我揭露可以區分為過去的生活經驗和團體內此時此地的想法或感覺。領導者充分地表露在團體內的感想原本就大家所樂見的此時此地經驗交流，也可以視為良好的示範，基本上除了不要過於僵化或剝奪成員分享此時此地的團體經驗以外，並沒有太多的限制；然而過

去經驗的揭露卻是領導者所要留意的，主要的限制是避免過多、過長、過深的過往經驗揭露。

此處使用自我揭露技術的目的無非是提供給成員作適度的示範引導，或是緊接再成員之後做一些同理，這種主客關係十分明確。缺乏帶領經驗的領導者有時在揭露自己的故事時情緒一發不可收拾，會讓成員受到驚嚇，一時之間不知道如何「安慰」領導者，心理也會有「等一下我也要講這麼深嗎？」、「奇怪，怎麼變成成員在安慰領導者了？」的疑慮。領導者可以在團體前與同組組員的討論、預演、和督導時間決定要揭露（示範）什麼經驗，避免領導者間重複性過高（那就失去示範的意義了）、耗時過長（需要提綱挈領）或揭露過深（可能會嚇到成員），也可以經由多次的演練適當地掌握自己的情緒表達。

新手領導者使用這類過去經驗的揭露技術時還需要留意，避免僵化地以自己無數的經驗來同理成員，這個現象常發生在年紀（或年級）稍長的男性領導者身上，這種「倚老賣老」效應的用意雖佳，卻會抑制領導者使用其他同理心技術的機會，十分可惜；如果領導者不知不覺當中又想藉此滿足諮商員個人的某些需求──例如被尊崇、被疼惜的需求，則更需要覺察自己在人格特質、領導技術的限制，或是帶領團體的基本目標了。

五、團體領導的弔詭：沉默與雙重關係

正當新手領導者不斷擴充團體實習經驗，獲取有效的諮商技術，以及積極學習如何介入各式各樣團體中的議題之際，卻又可能同時面臨需要放慢團體步調，讓自己和成員心思澄澈的時機，這種能放能收的節奏感，主要來自沉默技術的使用，新手領導者此時要學習的反倒是「別太積極」的留白哲學。

沉默就是不說話，感覺上要閉嘴不說話並不困難，難就難在它出現的

時機和沉默時間長短。焦慮是團體領導新手共同的經驗（吳秀碧，民83；Stoltenberg & Delworth, 1987），在焦慮的情緒中時間感會產生扭曲，新手領導者要知道，自己主觀感受到的時間比真實的時間漫長。舉例而言，一位成員說完話的空檔也許只過了一秒鐘，領導者常常會覺得已經過了三秒鐘了，害怕「冷場」太久因而急於插話，久而久之會使得「任何一個人講完話都要由領導者接話」變成團體不成文的規範，大大減少了成員給別人自發性回饋的機會。一個小小的訣竅是，如果領導者知道自己容易犯操之過急的毛病，每一次的沉默都可以在心裡數數，多等待幾秒鐘。

　　從團體一開始介紹團體的性質及進行方式、主題及流程開始，越是有備而來的領導者，通常越會把背得滾瓜爛熟的「台詞」在成員坐定位的第一時間一下子講完，這是典型的焦慮型領導者，關切自己任務是不是達成的心態大過關切成員會不會覺得自在，是不是已經進入狀況，能不能從容地聽清楚領導者說些什麼。領導者在這個時候不妨放慢步調，預留幾分鐘閒談交通、時事、衣著、天氣都無妨（這些還都是屬於「其他」技術），同樣重要的是團體開始的每句話、每個段落都可以有適度的沉默，讓成員有足夠時間消化這一串全然陌生的訊息，同時也「示範」給成員知道，團體的節奏比社交性對話來得慢些。

　　另一個沉默技術使用的時機是當成員因為情緒激動（包括哭泣）或需要花一點時間整理思緒，導致一時無法在適當的時間內表達意思，這時候領導者的沉默事實上是一種等待。領導者可以從有限的訊息中判斷該成員的表現是在思考、找尋合適的用語、整理情緒以便適當表達，抑或是防衛、退縮、發呆、心不在焉，前者可以多等待幾秒鐘，後者比較可能屬於抗拒行為了。

　　比較特別的是沉默技術還可以巧妙配合非口語技術，用來邀請成員說話或表達同理心。例如當成員甚至是領導者本身都厭倦了「XX，你有沒有類似的經驗？」或「XX，你要不要給OO回饋？」這種公式化的邀請台詞，有時領導者不必說話，單單是一個眼神或手勢，同樣具有邀請的效果；當

成員哭泣或情緒激動（像是憤怒、緊張、難過）時，適時的遞面紙、拍拍肩、甚至真實的陪著流一些眼淚，不必說話，卻都有同理的作用。

雙重關係是諮商員養成教育過程中另一個矛盾而不得不然的必要之惡。通常談到雙重關係是指專業諮商員不應該利用團體諮商的機會發展私人的情誼，這對不同性別大學生所組成的團體也有必要加以提醒，以免傷害成員和傷害團體諮商的專業性。

團體諮商員在養成過程中學習帶領由同儕所組成的團體，或是經由社團、校友會、修課的機會安排舊識組成團體，都是常見的事。領導者或成員在團體內如果覺得彼此先前的關係會阻礙團體的正常進行（例如有些成員寧願和比較陌生的其他成員分享深刻的生活經驗，團體結束後不會再聯絡，心理反而不會有負擔），在成員找尋不易的情況下，或許可以考慮交換成員到不同組別，如此便不致產生雙重關係。倘若上述的情況依舊存在，領導者在適當時機（至少在團體結束之前）要記得徵詢具有雙重關係身份的成員（或領導者），在平時相處的時機中介不介意對方關切當事人在團體所揭露的經驗，如此可以減低因雙重關係所造成的不適。

因雙重關係的潛在動力對團體產生影響的例子不少，比較常見的是成員之間有一定的熟悉程度和信任感，可以減少建立關係的時間，對團體的進行具有正面的作用。然而這種關係也可能發生負面效應，領導者不可不察。不論同性或異性，極為親密的兩人或三人關係容易在團體內結盟，對團體的凝聚力會有不利影響；成員在團體外發生衝突，只要有一方仍舊缺乏善意，都會使領導者的工作備感困難。另一種情況是原本關係良好的一組同儕團體所組成的成長團體，因為團體主題對成員而言十分敏感（例如兩性關係或人際關係），團體形成的默契（亦即不成文的團體規範）變成「誰說誰就背叛我們的團體」或「誰先說誰就輸」，則領導者會覺得帶團體真是一種災難。

團體就是這麼巧妙而富變化的過程，勇往直前並不是最佳的策略，然而過於沉默又反而會引來更多關切；同儕友伴在團體中可能更有信任感但

也可能更加抗拒。學生們漸漸會對團體中的現象整理成朗朗上口的原則，談到團體與真實生活的共通處會說：「團體是社會的縮影」；談到活動的應用會說：「活動本身是次要的，活動之後的分享回饋才重要」；談到自我揭露會說：「自我揭露可以載舟也可覆舟」；談到此時此地原則會說：「可以提到團體內的人事物就不要提到團體外的人事物，可以提到大學就不要提到高中，可以提到高中就不要提到國中，可以提到國中就不要提到國小，可以提到國小就不要提到幼稚園（以此類推，可以提到人物就不要提到動物，可以提到動物就不要提到植物，可以提到植物就不要提到礦物）」；提到未來也會說：「連蚵仔麵線都標榜專業了，你能不學點專業嗎？」。至於日常生活中（甚至網路班版上）無處不在的：「你的意思是說～～」、「你要不要試著～～」、「你好像有話要說」、「你要不要多說一點」等等「中毒已深」的怪怪對話（至少在外人看來），就不是區區任課老師所能約束得了的。

參考資料

邱天助（民76）《社會教育活動方案設計》。台北：心理。

吳秀碧（民74）《團體諮商實務》。高雄：復文。

吳秀碧（民83）〈Stoltenberg 的督導模式在我國準諮商員諮商實習督導適用性之研究〉。《彰化師大輔導學報》，15，43-114。

盧台華、王秀如和莊麗貞（民77）《國中輔導活動單元設計》。台北：心理。

呂勝瑛譯（民73）《增進自我概念》。台北：遠流。

洪有義（民72）《價值澄清法》。台北：心理。

徐西森（民86）《團體動力與團體輔導》。台北：心理。

救國團「張老師」（民71）《團體領導者訓練實務》。台北：張老師。

張景然（民90a）〈準團體諮商員的迷思與衍生的問題〉。《諮商與輔導》，185，2-7。

張景然（民 90b）〈團體諮商的規劃和實施〉。《輔導季刊》，37(3)，37-46。

謝麗紅（民 91）《團體方案設計與實例》。台北：五南。

Cormier, L. S., & Hackney, H. (1987). The professional counselor: A process guide to helping. Englewood, NJ: Prentie-Hall.

Erikson, E. H. (1963). Childhood and society (2nd ed.). New York: Noton.

Hill, C. E., & O'Brien, K. M. (1999). Helping skills: Facilitating exploration, insight,and action. Washington, DC: American Psychological Association.

Stoltenberg, C. D., & Delworth, U. (1987). Supervising counselors and therapists: A developmental approach. San Francisco: Jossey-Bass Publishers.

本文摘要

◇新手領導員運用「同理心」技巧不熟練，容易變成「過多的推論」；有的領導者雖然使用適當的問話探索成員的情緒，但成員在第一時間並沒有正確說出情緒字彙，領導者卻沒有積極追蹤，以致失去良好探索成員情緒的機會。

◇新手領導者對於非口語訊息的處理，可能會顯得手忙腳亂，另一名協同領導者可以一個旁觀者的姿態來掌握有意一同參與談話的成員表達的時機，以輔助領導者。

◇新手領導者要注意「用詞僵化」的現象，宜從基本劇型學習靈活表達，以避免思考僵化、可用字彙太少的窘境。

◇領導者需要清楚知道，只有經過充分的探索階段和領悟階段之後，才適合進入問題解決階段。

◇成員間少量的建議可以視為一種善意的表現；遇到成員之間不斷的相互建議，領導者可以加以摘要、連結並重新聚焦；如果習慣建議的情況只

發生於某個特定成員，領導者可以就該成員的人格特質或與人的互動方式做立即性的檢驗。

◇領導者少量的建議並不是嚴重的過失，惟使用的前提是需要有十足的證據證明某種方法有效，不是道聽塗說。

◇把建議包裹於領導者的「自我揭露」糖衣之中是比較和緩的做法，不論效果好不好或成員接不接受都有較大的轉圜空間。

◇團體的組成成員們可能對團體的性質熟悉程度不一，領導者有必要先行了解成員的背景。

◇團體成員對於團體輔導十分陌生，領導者有必要在團體進行的最初階段先介紹團體的性質。

◇為求團體的順利進行，團體的主題、各單元次主題和時間安排都有必要在團體開始時對成員作說明。

◇領導者在團體一開始應該向成員介紹觀察員和督導者的身分與工作性質，強調他們觀察紀錄的重點在於領導者而非成員，可使成員降低被觀察的焦慮。

◇關於稱呼名字的另一個原則是避免使用綽號，特別是避免使用不雅的綽號。

◇團體規範可以視情況在後續的單元增刪，也可以透過適時的檢驗來催化團體的動力。

◇前一階段的輔助器材（例如紙筆、顏料、塑膠、鐵器等）一旦結束就應該收拾乾淨，否則成員會自然的拿在手上玩耍，造成團體動力的散失。

◇安排協同領導者緊接在領導者說明指導語之後，示範自己如何完成團體活動作業，可以進一步確保活動程序和品質。

◇在團體中進行的活動作業時間都宜精簡，兩、三分鐘是最適合的。

◇活動本質並不是要大家巨細靡遺的書寫和作畫，簡要的關鍵字就已足夠。

◇所有的活動都是配合團體的主題和成員的反應在進行，如果因為前一個單元佔用過多時間，使得先前安排的團體無法依照預期的時間進行，領

導者要當機立斷縮短活動的流程或乾脆取消。

◇領導者的自我揭露，引導成員聚焦於主題、催化成員作深度的揭露、皆作為掌控團體進行時間的活棋。

◇協同領導者在示範過自身的經驗後，需要由領導者給予同理，而不是孤孤單單的結束，因為領導者要示範給成員的，還包括「保證」說完話會被同理到。

◇領導者的自我揭露（加上率先揭露的成員）行為在團體中都會具有示範的作用，領導者除了要覺知這種無心插柳的效果之外，也可以善用這種影響力。

◇過去經驗的揭露卻是領導者所要留意的，主要的限制是避免過多、過長、過深的過往經驗揭露。

◇團體開始的每句話、每個段落都可以有適度的沉默，讓成員有足夠時間消化這一串全然陌生的訊息。

◇當成員因為情緒激動（包括哭泣）或需要花一點時間整理思緒，導致一時無法在適當的時間內表達意思，這時候領導者的沉默是一種等待。

◇領導者在適當時機（至少在團體結束之前）要記得徵詢具有雙重關係身份的成員（或領導者），在平時相處的時機中介不介意對方關切當事人在團體所揭露的經驗，如此可以減低因雙重關係所造成的不適。

團體諮商的「此時此地」原則
及其應用

壹、從活動導向到技術導向的團體諮商

　　團體諮商是二十世紀中葉由心理諮商學者繼個別諮商所發展出來的專業助人方式（Gazda, 1989）。1942 年美國團體心理治療協會成立，在評估對小團體歷程的相關研究獲得相當程度的肯定之後，團體諮商就成爲助人工作具體而廣受認可的方式，同時也被視爲一種有效而爲人所喜歡的助人模式。現今的諮商員不僅僅被寄望必須具有執行個別諮商的能力，同時也必須具有團體工作的素養；換言之，團體領導技術已被視爲諮商員教育訓練的一部份（Kolk, 1985）。從 1970 年代以來團體諮商就以技術訓練爲重要的發展趨勢，在傳統以團體活動爲主的團體諮商內容之外，確立另一個催化團體進行的重要模式。

　　團體諮商的工作重點是發覺成員內在的潛能，並在成員自身與其他成員之間形成相互的激盪動力，而團體諮商也就在這一循環互動的歷程中不斷發展。這種團體提供參與其中的每位成員有相互回饋、同理、與支持的機會，因此團體內創造出一種相互信任的基調是非常必要的，這種氣氛促成成員們得以共同分擔並探討他們所關心的問題（張景然和吳芝儀譯，民84）。團體諮商員的角色，是促成團體成員之間的相互溝通，幫助他們向其他成員學習，帶領他們建立起自己的個人目標，並鼓勵他們把自己的觀點思考轉換爲在團體之外付諸實施的具體方案。

在團體諮商的實務工作和團體諮商員訓練環境中，作者（張景然，民90a）觀察到普遍的團體進行方式即是累積許多個團體活動成為團體進行的主軸，於是準諮商員們的認知便以為團體諮商就是團體活動的累積，規劃團體進行的方案便是準備團體活動，往往一個六十分鐘的團體需要使用兩個團體活動，而一個九十分鐘的團體便需要使用三個團體活動。準諮商員們上圖書館或到書店找尋帶領團體的參考教材，泰半都在介紹團體活動，更容易令人誤以為那是帶領團體的標準模式。事實上在高度結構的團體中，團體活動只是用來為每個活動進行後的團體分享做引導，它有引發成員動機、促進團體互動、協助成員構思、以及探索成員情緒的作用，卻絕對不是團體的主要內容。也就是說，活動本身永遠是次要的，活動後「此時此地」(here and now, Yalom, 1983; 1985; 1995) 的經驗分享才是團體的重點，即便是眾所熟知的大肢體動作暖身活動 (例如「信任走路」和「信任跌倒」) 亦然；而團體活動在低結構團體、團體中後期，或具有高度表達能力與參與動機的成人團體中更是可有可無的，因為那時候團體領導者的同理心技術、促進團體互動的引導技術、和治療性十足的「此時此地」原則便成為團體的主軸，團體諮商員自然也不必擔心漫長的團體時間沒有準備足夠的團體活動如何「支撐」下去的問題了。「此時此地」既然為團體諮商學者所看重，談論過去或現在孰重孰輕的問題自是十分明顯，因為「此時此地」的動力或治療性必然大於「彼時彼地」（there and then）。張景然（民 90a）的文章中便指出，在以「此時此地」為主軸的團體中，成員能提到團體內的人、事、物就避免提到團體外的人、事、物，能提到團體進行當時的人、事、物就別提到童年時代的人、事、物，這也是團體「此時此地」工作的實施原則。

貳、「此時此地」的功能和應用

　　團體諮商與個別諮商、以及與具有明確外在改變目標的行為改變團體（例如：匿名酒癮者團體、厭食症團體、孕婦團體、減肥團體等），其間最大的差異是特別著重成員在團體中「此時此地」的經驗。根據 Yalom（1985）的說法，團體中所謂「此時此地」的應用主要分為兩部分，其一是成員在團體中此時此地的實際體驗，包括對其他成員、領導者、和整個團體的強烈感受。團體成員在團體外的真實生活和過去所發生的事件，都有機會帶到團體內來，使得團體名符其實地成為社會的縮影，這些事件會促成事件關係人的自我揭露和情緒傾洩，也能夠催化成員之間的回饋和社交技巧，整個團體會因此而活絡起來，成員們也呈現出密集的互動。

　　另一個團體「此時此地」的作用，是對於團體歷程做即刻而清楚的覺察、檢驗、和了解，領導者要讓團體本身能夠形成一個「自我反映迴路」（self-reflection loop），這也使得團體能藉由人際學習得到治療效果。因此，團體就在成員們對於事件做此時此地經驗分享，以及這個團體歷程進一步做闡釋與檢驗的來回互動中發生它的效能。

　　「此時此地」在團體諮商中，一直是相當被強調的重點。Yalom（1985）認為，在進行團體治療的時候如果能將重點放在團體的「此時此地」，則更能增進治療效果，特別是注重團體進行時的情境因素，將可以促進團體成員之間的溝通及加強凝聚力。Yalom 指出，在治療團體中最重要的就是要強調「此時此地」的經驗，他認為「此時此地」是團體治療的關鍵概念，團體把焦點置於「此時此地」的程度越高，越能增加治療的力量和有效性（鄭麗芬，民 83；Yalom, 1985），提高團體凝聚力的重要團體事件也多與團體內「此時此地」的行為有關（Braaten, 1990）。

　　Yalom 有關團體心理治療的理論精髓就在於團體治療因素和團體的「此時此地」工作兩個部分（Vinogradov & Yalom, 1989），Leszca，Yalom

和 Norden（1985）曾以接受團體心理治療的病人為例，比較使用此時此地與非此時此地取向的團體帶領方式所產生的團體治療因素，結果發現此時此地團體的成員在人際學習、情緒宣洩、自我了解、從他人處學習等因素上都佔了優勢，相對的比較不注重責任感、利他、和建議的提供等方面。

在 Slavin（1993）的研究中也發現，「此時此地」的自我揭露遠比「彼時彼地」的自我揭露更能有效的促進團體的凝聚力；同時「此時此地」的自我揭露對於團體凝聚力更具有相當顯著的預測力。足見團體諮商中「此時此地」的行為、情緒、和情境的出現，對團體進行的過程具有反映個人當下情緒的支持效果，進而有助於增加成員對團體的信任與歸屬，並且提高團體的動力與凝聚力，在這樣一個全然支持與信任的情境底下，團體可以達到良好的治療功能。然而團體內「此時此地」的自我揭露並非都有正面的效果。Dies 和 Cohen（1976）的研究便發現成員對會心團體領導者此時此地情緒的自我揭露比較持正面的態度，對於治療團體領導者此時此地的情緒揭露卻顯得不自在，而對於領導者表達正面情緒的接受度也明顯高於領導者負面情緒的表達，因此領導者選擇此時此地自我揭露的題材、時機、和正負面情緒的表達，都需要進一步的留意。

Yalom（1983; 1985）認為在團體心理治療中的「此時此地」是指在治療情境中所發生的即時事件和對於團體進行的歷程本身所有的體驗與領悟。完形學派心理治療（Gestalt Therapy）也曾對於「此時此地」的概念有清楚的定義。Perls（1973）認為「此時此地」指的是個人對這一刻的經驗充分學習、認識、感受與察覺。是故，「此時此地」的概念其實也相當於「當下」（present），或者相似於在諮商介入中「立即性」（immediacy）技術的概念（Ormont, 1993）。

前曾提及，團體領導者的兩個功能是要能夠引導團體進入「此時此地」的經驗分享階段，並且讓團體進入自我檢省的迴路中去檢驗團體的歷程。要把團體引導進入「此時此地」的層次，首先有必要介紹團體的「內容」和「過程」兩個部分。在諮商與心理治療的領域中，歷程指的是個人和其

他人互動的狀況。以團體諮商爲例，團體的內容包括口語表達出來的語句，實質的議題，或是討論的題材；團體歷程則是全然不同的部分，包括談話的方式、成員的型態、討論的方式、以及團體所有參與者的互動關係。

團體的「此時此地」主要就是在進行團體過程的評論，而不是團體參與者說話的內容。Yalom（1985）以「後設溝通」（metacommunicaton）來說明此時此地的概念。所謂後設溝通指的是對溝通的溝通，也就是分析評論溝通的內容。舉例而言，單單是希望對方關閉窗戶，可以有不同的表達方式，像是「把窗戶關上！」、「你會冷吧，要不要關窗戶呢？」、「窗戶怎麼開開的？」，每一種說法都可以顯示說話雙方深一層的互動關係，這也是團體工作所強調的重點。

把焦點放在團體過程進而使團體產生效力，是「此時此地」的重要特色。當一位成員在做自我揭露、表達情緒、幫助他人、給予回饋、接受回饋、以及發現自己與其他成員的相似性等行爲時，領導者藉由對這類團體過程的評論，都能夠讓當事人從立即的人際關係瞭解到早期的家庭經驗或團體外的社會行爲如何在團體內重現。

然而在團體中當著當事人的面去評論其行爲舉止、姿態、說話方式、肢體動作等，都是冒險的行爲，在一般的社交機會中會被視爲禁忌和不禮貌，因爲它會帶來社會焦慮、破壞既定的社會規範及權力關係、也有被報復的可能，諮商新手因此會視爲畏途而刻意避免，如此一來便減低了團體的治療性。

參、團體諮商中「此時此地」的階段和技術

依據 Yalom（1995）的說法，領導者聚焦在此時此地的第一個階段，是把團體帶進「此時此地」的層次，引導成員把焦點放在與其他成員的互動關係上，不去談論團體外的事件。這樣的努力在團體初期比團體晚期還

顯得重要，諮商員在團體的開始階段必需花費較多的精神在這個任務上，團體一旦建立起此時此地的運作模式，進行到了後期自然就順暢許多。甚至在訂定團體規範時，領導者都可以將「此時此地」的原則當作是規範的一部份，像是鼓勵成員之間的對話、情感表達、自我監督、以及將團體視為重要的訊息來源等，都是由「此時此地」原則所衍生的規範。如此一來不但可以使被指定的成員專注在此時此地的團體過程，也可以對其他成員產生示範的效果。

此時此地的第二個階段是對團體過程的說明和評論。成員雖然也可以評論團體的過程，為避免該成員與其他成員產生距離，這部分的工作通常是由領導者來負責，即便如此，領導者也要謹慎採取觀察者與參與者的角色，以免造成支配關係，或被成員排除在團體之外。

對團體過程的評論可以包含即刻發生的事情，以及在團體中不斷重複發生的事情。然而沒有任何團體可以完完全全處於此時此地之中，有時成員難免會提及團體外或過去發生的事件，領導者的任務不在強加禁止，而是要連結彼時彼地的資料，協助成員了解現在的他與別人的關係模式。

一、引導團體進入「此時此地」的技術

團體領導者是執行「此時此地」工作最重要的人物，領導者要時時惦記著「如何將團體主題帶往此時此地的互動方式」。通常團體在第一次聚會時成員會做自我介紹，說明來參加團體的動機和期待，當然也會有機會分享對其他成員的印象及看法。成員在沒有適當引導的情況下，會很自然地提到團體外和過去所發生的「彼時彼地」事件，此時領導者需要讓焦點由團體外聚焦到團體內。例如當某位成員描述他對室友的敵意時，領導者問他：「如果你能預見在這個團體中有相同的問題，哪一位成員最有可能和你發生衝突？」；又如成員籠統地描述自己有說謊的毛病，領導者可以問他：「你今天在團體中說過什麼謊言？」。

第二個技術是增加團體參與者的深層互動，這是讓成員從與領導者（或其他成員）的互動中得到情緒反映或情緒探索的機會，如果是成員與成員間的交談，則可以鼓勵使用第二人稱（意即以「你」代替「他」的陳述）來直接對話。例如詢問成員：「關於這件事，你的感覺如何？」。

團體的治療功能之一是成員可以從人際互動中相互學習（interpersonal learning），因此對成員的表達內容做有意義的介入，不僅領導者可以做，也可以讓其他成員分擔一些責任。爲了避免成員之間作深度的互動會帶來威脅感。不論由領導者或由其他成員來提問，以下三個方法都可以舒緩團體成員間不舒適的程度。

㈠由正向的互動內容開始。例如，「在團體中誰讓你覺得最溫暖？」。

㈡使用假設語句來催化互動。例如當成員表示因爲今天注意力不集中以致對某成員的話沒有感覺，可以問他，「如果你今天精神很好，你會對他的話有什麼感覺？」。

㈢教導成員避免要求他人給予籠統的回饋。例如以「你贊成我這個決定嗎？」代替「你贊成我嗎？」。

第三個技術是對團體當下出現的現象做反應，例如對抗拒與沉默的處理。當成員表示「我和別人一樣」時，在這種共通性之下有可能潛藏著對團體的抗拒，不願表達自己真正的看法，領導可以協助成員區分或澄清自己和別人之間的些微不同，再從細微的差異中擴大自己獨特的想法和感覺。

當領導者觀察到團體中一再出現沉默或出現過長的沉默時，可以描述出當時的沉默現象，讓所有參與者來共同面對，並且催化此時此地的互動。例如：「我注意到剛剛團體出現蠻長的沉默，大家要不要說說在這段沉默期間，你們想說而沒有說出來的一些想法」。

領導者在引導團體進入此時此地的層次時，通常需要打斷團體的內容以進行過程的評論，這難免會造成成員的困惑或不舒服。領導者除了宜留意選擇在適當階段打斷成員的談話內容，這樣的干擾要適度，也要記得讓成員回到原先沒有完成的主題，以力求團體內容的流暢和完整性，並且讓

成員有機會表達種種不安的情緒。

二、團體過程闡釋的技術

「此時此地」可以當作是團體規範的一部份，成員在團體中和領導者都能夠共同將團體導入「此時此地」的層次；對團體過程的闡釋則可以把團體帶到更深一層的境界。然而因為描述團體的過程需要同時分析其他人的行為，這可能面臨到社會互動的禁忌，成員會有較多的抗拒，所以這部分的工作領導者會承擔較大的責任。主要的工作項目是分析成員的單一行為、比較不同的行為、連結許多行為成為行為類型、指出行為類型的可能結果、以及以推論性的解釋來分析行為的動機及意義。

團體過程的闡釋要進行得有效果，首先要讓成員們知道他們之間正在做什麼，同時也要能覺察到這些行為對自己的意義和對他人的影響，是否滿意自己習慣性的人際互動型態，甚至有改變的意願，這些步驟需要經由領導者的說明及催化才得以完成，團體「此時此地」的目的也才可以實現。

領導者對團體中成員行為的觀察特別要著重在非口語行為方面，每個團體其實都透露出很豐富的訊息，像是誰選擇坐哪裡？哪些人坐在一起？誰選擇坐在領導者旁邊？誰坐得最遠？誰最靠近門？誰準時出席？誰習慣性遲到？誰說話時會看著誰？誰說話只面對領導者？誰常看錶？誰無精打采？……領導者也要有敏感度去觀察常常被忽略的部分，像是某位女成員只對男成員回饋，而從來不對其他女成員回饋；當某位成員缺席時，團體動力有沒有發生改變；以及口語行為和非口語行為不相一致的地方。

團體動力的變化也是觀察團體所不可或缺的部分。團體內通常存在著權力支配的現象，成員間（甚至包括領導者）固定會有權力的衝突；成員結盟之後的相互支持、相互爭鬥、或次團體間的對立也可能發生；有人無私地幫助他人，也有人自私自利；團體發生衝突時有人力圖化解，也有人火上加油；成員會有享受團體氣氛與不願失去個性的矛盾，也會有幫助別

人與擔心被拒絕的內在衝突。上述現象往往是潛隱在團體之中，如果沒有及時察覺處理，等到爆發時都可能以激烈的方式呈現出來。最後在進行過程評論的步驟及其預期效果上，領導者可以以如下的問題詢問成員：

(一)你的行為表現如何？

(二)你的行為引起別人什麼感受？

(三)你的行為導致別人對你產生什麼看法？

(四)你的行為影響你自己對自己產生什麼看法？

「此時此地」的意義並不全然侷限在團體當下所發生的事情，想要發現事實的深層涵義，也有必要對過去的事情做適當的處理。個人過去事件在團體諮商中的應用不強調挖掘事實，而是重新建構。藉由對過去的經驗的重新認定及陳述，當事人能夠調整其自我評價，因此過去經驗不是主控者的角色，而是用以提供事件當事人參考訊息的服務者角色。

三、其他催化團體聚焦在「此時此地」的技術

其他有關催化團體過程停留在「此時此地」的技術，張景然（民 90b）曾為文介紹，該文認為領導者使用「此時此地」技術的時機可以分別選擇用於同理團體成員、邀請成員、和對成員的談話做出反應等方面。

(一)隨時不忘使用初層次同理心技術

團體帶領的基本技術永遠脫離不了基本的、初層次的同理心技術，例如領導者透過「反映情緒」技術的使用掌握成員的情緒，使團體成員知道他們正在被傾聽和了解；透過「摘述」技術的使用掌握成員經驗敘述當中與心理學有關的重要題材等。掌握成員所敘述的深刻經驗並詢問其感受，往往能協助成員深入探索其問題和情緒，領導者應該追蹤至成員揭露真實情緒為止，必要時可以以封閉式問句協助成員釐清其感受，但避免過早出現。

任何時機都不能忘記使用初層次同理心的技術，過早或是沒有摘要、

情緒反映就使用解釋、挑戰、面質、建議易引發成員的防衛及抗拒。其中，經驗告訴我們，建議一提出通常都會被當事人否定掉，如果非建議不可，包裹著「自我揭露」糖衣的建議會讓彼此都有台階下。亦可以在配合著初層次的同理心技術之下，用嘗試性的口氣幫當事人猜測或解釋，這也稱為「高層次同理」（advanced empathy）技術。成熟的領導者也會使用較為精準而貼切的（專有）名詞來界定、澄清或摘述成員含混通俗的用語。同理心是由摘要、情緒反映、或特定時機的自我揭露等技術所構成的，它同時也是一種對待他人的態度，能夠讓成員感受到專業的照顧和聲息相通。

(二)邀請成員的技術

邀請成員談話的方式除了直接點名、輪流等較突兀的方法之外，可以適當的連結，靈活變換方式來引導或催化成員做「多對多」的「網狀互動」。像是觀察「非口語行為」（點頭、微笑、手勢）（例如：「XX，你好像有話要說。」）、「連結」相同特質或相關議題的成員（例如：「兩位男士可不可以說說看？」、「XX，你也有相同的經驗，你要不要也來說說看？」）、「連結」私誼很好的成員（例如：「XX，你跟 OO 蠻熟的，要不要說說看？」）、領導者「揭露」自己很想（或很好奇）聽聽某成員的說法（或經驗、感覺）（例如：「XX，我很好奇你會怎麼說？」）、或「催化」成員給當事人回饋（例如：「大家眼中的 XX 是這樣子嗎？」）此外，領導者對於某一位成員陳述自身經驗時連帶提到的其他團體成員，應該有敏感度邀請被提及的成員來做回應，這都比突然點名成員說話或讓成員依座位輪流說話更有效果。

(三)緊接在成員表達後的反應技術

一位成員表達完自己經驗之後，領導者典型的反應可以是「同理」（「摘要」＋「反映情緒」）、「自我揭露」、「解釋」、「再保證」、請該成員「具體」舉例、邀請其他成員「此時此地」地檢驗對該成員的印象（這一點也是成熟領導者的指標之一）、或另行邀請其他成員開始談自己的經驗， 切勿直

接跳到問題解決的階段（例如：問成員「你有沒有想過怎麼做比較好？」）。

　　上述資料的呈現，不論是對團體諮商中「此時此地」的引介或應用說明，都可以見到學者們對「此時此地」的推崇。為使讀者獲致更清楚的印象，以下作者將引用實證研究資料（張景然和謝秋嬋，民 91），以實例說明團體諮商中「此時此地」出現的類型，並將領導者與成員在團體中「此時此地」的行為、情緒、和情境及技術的使用做進一步的整理與歸類，除了瞭解「此時此地」技術對諮商效果所具有的影響力之外，也希望做為日後實務工作與相關研究的參考。

肆、團體互動的「此時此地」型態與實例

一、領導者執行「此時此地」的任務

(一)引導成員進入此時此地

　　團體的一開始領導者向成員說明團體是什麼，例如研究觀察中，領導者說明「L3：對有的人來說這應該是第一次參加團體，我想說先簡單介紹一下什麼叫團體。那團體大概就是一群人啊，然後在一起分享自己的經驗，給予對方回饋。」(C101)。而第一次團體進行的典型做法是相互認識，分享為何來參加團體，及討論參加團體的感受，並說出對其他成員的看法及印象。

　　「**L3**：對有的人來說這應該是第一次參加團體，我想說先簡單介紹一下什麼叫團體。那團體大概就是一群人啊，然後在一起分享自己的經驗，給予對方回饋。回饋就是說你可能聽到別人經驗，然後你會有一些感覺，或者是說會讓你想到什麼事情，然後給對方一些回應這樣子。然後我們這個團體是情緒探索團體，那主要是探討、分享那個有

關遺憾的事情這樣。那第一次是關於朋友方面的遺憾，第二次是愛情，然後第三次家庭，第四次就是回饋這樣子。」(C101)

「**L1**：大家好，我們在那個邀請卡上都有提到我們這次的主題就是情緒探索，那我們就先來自我介紹。那我是第一次的領導者叫L1，這位是 L2，這位 L5，另外我們會有三個觀察者在外面。還有另外有一位有徵得妳們同意的學姊，要做學術論文的學姊，知道嗎？記得ㄏ乙！她也會在場，而且她會錄音，所以我們有一個小小的麥克風，但是錄音這個部份純粹做她的學術研究，所以不會再外洩出去這樣子。那現在換妳們自我介紹，簡短的自我介紹，比如說像我，我就是L1，我現在的心情很緊張。那每個人都是先講一下自己的名字，然後再講一下現在的心情。」(D101)

「**L1**：那我們現在進行的是介紹我們團體的目標，那我再跟妳(M3)講一次好了，就是讓大家更清楚的認識到自己的情緒，還有覺察到自己在各方面不管是人際互動，或其他方面自己的情緒的表露這樣。那在這個團體裡面呢，這個團體是大家的，領導者的角色就是催化大家能夠做自己經驗的分享，那麼為了能夠讓大家能夠在一個自然的情境之下，能夠放心的講出自己的經驗，所以我覺得我們必須要訂一個規則出來。」(D112)

團體進行時領導者最重要的任務是帶領團體中所有的成員在團體進行的當下融入團體，因此研究者在此研究中清楚可見領導者在團體開始進行時說明了團體的主題，團體目標，以及團體的走向；又因參與團體的成員幾乎是第一次接觸所謂的諮商團體，因此領導者明確的說明何謂團體，以及團體的內容、目標，以幫助成員馬上進入團體的狀況。

(二)團體規範的建立

領導者透過引導成員訂定團體規範的方式，讓成員能即刻融入團體中。領導者引導成員一同訂定規範，承諾一同遵守，並且讓成員了解團體是在場大家的，訂定團體規範是為了讓團體中的每個人知道在團體進行的過程中可以如何表現。例如手機必須關機，讓團體在進行時不受干擾；遵守保密原則，讓團體中的每一個人都能適時的表達自己的情緒，敢於分享自己的經驗，以避免因害怕自己的經驗會因此次團體的分享而透露於團體之外的擔憂。

「**L3**：現在我們就是來訂團體規範。為什麼要有規範呢？是因為在團體裡面，大家就可以藉由這些規範然後來遵守規範，然後凝聚團體向心力這樣。那有沒有人想到要訂什麼規範？沒有的話我先提一個好了。我希望在團體進行的時候大家能把手機關掉。」　(C102)

「**L6**：所以現在大家應該都確定手機應該有關機了？！(大家關手機)然後我是覺得呢，因為我們的團體是那種分享團體，所以我們可能在團體中會分享一些自己的經驗，對那我們在分享經驗的時候，可能我們會怕別人會把我們的經驗啊，什麼秘密給說出去。所以為了要避免這樣的事情發生呢，我就覺得我們團體應該要有保密的這一項原則。所以應該在團體進行當中，我們每個人所說出來的東西，在團體之外我們都不能對團體外的任何說起。」(C103)

團體規範的建立會影響此時此地的對焦工作，而不當的團體規範的訂定會影響到此時此地的呈現。在上述的兩項對話是，正當成員準備發言剛好手機響起，領導者的處理是讓手機繼續響，成員可能因此受到影響而未再繼續發言。

「**M1**：就是說當我，當我那個……ㄟ，想看看。(手機響)ㄟ，我的手機（手機一直響，M1 不知該不該去關機，不知所措，沒有接下去發言）。」(E309)

「**L5**：你可以讓它……沒有關係。」(E310)

「**M1**：……唉呦，好尷尬，不知道怎麼表演。我可不可以等一下再講啊，因為我想先看別人表演，因為我現在想不出什麼表演。」(E311)

二、團體中過程的評論

(一)領導者過程的對焦

在團體進行的過程中領導者常常重複將團體的目標，以及團體未來的走向向成員說明，並且連結到團體的主題，讓成員再次經驗團體已經發生的部分。成員透過領導者的指引下，經驗了先前團體進行的過程，與察覺自己及他人的情緒後，領導者邀請成員表達「此時此地」的任何想法，以及情緒。

「**L6**：因為我們會試圖去問你們一些比如說：問你們說你覺得那個遺憾啊！對你現在生活上會有什麼樣影響？……嗯我們設計這個單元主題也不是說要讓你們會立刻有什麼樣的改變。只是說我們希望說經由團體的分享，然後可以幫助你們自己去覺察，自己去省思，這是我們的目的這樣子。」(C304)

「**L1**：好，那我現在花一點時間跟大家介紹一下我們今天團體整個行程。第一個我要先講的是我們的目標；我們的目標就是要讓大家能夠更清楚的認識到自己的情緒，還有就是覺察到自己在各方面無論是人際關係，或者是妳對事情的看法等等，妳對情緒的覺察這樣子。」

(D108)

「**L5**：從團體到現在，不曉得這團體帶給你們的感覺如何？」(C414)

在團體中成員們會不斷的分享過去已發生的經驗、情緒，領導者適時的從成員過去經驗找尋線索，將其對焦到團體的目標，探索成員「此時此地」的情緒、想法；無論是自我探索團體，或者是情緒分享團體，領導者總是希望將團體的走向拉回到團體內成員「此時此地」的感覺及自我覺察。

「**L4**：那讓大家躺下，讓大家放鬆一下，因為一整天下來相信大家都很累啊。一段時間，放慢音樂讓大家欣賞。那大家回想一下這一整天下來啊，那你現在回想一整天的活動，那你有什麼樣的感覺？此時此刻也許你有很……，大家講得很多，那在這一段時間大家好好整理一下。然後整個活動下來，很多成員都互相說了很多很多的經驗嘛！那相信很多人也許想要對某些人說一些什麼話，如果有機會讓你對他說出來，你會想對成員內的誰說？然後整理一下今天下來你的心情，此時此刻的感覺是什麼。」(F401)

(二)領導者在團體過程中的觀察

在研究中發現領導者的敏感度是相當高的，領導者經常性的察覺到團體成員在口語表達時所帶有的情緒，也注意到成員的非口語行為。通常領導者會將所察覺到的想法以猜測性的說法向成員詢問，立即的將團體走向拉至「此時此地」。除了對團體成員口語與非口語行為的覺察外，領導者同時注意成員遺漏的部分；而領導者在覺察成員非口語行為時，卻也存在著與成員的意圖有不一致之處。上述的狀況常常是隱而不見的，有時領導者的猜測會產生成員解釋性的表達。

「**L1**：我剛剛看到那個 M5 的筷子已經折斷了，那你是有什麼事情讓你很生氣？或是有相同的經驗？」(D304)

「**M5**：我聽她講完那個啊，我才知道原來筷子不能隨便亂折。沒有啦，跟那個沒有關係沒有啦！筷子只是因為好玩所以折成這樣。」(D305)

「**L1**：剛剛看你在講的時候好像也是很激動，那你現在的感覺是？」(D307)

「**M5**：其實我覺得不會啊，（經理的行為）蠻幼稚的吧！」(D308)

「**L1**：剛剛看 M5 好像若有所思……」(D319)

「**M5**：沒有啊，是很想睡著了。」(D320)

「**L1**：那是你覺得很無聊嗎？還是……」(D321)

「**M5**：吃太飽（笑）……」(D322)

「**L2**：我看 M1 一直在玩，那從 M1 先開始吧！」(E303)

「**L2**：我看 M4 好像有點快睡著的樣子……」(E322)

「**CL2**：M4 你覺得呢？你在發呆喔！」(E408)

「**L3**：剛剛我發現喔！M2 在玩窗簾。可能盡量我們在講話的時候，可能盡量對各位成員講。」(E125)

　　領導者敏感度過高，不斷的覺察成員每一個小動作、表情，有可能造成成員的防衛，甚至出現抗拒行為。更何況如果領導者的猜測與成員所要表達的意思是背道而馳的話，有可能影響成員在團體的表現，及團體氣氛的維持。

三、團體中此時此地的經驗部分

(一)立即性的情緒經驗

在團體中領導者與成員都會表現出他們在團體中的想法以及情緒，而這種情緒經驗是在團體當時情境底下形成的，也就是團體中所有參與者的情緒感受。此種立即性的情緒表達不僅可以讓參與團體的每一個人覺察到自己的情緒，更也藉此體驗到他人的情緒，進而探索自己是否有相同的感受。

「**M1**：學姊，我那時候有一種感覺，因為妳們邀請函上寫 "務必" 還用不同顏色。"務必要準時" 那個，然後我就是我很看重這件事情，因為就是怕會影響到整個團體的進行，結果沒想到自己這麼重視然後竟然……好像……是我自己一個人很在意吧！真正主要要辦這個團體的人好像其實並沒有那麼在意，這就有點失望。」(D414)

「**CL3**：其實我們真的很在意，不然我昨天我在外面那邊上那個什麼測量的時候，就是妳們那時候不是上完人力資源，我還特地去找妳們說妳一定要來妳一定要來。對，就是我們是很在意，只是早上來的時候我們真的忽略這件事情。」(D415)

「**M1**：我要講的是其實我也蠻抱歉的，因為我是真的把自己的情緒帶到妳們身上。對啊，因為早餐沒得到滿足，所以心情就很不好，就是真的很不好意思。」(D416)

「**M1**：其實 L1 那時候道歉的時候，其實我覺得我蠻不好意思的。」(D418)

「**M5**：因為我覺得剛開始吧！因為大家就沒有進入狀況這樣，而且像我啊，唉！我就覺得好像要來做報告，然後覺得好累。對啊！我早

上心態是這樣，好像要來應付的。」(F412)

「**L2**：我先說好了。今天我覺得，今天是我們要帶團體嘛！所以就一開始早上到現在都覺得蠻緊張的。但是因為學弟妹的配合，所以覺得很感激啊！而且很高興能認識大家。」(F404)

在團體中立即的將情緒抒發出來確實讓團體回到當下，不管是成員或者是領導者，其在參與團體的過程中也能夠覺察自己因團體的進行而產生的情緒，並且也願意表達出來，即表示團體的進行確實引導了成員對自我的覺察，而在團體中成員自發性的覺察與團體的氣氛有著密不可分的關係。

(二)立即性的行為表現

在團體進行中也常會看到許多非口語行為的出現，所謂非口語行為例如面部表情(喜怒哀樂各種情緒)，及肢體動作。研究者每次在團體進行時，均觀察約七位的團體參與者，因此無法像攝影機般紀錄下團體中每一位參與者的非口語行為，但透過領導者對成員非口語行為的察覺能夠幫助研究者在觀察中可能的缺漏。

非口語行為增加了成員間的互動，以及成員間的安全感與親密感，並且提供領導者一些成員未用口語表達出的訊息與線索。領導者可以透過成員非口語行為的表現瞭解到成員的互動模式，例如在團體中哪幾位成員互動較為頻繁，可能在平常相處中也是如此親近。

「**L3**：M5 跟 M2 好像都能夠瞭解？（M5 和 M2 笑著點頭）」(E108)

「（M5 拍拍 M3，並輕拉 M3 坐下。）」(E128)

「**M1**：我剛才就是要舉這個例子，真是心有靈犀耶（用手打了 M2 的肩膀一下）。」(E315)

「**M1**：（輕踢了 M2 一下）你敢講沒有。」(E373)

「**全體**：(鼓掌並歡呼) 好厲害好厲害！」(E312)

「**L5**：你們不覺得她的眼睛已經快發火了嗎？」(E326)

「(M1 打了 M5 手臂一下。)」 (E436)

「**L2**：你問 M1 好了，M1 剛才打 M5 一下。」(E438)

透過領導者對成員面部表情及肢體動作的觀察，能夠讓領導者進一步探索成員在團體中深層的情緒與感受：

「**L1**：剛剛 M2 一直點頭說是是是，為什麼？」(E450)

「**L3**：M2 我看你好像很苦惱的樣子，沒有想到嗎？」(F102)

「**M2**：真的想不出來（苦笑）。」(F103)

㈢團體中的情境氣氛

團體中的情境氣氛會受團體內所談論的內容而有所變化；研究觀察的團體如果是情緒探索團體那麼團體中的情境會依所談論的喜、怒、哀、樂內容而有著不同的情境氣氛。又例如 B 組團體主題是情緒探索團體——生命中的遺憾，在四次單元都是探索遺憾這個情緒字眼下，團體的氣氛一直是處於哀傷的。研究觀察中 B 組的團體出現了團體成員在團體中哭泣的頻率有兩次，當時悲傷的氣氛牽動著其他成員、領導者、在團體外的觀察者以及研究者的情緒，因此也一同的落淚。而哭泣是非口語的行為，只能透過觀察由研究者紀錄下來；但情境氣氛也能透過口語的方式來覺察，例如成員參與團體的感受，察覺團體的氣氛並向團體中的領導者及成員分享。

「**M6**：像早上……會覺得有點冷(指團體氣氛)，就是大家好像都蠻安靜的。可是剛剛……大家感覺就是很熱烈，就是大家比較會踴躍舉手發言。」(F410)

「**L4**：……那你覺得早上（團體氣氛）比較冷？（嗯）那其他成員有沒有覺得早上很冷的？」(F411)

四、領導者運用此時此地的技巧

㈠抽象到具體

團體歷程中成員認知與情緒的口語表達會有含混模糊，或者是天馬行空的情形出現。領導者此時的任務是澄清，並且了解成員所表達的情緒、觀念及問題。在研究中，所看見領導者使用具體化的技術，大多是直接了當的請成員舉例說明。以下有幾個例子可以說明：

「**L5**：你說的是像什麼？你可不可以舉例？(M4：沒有隨手關燈)」(E331)

「**L5**：嗯好……那你們現在可不可以想看看說能不能用什麼事情來舉例你們平常相處的時候？」(E347)

「**M3**：像我給 M5 是一條親密線、一條虛線，我是覺得說像我跟 M5！事實上是我們兩個因為不算是很熟，我就是透過他們這些朋友，然後跟 M5 這樣接觸的。所以我覺得說，就是我們在一起的時候我們還是能夠玩得很 high 這樣，就是當透過他們。然後我們私底下兩個人這樣互動其實蠻少的。」(E348)

「**L2**：對啊 M2 真的你有感覺到嗎？（M2：有）比方說哪些行為呢？」(E374)

「**M2**：可能是我半夜抓他出去，或是他半夜抓我出去啊！就是我們會出去聊天。」(E375)

「**L2**：那你給他（M1）的回應呢？」(E376)

「**M2**：回應啊？就幫他釐清一些問題吧！」(E377)

　　由以上的對話可看出，透過領導者具體化的深入探究成員陳述的話語後，我們可以看見成員的談話內容就更為具體、清楚了。

(二)催化深層互動

　　團體進行中，領導者要將成員所分享的情緒經驗帶入團體當下，並且邀請其他成員對這位成員所分享的內容予以回饋或回應，以增加成員間的互動。例如領導者試圖引領其他成員覺察團體中某位成員：「L2：那在場的各位有覺得說他(M1)，他覺得大部分的人對他來說是有點一點點難以親近？那你覺得他呢？跟他相處的模式呢？」(E358)，成員的反應是：「M2：有點這種感覺，因為不知道他在想什麼。」(E359)。只要成員有所回應與參予，無論成員的回答是什麼，即使沒有回應，都已經加深了成員間的互動。而在團體中，成員會因為團體談論的話題事關於己，因此更加投入及參與。成員會因為非常在意自己在他人眼中是怎麼樣的一個人，也會想知道他人對自己的評價為何，而專注於團體中的任何動向。

「**L2**：那 M1 你在跟他(M3)相處的當中有碰過這樣的情況嗎？有這樣的感覺嗎？M1：不少(成員們大笑)。」(E351)

「**L2**：那其他人跟 M3 呢？也是有這樣的狀況嗎？還是只有你們(M3與 M1)倆呢？」(E352)

「**M3**：我們也是覺得只有我們兩個吧！因為像我跟 M2 的話，其實

很容易就達到一個共識。然後我跟 M2 的話，就是能接受的意見他就會接受，他的想法大概就是取一個平衡點。然後我跟 M1 就不同，我們不得取得一個平衡點，一定是要偏向哪一邊這樣，然後我們等於誰都沒有辦法說服誰，跟 M2 的話，可能 M2 比較隨和這樣。你跟他說個什麼，討論個什麼，他很快就是大概，嗯，好，這樣就好了。然後 M1 就是有點要比好更好這樣。」(E353)

(三)領導者的自我揭露

領導者的自我揭露是具有示範及催化效果的，因為領導者在團體中透明化的揭露自己的情緒與感受，成員們得知的訊息即是，團體當下所激發的情緒、感受，在團體中是可以共享的，可以宣洩的。以下例子即可說明；領導者的揭露強調了團體中此時此地的情緒感受，而成員的揭露也是當下的情緒：

「**L3**：其實我們真的很在意，不然我昨天我在外面那邊上那個什麼測量的時候，就是妳們那時候不是上完人力資源，對，然後我還特地去找妳們說妳一定要來妳一定要來(M1：的確)。對，就是我們是很在意，只是早上來的時候就是我們真的忽略這件事情。(M1：妳們太緊張了)」(D415)

「**M1**：我要講說是其實我也蠻抱歉的，因為我是真的把自己的情緒帶到妳們身上。對啊，因為早餐沒得到滿足(大家笑)，所以心情就很不好，就是真的很不好意思。」(D416)

(四)澄清

領導者針對成員模糊不清的訊息內容，利用澄清的技術來幫助成員釐清衝突的矛盾行為與情感，使成員能夠更明確的體驗在團體當下所經驗的

行為表現及情緒感受。例如：

「**M1**：我不知道其他人怎麼樣，不過我剛開始是這樣。」(E336)

「**M1**：對，可能是我覺得，我慢慢習慣吧！因為我覺得這種人以前在我生活中不曾出現過。」(E338)

從這一點可看出，澄清技術的使用能夠引導當事人更深一層的自我探索。

「**L2**：你意思是說針對他個人，還是其他人也對他有同樣的感覺？」(E335)

「**L2**：你的意思是說你跟 M1 都是比較屬於固執的人嗎？(M3：應該算是吧！)」(E350)

㈤高層次同理

高層次同理的反應是包括領導者要敏感的去意識到成員所隱含的，但在探討中還未直接說出來的；也就是領導者去發覺深深被個案埋藏，而不為人知的最深層部分的感覺。研究中，領導者運用語言引領出存在成員內心的感覺與意義。如下列口語表現：

「**L5**：你覺得你不太會表達嗎？」(E363)

「**L2**：還是不信任呢？」(E364)

「**L2**：對啊，你是覺得說你不夠信任他人嗎？」(E368)

「**L5**：就是說你可能會想要改變？」(E371)

㈥回饋

在研究觀察中，領導者會對團體成員的行為表現以及情緒感受做出支持性的回饋，例如：「L3：其實我很想對 M1 說，我覺得她蠻堅強的，情感很深，想對她說不要太壓抑。」(C402)。而領導者使用支持性回饋，最大的優點是可提供成員了解自己的行為以及情緒是被接受的，而不是被排斥的評價。因此，成員能夠更放得開自己也更能投入於團體中。

「**L5**：聽 M3 講了以後，我覺得 M3 並不是沒有什麼特別難過的感覺，因為(病)拖太久了。」(C407)

㈦初層次同理

在團體中成員會有各種情緒感受的出現，在團體當下所出現的情緒可能是因談論過去事件時而引發，可能是在團體中立即的情緒反應。無論情緒是因團體外過去經驗的感受，或者是團體內立即的感受，都是會在團體此時此地中呈現出來，且重新體驗與覺察。無論成員的情緒是因外在事件或內在事件而表露出，領導者都必須敏感的體認成員的主觀世界體悟，進而給予關懷的同理。

「**L4**：那你剛剛說覺得很緊張，那你現在的情緒怎麼樣？有沒有好一點？那就是跟我的心情是一樣的。」(F405)

「**L1**：那我能了解你剛剛在畫那個圖的時候，你會覺得說你能哭就盡量哭，這是你親身的感受。」(D221)

㈧支持

在成員表露或探索個人的感受及痛苦情緒時，團體領導者應提供鼓勵和增強，以及成員情感上的支持。在研究觀察情緒探討團體中，正在談論

生命中遺憾事件的一位成員提到，當家人病危時卻沒有任何難過的感覺，好像和團體中其他成員的情緒反應有著很大的差別。領導者適時的給予回應：「L6：其實你大可不必覺得為什麼自己沒有那種特別痛苦的情緒，而覺得自己很奇怪。」(C408)，讓這位成員不會因自己哀傷情緒反應與他人不同，而在團體中為自己築牆。由此清楚得知，領導者的支持也正傳達著團體中接受不同的想法以及情緒感受的存在。

「**L2**：因為我覺得 M1 表達能力不錯。」(E365)

「**L5**：我覺得他聲音很好聽的。」(E366)

「**L6**：從早上我就很喜歡聽她(M5)說話，她知道自己想要的是什麼。」(C412)

(九)詢問

詢問的技術在諮商的過程中是經常會被使用，而詢問要真正具有價值，以及有效性，領導者就必須了解成員的問題，進一步往更深的層次去詢問問題。因此，有效的詢問就必須回到此時此地。在觀察團體時經常會聽到領導者詢問成員此時此地的感覺及情緒，使用到的情緒字眼不勝繁舉(煩悶、緊張)，例如：「L1：很想出去走一走，那妳最近有什麼煩悶的事情嗎？」(D117)，或者是：「L4：那你剛剛說覺得很緊張，那你現在的情緒怎麼樣？有沒有好一點？」(F405)，以這兩個詢問的句子看來，清楚可見領導者是利用開放式的問題，試圖讓成員在團體的當下探索自己的情緒反應。接下來的一些開放式問題使用也是具有價值的：

「**CL3**：那你之後進來這裡呢？就是之後知道進來這裡的時候那你心情是什麼？」(D413)

「**M1**：學姊，我那時候有一種感覺，因為妳們邀請函上寫"務必"還用不同顏色。喔！"務必要準時"那個，然後我就我就……就是我很看重這件事情，因為就是怕會影響到整個團體的進行，然後可能是後來就是……結果沒想到自己這麼重視然後竟然……好像……然後是我自己一個人很在意吧！然後真正主要要辦這個團體的人好像其實並沒有那麼在意，這就有點失望。」(D414)

「**L6**：那現在感覺如何？」(D419)

「**M1**：我是來的快去的也快，中餐又吃太飽了。（大家笑）」(D420)

「**L4**：那你在參加團體之前的心情，或你參加團體前對這團體有什麼樣的想法？然後你參加發現到這個團體又是怎麼樣的一個團體？」(F407)

「**M5**：參加之前我覺得……嗯(笑)，就是因為我跟這幾位啊完全不太很熟這樣。……大家說的也不是很多，就是說話感覺上比較少啦！」(F408)

「**M6**：像早上……會覺得（團體氣氛）有點冷，就是大家好像都蠻安靜的。可是剛剛……大家感覺就是很熱烈，就是大家比較會踴躍舉手發言。」(F410)

「**L4**：……那你覺得早上比較冷？(嗯)那其他成員有沒有覺得早上很冷的？」(F411)

「**M5**：因為我覺得剛開始吧！因為大家就沒有進入狀況這樣，而且像我啊唉我就覺得好像要來做報告，然後覺得好累。對啊！我早上心態是這樣，好像要來應付的。」(F412)

伍、結語

　　本文所推介的研究內容不斷環繞在團體諮商中的「此時此地」這個概念上，結果不出所料的衍生出許多內涵來，舉凡領導者在團體中的觀察、自我揭露、人際回饋以及各項的技術使用，在在證實「此時此地」的豐富性。這些概念其實都還可以深入探索其對於團體動力的作用和對於成員所產生的功能。就領導者的行為而言，作者在文末願意根據所得再次提出者幾個有助於催化團體順利達到「此時此地」的狀態的要領：

一、建立正向的諮商關係

　　大多數的成員在參與諮商的初期，都會有較高的防衛或者是抗拒。因此，領導者必須和成員建立良好的諮商關係與默契，讓成員覺得在團體中是有安全感的，是被尊重的。在本研究中發現，在諮商的初期說明團體目標以及團體規範是重要的。只要領導者以開放、信任、及包容的態度，容許成員在團體中可以存在各種情緒與經驗的分享，都可以讓成員融入團體。

二、熟悉各種諮商技術

　　一個實務諮商工作者與治療者都應必須具備多種的領導技巧。在帶領團體或個別諮商時能夠有效的運用諮商技巧是重要的，但仍需要了解並非每一位被諮商者都樂於接受這些反射技巧。因為不同的人需要不同的諮商或治療技巧，以及各種諮商理論。所以，身為一位專業的諮商與治療者，必須要熟悉各種諮商技術的使用，更要明白各項的諮商理論基礎。而一個新手的諮商工作者要熟悉諮商技術的使用，可透過多參加團體做為一個成員的經驗，來學習專業領導者帶領團體時所運用的技巧。或者是當親自帶領團體時，多接受督導的經驗，使自己的諮商技術可以得以提昇。

三、增加成員之間的互動

團體諮商即是運用團體互動的過程，因此，領導者需協助成員認識與解決生活的問題，進而促進個人的自我了解與自我接納，以發展良好的生活適應。在人際取向團體諮商的核心焦點是在成員和領導者以及和其他成員之間發展的現象和過程，這種關係即是此時此地的部分。而團體就像是社會的縮影，是人際的實驗室，因此團體的進行是可以呈現出成員整個的人際關係型態的。所以，領導者就必須使成員間產生有價值的互動，例如領導者可以邀請成員給予回饋或揭露類似經驗，或者是連結成員間的類似經驗或情緒感受，以增加團體間成員的互動關係。

四、保有高度敏感的覺察力

團體中的領導者必須覺察成員話中之意，所有情緒用詞，面部表情，肢體動作，以及成員間的互動關係與模式。感覺的表達是全面性的，包括面部表情、姿勢、語調等；而非語言行為愈細微則愈不易覺察當事人的感覺，領導者需用心去體會並澄清當事人的感覺，同時也應專注於團體進行中的每一件事，才能覺察行為與認知訊息，並在必要的時候採取適當的調停行動。領導者的澄清反應了認知訊息，並把焦距轉向當事人，希望藉著團體的幫助對個人提供有效的協助。

參考資料

張景然（民 90a）〈準團體諮商員的迷思與衍生的問題〉。《諮商與輔導》，185，2-7。

張景然（民 90b）〈團體諮商的規劃和實施〉。《輔導季刊》，37(3)，37-46。

張景然和吳芝儀譯（民 84）《團體諮商的理論與實務》。台北：揚智。

張景然和謝秋嬋（民 91）〈團體諮商歷程中的「此時此地」〉。《世新大學學報》，12，149-186。

鄭麗芬（民 83）〈團體中的「此時此地」：其理論基礎與應用〉。《輔導季刊》，30(3)，51-59。

Braaten, L. J. (1990). The different patterns of group climate critical incidents in high and low cohesion sessions of group psychotherapy. International Journal of Group Psychotherapy, 40, 477-493.

Dies, R. R., & Cohen, L. (1976). Content considerations in group therapist self-disclosure. International Journal of Group Psychotherapy, 26, 71-88.

Gazda, G. M. (1989). Group counseling: A development approach (4th ed.). Boston: Allyn & Bacon.

Kolk, V. (1985). Introduction to group counseling and psychotherapy. CA: Merrill Publishing Company.

Leszcz, M., Yalom, I. D., & Norden, M. (1985). The value of inpatient group psychotherapy: Patients' perceptions. International Journal of Group Psychotherapy, 35, 411-433.

Ormont, L.R. (1993). Resolving resistance to immediacy in the group setting. International Journal of Group Psychotherapy, 43, 399-418.

Perls, F. (1973). The Gestalt approach and eye witness to therapy. New York: Bantam Books.

Slavin, R. L. (1993). The significance of here-and-now disclosure in promoting cohesion in group psychotherapy. Group, 17(3), 143-150.

Vinogradov, S., & Yalom, I. D. (1989). Group psychotherapy. Washington, DC: American Psychiatric Press.

Yalom, I. D. (1983). Inpatient group psychotherapy. New York: Basic Books.

Yalom, I. D. (1985). The theory and practice of group psychotherapy(3rd ed.). New York: Basic Books.

Yalom, I. D. (1995). The theory and practice of group psychotherapy (4th ed.). New York: Basic Books.

本文摘要

◇在高度結構的團體中，團體活動只是用來為每個活動進行後的團體分享做引導，它有引發成員動機、促進團體互動、協助成員構思、以及探索成員情緒的作用，卻絕對不是團體的主要內容。

◇活動本身永遠是次要的，活動後「此時此地」的經驗分享才是團體的重點。

◇「此時此地」的動力或治療性必然大於「彼時彼地」。

◇成員能提到團體內的人、事、物就避免提到團體外的人、事、物，能提到團體進行當時的人、事、物就別提到童年時代的人、事、物，這也是團體「此時此地」工作的實施原則。

◇「此時此地」是團體治療的關鍵概念，團體把焦點置於「此時此地」的程度越高，越能增加治療的力量和有效性。

◇團體領導者的兩個功能是要能夠引導團體進入「此時此地」的經驗分享階段，並且讓團體進入自我檢省的迴路中去檢驗團體的歷程。

◇領導者聚焦在此時此地的第一個階段，是把團體帶進「此時此地」的層次，引導成員把焦點放在與其他成員的互動關係上，不去談論團體外的事件。

◇成員難免會提及團體外或過去發生的事件，領導者的任務不在強加禁止，而是要連結彼時彼地的資料，協助成員了解現在的他與別人的關係模式。

◇團體的治療功能之一是成員可以從人際互動中相互學習，因此對成員的

表達內容做有意義的介入，不僅領導者可以做，也可以讓其他成員分擔
一些責任。

◇當領導者觀察到團體中一再出現沉默或出現過長的沉默時，可以描述出
當時的沉默現象，讓所有參與者來共同面對，並且催化此時此地的互動。

◇「此時此地」可以當作是團體規範的一部份，成員在團體中和領導者都
能夠共同將團體導入「此時此地」的層次。

◇團體過程的闡釋要進行得有效果，首先要讓成員們知道他們之間正在做
什麼，同時也要能覺察到這些行為對自己的意義和對他人的影響，是否
滿意自己習慣性的人際互動型態，甚至有改變的意願，這些步驟需要經
由領導者的說明及催化才得以完成。

◇「此時此地」的意義並不全然侷限在團體當下所發生的事情，想要發現
事實的深層涵義，也有必要對過去的事情做適當的處理。

◇團體帶領的基本技術永遠脫離不了基本的、初層次的同理心技術，使團
體成員知道他們正在被傾聽和了解。

◇掌握成員所敘述的深刻經驗並詢問其感受，往往能協助成員深入探索其
問題和情緒，領導者應該追蹤至成員揭露真實情緒為止，必要時可以以
封閉式問句協助成員釐清其感受，但避免過早出現。

◇任何時機都不能忘記使用初層次同理心的技術，過早或是沒有摘要、情
緒反映就使用解釋、挑戰、面質、建議易引發成員的防衛及抗拒。

◇如果非建議不可，包裹著「自我揭露」糖衣的建議會讓彼此都有台階下。

◇領導者對於某一位成員陳述自身經驗時連帶提到的其他團體成員，應該
有敏感度邀請被提及的成員來做回應，這都比突然點名成員說話或讓成
員依座位輪流說話更有效果。

◇領導者敏感度過高，不斷的覺察成員每一個小動作、表情，有可能造成
成員的防衛，甚至出現抗拒行為。

◇團體中的情境氣氛會受團體內所談論的內容而有所變化。

◇領導者的自我揭露是具有示範及催化效果的，因為領導者在團體中透明

化的揭露自己的情緒與感受，成員們得知的訊息即是，團體當下所激發的情緒、感受，在團體中是可以共享、可以宣洩的。

◇領導者針對成員模糊不清的訊息內容，利用澄清的技術來幫助成員釐清衝突的矛盾行為與情感，使成員能夠更明確的體驗在團體當下所經驗的行為表現及情緒感受。

◇領導者使用支持性回饋，最大的優點是可提供成員了解自己的行為以及情緒是被接受的，而不是被排斥的評價。

◇無論成員的情緒是因外在事件或內在事件而表露出來，領導者都必須敏感的體認成員的主觀經驗，進而給予關懷的同理。

◇領導者的支持傳達著團體中接受不同的想法以及情緒感受的存在。

◇詢問要真正具有價值，以及有效性，領導者必須了解成員的問題，進一步往更深的層次去詢問問題。有效的詢問就必須回到此時此地。

◇領導者以開放、信任、及包容的態度，容許成員在團體中可以存在各種情緒與經驗的分享，可以讓成員融入團體。

◇身為一位專業的諮商與治療者，必須要熟悉各種諮商技術的使用，更要明白各項的諮商理論基礎。

◇領導者必須使成員間產生有價值的互動，如：邀請回饋、揭露、連結類似經驗等。

◇團體中的領導者必須覺察成員話中之意涵，包括所有的情緒用詞，面部表情，肢體動作，以及成員間的互動關係與模式。

網路團體諮商掃描

一、從網路個別諮商到網路團體商的契機

　　網際網路快速而劇烈的改變人類的生活方式，傳統的心理諮商工作在這個趨勢之下也形成一股無法抑止的浪潮。Cooper 和 Dean (1998) 在一篇展望諮商員訓練趨勢的文章中預測，今後十年諮商員最迫切需要面對的問題分別是，更嚴格的訓練，科技發展與變遷的挑戰，以及需要面對更多樣化的工作內容，這些心理諮商的發展趨勢在相當程度上都反應出電腦網路諮商在未來勢必會衝擊傳統的諮商方式和內容。

　　根據美國國家合格諮商員委員會 (National Board for Certified Counselor, NBCC) 的描述，「網路諮商」 (online counseling, CyberCounseling, 或稱 WebCounseling) 是指「諮商員與分隔兩地或位在遠方的個案利用電腦傳訊方式，在網路上所從事的專業諮商或資訊提供等實務工作」 (Bloom, 1998)。換句話說，電子郵件 (e-mail)、線上交談 (talk 或 chat)、網路電話 (Internet phone, I-phone)、和遠傳視訊 (videoconferencing) 等方式都可以作為網路諮商的管道，唯依據 Hughes（2000）的定義，網路諮商的定義並不包括以電話或傳真的方式進行諮商。

　　目前國內透過電腦網路所提供的心理諮商服務都是使用電子郵件、電子佈告欄 (Bulletin Board System, BBS)、或在全球資訊網 (World Wide Web, WWW) 上設置網站進行公開的問題回答與諮詢，偏向問題解決方法的建議和書面資料 (包括心理衛生的相關資料和轉介機構的資料) 的提供，與傳統信件輔導的方式性質相似，不能視為即時網路諮商的一種 (楊明磊，民 87)。

國內許多大專院校的諮商中心雖提供電子郵件的服務，受限於人力配置和經驗，還無法做到同步與求助學生交談。藉由網路電話雖然能使諮商員即時對個案進行諮商服務，由於國內已有「張老師」、「生命線」、和「觀音線」等輔導機構提供電話諮商服務多年，網路電話諮商因此並無新意。至於遠傳視訊則因個案裝置設備的困難，即使它有最接近面對面真實諮商的特色，短期之內恐將難以普及。

民國八十七年九月國內由一批精神醫療團隊（包括精神科醫師、心理師、社工師、諮商師等）所成立的「心靈診所」開創線上諮商之先河，該團隊至今仍活躍於網路精神醫療的舞台，並持續將他們的工作經驗累積成果對外發表（劉嘉逸、林朝誠、白雅美和陳震宇，民 89）。

救國團「張老師」諮商中心繼電話及電子郵件輔導之後，也從民國九十年一月一日開始提供一對一線上協談服務（聯合報，民 89），開啟國內網路即時諮商風氣之先，也可以說是諮商輔導界因應這波網路風潮的前瞻性做法。該中心在實施網路即時諮商將屆一年之際，也對此項服務的實施狀況做了一番檢討（張德聰和黃正旭，民 90），包括需要加強組織內外人員的溝通，增加對網路諮商工作的共識，減少對新的諮商方式的抗拒，該研究同時也建議編寫「網路諮商服務手冊」，以標準化的學習材料加強網路諮商員的職前和在職訓練工作。

台灣地區每年使用網路的人口都以接近倍數的速度在成長，網路資源中精神醫學與心理學、心理諮商的相關資源也迅速在增加中（劉嘉逸等，民 89），尤其在 921 大地震之後，災後心靈重建的網站一下子增加很多，但跟歐美先進國家比較起來，仍略顯遜色。歐美國家使用網路所提供的心理治療和心理諮商服務的範圍包括網路諮詢、問題與解答、自助團體、電子佈告欄、虛擬診所等；專業人員也可以透過線上期刊、各種心理疾病的網頁、討論團體、資料檢索、專業訓練及教學、遠距醫療、演講及在職進修等，獲得專業上的支持和成長。

根據 Zgodzinski (1998) 的統計，透過網際網路尋求協助的個案人數一

直在穩定的增加。專欄文章、心理測驗、個別心理治療、支持團體、治療團體、及電子郵件治療 (e-mail therapy) 都是這波風潮之下的產物，這些心理諮商的服務也都是以文字溝通的方式來進行。經由電腦網路進行即時諮商具有匿名、經濟、方便、具時效性、及資料完整便於研究和督導等多項優點 (Morrissey, 1998)，網路諮商在心理諮商的領域中正是一股方興未艾的勢力。

　　然而借助電腦進行諮商也有不及於傳統諮商之處，例如在缺乏非語言行為的情況下進行對談，諮商員很容易輕忽當事人問題的特殊性或嚴重性 (Illovsky, 1994)；在有限的線索之下溝通，也容易使得諮商員做出不正確的診斷 (Zgodzinski, 1998)。如果沒有事先妥善的規範，網路諮商過程中當事人與諮商員雙方的隱私和權益都有可能被侵犯與誤用。

　　有鑑於此，Morrissey 便曾為文提出諮商系學生未來必須具備的科技能力，其重要項目包括：能使用電子郵件，能進入網際網路尋蒐圖書館資源及協助當事人找尋諮商相關訊息，瞭解使用網際網路進行諮商服務有關的法律與倫理規範，和瞭解使用網際網路進行諮商服務的優缺點等 (Morrissey, 1998)。美國國家合格諮商員委員會更進一步制訂了網路諮商準則，旨在使諮商員從事這類服務時避免對個案或諮商專業造成傷害。這個網路諮商準則共有十三條，除了與傳統諮商準則共通的項目之外，其他重要條文包括：諮商員與當事人宜使用密碼確認彼此身份，雙方應討論下了線之後連絡的方式，以及向當事人解釋如何因應網路諮商所可能造成的誤解等 (Bloom, 1997)。

　　顯然地，諮商員對於網路諮商的態度已經必需從認知的層次逐漸提升到實際操作、獲取經驗、並掌握特定技術以促進網路諮商效能的層次了。國內先前曾有若干網路即時個別諮商的研究（王郁文；民 90；李偉斌，民 91；張景然，民 89），事實上團體諮商也是助人專重要的方式之一 (Corey, 1995; Yalom, 1995)，網路上的環境亦可提供多人互動的文字溝通形式，或許相當適合團體諮商的進行。

本文先要對網路個別諮商和網路團體諮商的相關文獻作一番檢閱，文末再根據七名網路團體諮商員（每名諮商員均具有帶領傳統面對面團體諮商的經驗，在這個試探性研究中分別領導／協同領導為期四單元，總計十二小時的大學生成長團體）的經驗，整理出網路團體諮商的初步體驗紀錄，作為關切此一議題者的參考。

二、網際網路與心理諮商的結合

電腦科技與諮商與心理治療專業的合作關係起於 1960 年代（Granello, 2000）。早期的合作重點在於研發可以使電腦了解人類語言，並設計擁有與真實諮商員相同諮商效能的專家系統。以 Wizenbaum 在 1966 年發展出來的 ELIZA 為例，O'Dell 和 Dickson（1984）利用該系統對大學生進行心理治療，使用者的報告是在對談中的確具有如同與真實諮商員對談的感覺，不過那究竟是和電腦治療師（computer therapist）交談，還無法進行自然的對話。

1970 和 1980 年代，許多心理實務工作者應用微電腦進行不同形式的諮商服務，包括心理測驗、生涯輔導、職業復健（vocational rehabilitation）諮商和個案資料管理等工作。1983 年 Growick 在一篇有關職業復健諮商的趨勢預測中就曾指出，電腦必將被大量使用於諮商過程和教育訓練上，而訓練諮商員擁有在電腦上提供諮商服務的能力，也將會是必然的趨勢（Growick, 1983）。時至今日，電腦軟體在諮商輔導應用的實例和研究文獻上，復健諮商和生涯諮商的數量仍超出心理諮商（psychological counseling）甚多。

到了 1990 年 Fleming 發展出「傾聽者」(Listener) 的助人軟體，能夠詢問當事人的困擾問題，並且引導當事人分析自己所遭遇困擾問題的癥結（黃世琤，民 90），此一時期的電腦科技結合心理治療專業，比起從前發

揮更多的效能。

　　綜觀 1990 年代的發展特色是網際網路興起並且大量使用，許多主要的專業諮商組織利用網際網路的便利性開始建立資源性網站，例如設立虛擬圖書館，方便諮商員下載所需的文章到個人電腦；任何人都可以藉瀏覽器閱讀心理學領域的相關文章，資訊的獲取比過去更加容易；諮商與心理治療的溝通訊息可以藉由網路的傳遞以服務更多求助者 (Granello, 2000)，因此探討網路諮商倫理和網路諮商專業的文章也開始出現。

三、使用網路聊天室作為網路諮商環境的構想

　　從 1996 年起，美國諮商學會 (American Counseling Association, ACA) 有鑑於網際網路對諮商專業的衝擊勢不可檔，便開始為文討論網路諮商的種種相關議題。Sussman (1998) 就曾經列舉網際網路的虛擬環境所能提供的諮商服務範圍，包括：(1)在 BBB 或 Newsgroup 的討論區中針對特定個人或特定主題建立支持團體，(2)諮商員透過電子郵件與當事人談論提困擾問題並提供解決的方法，(3)在聊天室以一對一進行個別即時諮商或多人同時進行團體即時諮商，以及(4)使用視訊會議傳達聲音、影像與圖像進行全面的諮商行為。

　　隨後 Barak（1999）更加詳盡地整理出十種網際網路在諮商專業上的應用，其類別、功能與目的如下述：

　　㈠心理學概念與議題的資料庫：提供心理學的相關資訊或知識，以及相關心理網站的連結。

　　㈡自助輔導：提供個人自助行為的資訊及自助評量，了解問題形成的原因，引導可能的正向改變以及朝向結構性的目標計畫。

　　㈢心理測驗與評量：協助使用者評量自己的心理狀態。

　　㈣幫助人們決定是否及如何治療：協助當事人決定是否需要接受治

療、接受何種治療、以及找尋適合的治療師。

㈥特定的心理服務資訊：報導心理服務的訊息和機構廣告。

㈦經由電子郵件或電子佈告欄接受單次輔導：利用電子郵件或電子佈
　告欄，提供使用者在心理層面問題或困難的建議。

㈧藉電子郵件進行個人諮商或治療：非經由面對面的方式接受諮商或
　心理治療。

㈨經由聊天室、網路電話及視訊系統進行即時諮商：利用網路聊天室、
　網路電話與視訊設備進行諮商。

㈩同步與不同步的支持團體、討論團體及團體諮商：在網路上成立各
　種功能的團體社群，成員可以彼此傳送與接受資訊，或獲得他人的
　情緒支持。

㈪心理學與社會研究：在網路上實施問卷調查、分析和研究工作。

上述 Sussman 與 Barak 都提到藉由網路聊天室所提供的環境作為實施
網路即時團體諮商的可能性。在網路聊天室進行團體諮商的做法是由領導
者與團體成員約定同一時間，選取或開設一特定的網路聊天室，進行以文
字為溝通方式的立即互動對談。其優點包括 (王郁文、吳靜吉和修慧蘭，
民 90)：

㈠當其他方式都不被允許的情況下，諮商員與當事人可以利用網路聊
　天室進行即時互動會談。

㈡網路聊天室內的談話內容可以被保存下來，作為日後研究的用途。

㈢這項科技傳媒可以幫助諮商員與當事人更加瞭解諮商理論的意
　義、學習新的技術、發展研究主題，以及幫助有意義的對話進行。

張景然 (民 89) 先前也曾經對網路個別諮商與傳統面對面諮商的差
異，分別就當事人、諮商員、諮商過程、和督導方式等面向做了一番比較，
發現：

㈠就當事人而言，網路聊天室諮商的匿名特性，容許當事人不需與諮
　商員面對面接觸，當事人的自我揭露會比較深，對諮商員的防衛性

也會降低。

(二)就諮商員而言，聊天室網路諮商雙方係利用文字交談，受到文字輸入與電腦傳輸速度的限制，諮商員有充裕時間思考當事人字裡行間的關鍵意義，應用諮商技術也比較能夠善加思索，因而比較沒有壓力，對諮商技術的使用比較有勝任感；此外，諮商員在進行網路諮商時比較不易給建議，對反映情緒、摘要、高層次同理等同理心技術更能夠掌握。

(三)就諮商過程而言，諮商員和當事人可以選擇最適合雙方的時間進行，也可免去傳統諮商方式的舟車勞頓之累；網路諮商內容可輕易以文字形式保留，有助於諮商員的自我覺察、對個案問題再評估、檢視所使用的諮商技術及介入策略等，比起傳統諮商錄音、謄寫逐字稿的方式，十分經濟和精確。

(四)就督導方式而言，諮商督導者甚至可以進行臨場督導而不致干擾當事人的情緒，這比起使用單面鏡、監視器和耳機做臨場督導，顯然要便利許多。

儘管網路聊天室提供了當傳統諮商與電子郵件諮商無法進行時的另一種選擇，但其特殊的溝通方式也為諮商員帶來新的課題。張景然（民89）在網路個別諮商的研究就發現網路聊天室諮商有待進一步克服的問題包括：雙方約定諮商的上線時間不容易一致、網路科技與傳輸速度問題、電腦設備等級不齊一、個人對網路的使用習慣互異、軟硬體使用能力與打字速度不同等，都是影響諮商是否順利的重要因素，而這些問題也同樣可能出現在網路團體諮商情境當中，需要在網路諮商員訓練中再三強調。

四、網路上的人際互動現象

有關結合電腦與諮商服務的文獻報告，多數集中在趨勢預測、規範原

則、和提醒專業倫理道德等議題。例如 Sampson 曾提及電腦軟體可以應用在心理測驗的實施測、計分、解釋、和進一步的輔導等方面，唯諮商員應留意伴隨電腦化心理測驗所出現的測驗測驗誤差和倫理問題 (Sampson, 1995)。Horan 以電腦軟體教導青少年受試者學習非理性行為的認知重建 (cognitive restructuring) 和鬆弛訓練上，有效提高青少年的自尊 (Horan, 1996)，則是應用電腦迅速且大量處理資訊能力的優勢的實例。Casey（1994）也認為使用錄音、錄影、虛擬實境 (virtual reality) 等新一代電腦設備在準諮商員的養成教育上，不論是諮商情境模擬，或是和督導的溝通都是很好的輔助工具，唯諮商倫理，特別是保密的問題最應被注意。

網路即時諮商在美國雖有越來越多的趨勢，相關實證研究報告至今依然是非常有限 (Cohen & Kerr, 1998)。國內至今除了上述「心靈診所」和「張老師」諮商中心分別從民國八十七年和九十年起開始嘗試使用線上即時諮商服務，清華大學諮商中心也從九十學年度第一學期起開辦網路小團體（周志盈，民 90），除此之外尚未有任何機構利用電腦網際網路提供即時諮商的服務，有關這個主題的實證研究報告自然極為欠缺；近年出現的幾篇相關資料，則屬於文獻探討或評論性的文章 (例如王智弘，民 87；王智弘、林清文、劉志文和魏嘉宏，民 90；王智弘和楊淳斐，民 90；吳百能，民 83；李華璋，民 85；張景然，民 90a；楊明磊，民 87 等)，其中多數又以探討輔導行政工作、網路諮商的倫理議題、和諮商發展趨勢預測為主。最近五年倒是開始有針對網路使用行為結合人格特質、人際關係、和團體溝通等心理學相關議題的實證研究出現（例如王郁文，民 90；王澄華，民 90；吳姝倩，民 85；周榮和周倩，民 86；郭欣怡和林以正，民 87；陳玉樺，民 87；戴怡君，民 88；韓佩凌，民 89），預料未來會有更多學者投入這個領域進行研究。

在國內由於網際網路的普及，網上溝通對大學生而言已形成另一種人際互動的特殊型態。戴怡君（民 88）以網路問卷的方式收集到 410 份自願作答的網路使用者，探討有關網路人際互動的狀況，發現教育程度較高者，

使用網路進行互動的頻率較高；在真實生活中人際關係較差者，透過網路與他人互動的頻率也較高。韓佩凌（民 89）也發現高中職學生上網的原因之一是為了逃避生活壓力的挫敗感，因為生活壓力過大而產生情緒、認知、和人際關係的失調，可以藉由網路上的人際互動而得到情緒的抒解。另一方面，受試者表示網路互動過程中所得到的溫暖的情緒支持，也是吸引他們流連於網路互動活動的主要原因。

Anderson（2000）針對大學生網際網路使用行為的調查研究發現，大學生之間不僅使用網際網路的情形非常普遍，網路的使用也讓大學生們有拓展人際關係的機會，特別是比較不具有社交能力的學生，在現實生活中會有難以建立人際關係的問題，網路諮商的匿名性正好適合這類的學生能在較少冒險、較無焦慮的情形下發展人際關係。

網際網路的匿名性特質會使得使用者更能敞開心胸表達自己，能夠輕鬆地說出隱藏在心中的感受，也會很快速的形成親密感，可以形成一處情感交流與宣洩的地方。吳姝倩（民 85）結合了觀察、親身參與、社會網絡分析、深度訪談、電子郵寄問卷等方法探討電子佈告欄（BBS）裡人際親密關係與情感支持的狀況，發現這種「虛擬人際關係」網絡對大多數使用者而言是人際網絡的擴大，其過程發展與面對面人際情感關係發展過程相似，也會有自我表白、分享、了解等親密關係與情感互動，但在匿名性、文字互動、想像與期待、與異性互動多於同性、轉移情境會有落差等，是兩種人際關係發展不同之處。

應用電腦於心理諮商的實證研究上，早在 1984 年 Lichtenberg 就曾使用電腦紀錄完整的諮商過程，輔助準諮商員熟悉他們在諮商中與當事人的互動歷程，包括：㈠諮商員與當事人互動的次數；㈡ 諮商員和當事人的口語互動情形，亦即歸納每次諮商員出現特定的口語反應後，當事人回應的口語類別；以及㈢每次當事人出現特定的口語反應後，諮商員回應的口語類別等 (Lichtenberg, 1984)，在研究方法上有其創新之處。

Mitchell 和 Murphy 相信，電子郵件就像書信一樣，可以使人開懷大

笑和悲傷流淚，正如同以往藉由信件維繫長距離的關係一般，經由電子郵件的治療，一樣可以傳達關心和信任 (Mitchell & Murphy, 1998)。張景然 (民 89) 訪談準諮商員的網路即時個別諮商經驗也同樣發現，在網路上與個案談心事就好像寫日記一樣，可以有深度的揭露，也有一種分享日記給一位信任的朋友閱讀的感覺。

相較於 Mitchell 和 Murphy 的信件式不同步的電子郵件治療，Cohen 和 Kerr (1998) 更進一步進行了網路即時個別諮商的研究。曾安排六名研究所層級的諮商員和廿四名大學生配對進行網路即時個別諮商，研究結果發現個案接受網路諮商時的焦慮程度明顯比傳統面對面的諮商來得低；而這些個案對其諮商員的評價上、其專業性、吸引力、和信賴感等項目都與傳統方式的諮商員並無二致，顯示網路即時諮商也能達到傳統諮商的效果。Cohen 和 Kerr 的研究結果，在台灣地區也獲得證實。張景然 (民 90b) 對國內接受網路即時個別諮商的大學生當事人所進行的調查研究發現，他們對其諮商員的評價，在專業性、吸引力、和信賴感等項目都與自身接受傳統方式諮商的諮商員沒有差異。這兩個研究顯示，在當事人的印象中，諮商員在網路諮商的表現並未因對談方式的不同而影響其諮商效能。

張景然 (民 89) 也曾參考 Cohen 和 Kerr (1998) 的研究設計，以五名訓練中的諮商員和廿九名個案（其中包含十九名面對面個案，十名網路個案）配對進行網路即時個別諮商，得到以下的結論：㈠諮商員進行網路諮商的感覺是不會感到緊張、壓力較小、有虛幻感、與當事人地位較平等、使用網路進行諮商是很普通的經驗、但也頗有成就感；㈡當事人會因匿名作用而比較沒有戒心，願意揭露深入的個人經驗，然而因為藉由電腦傳送訊息，網路上的交談內容並不是絕對安全；㈢在網路上諮商員與當事人的對話精簡，可能遺漏某些訊息，但也容許準諮商員有充裕的時間思考；㈣諮商員不容易掌握當事人的非口語行為和情緒，心態上傾向探索問題勝於解決問題；以及㈤網路上的工作環境隨所著使用電腦配備、交談軟體、和上網時機而有不同，有時難免受到干擾。網路諮商內容的逐字稿可以輕易

並妥善保留，對諮商員的教育訓練意義重大。

五、網路團體諮商的可能性

　　國內對於網路上的團體和團體互動行為通常都以「虛擬社群」(virtual community) 的觀點作研究，分別從社會學、心理學、傳播、資訊管理、和電子商務等各個較度切入。其中不乏可以提供本研究作為理論基礎的文獻。陳玉樺（民 87）在以比較面對面團體互動過程和網路團體互動過程的研究中發現，受試者在面對面的團體情境中，比較會對其他團體成員給自己的負面評價感到擔心，因而傾向於不敢把自己的意見表達出來；而在網際網路的討論中，受試者卻可以在匿名的情況下更願意將自己的想法揭露出來。

　　游康婷 (民 90) 以電子佈告欄 (BBS) 的使用者為研究對象，從其網路交友經驗探討網路人際關係的發展，比較網路上虛擬的人際關係與真實的友誼情境的差異。該研究發現，BBS 所創造的虛擬互動空間，建構出有別於日常生活的人際互動模式。外貌長相已經不是形成人際關係的主要因素，交淺言深使卻使得網路友誼容易建立卻難以維繫；當關係建立起來之後，雙方會利用其他種類的線上互動介面，甚至轉移至線下互動 (亦即實際生活的接觸) 來輔助僅有文字的 BBS 互動方式，以維繫網友之間的情誼。這個結果對網路諮商關係的建立、網路諮商進行的深度、和諮商方式的選擇而言，別具意義。

　　團體諮商與個別諮商在理論背景和技術的使用上具有共同的基礎 (Chang, 2000)，但也各自擁有不同的治療因素 (therapeutic factors)。Holmes 和 Kivlighan (2000) 分別對二十名個別諮商和二十名團體諮商個案所進行的比較研究發現，個別諮商個案認為在情緒覺察與領悟、問題界定與改變兩個層面獲益較大；團體諮商的成員則認為團體發生效能的因素在於能夠

提供成員間理想的關係與氣氛、並且能兼重他人與自我。因此不獨網路個別諮商具有深刻的意義，在網路上進行團體諮商的形式也有其特色。

Colon（1996）曾經使用電子郵件的方式進行過團體治療，實施方法是參與團體的成員依規定每星期最少要傳送三次個人的訊息。Colon 事後的評估認為，這種網路治療團體成員間情緒分散（emotional distraction）的程度比傳統的治療團體來的少，成員彼此願意做更多的自我揭露，使得治療的層次更加深入。

在一篇以電腦網路進行即時團體諮商為題的評論性文章中，Galinsky，Schopler，和 Abell（1997）歸納出團體成員們在參與過網路團體諮商後，普遍認為比傳統的團體經驗更具有便利性和匿名性，並且很容易覺得與其他團體成員親近。電腦網路諮商的實證研究雖尚屬起步階段，本節所引用的末四篇文獻對於構成本文下節的試探性研究，在內容規劃、研究重點、樣本選取、及研究設計與執行，都具有實際的啟發作用。

六、網路團體商員的體驗

網路團體諮商的溝通方式基本上和網路個別諮商並無太大差異，團體領導者所報告的對話精簡、允許較長的時間考慮介入技術、不易掌握當事人的非口語行為和情緒、壓力較小、資料容易保存、不受時空限制、卻受到網際網路穩定程度的干擾等特殊經驗，都和國內學者（例如王郁文；民90；張景然，民 89）先前對網路個別諮商的研究結果相近，部分在團體諮商情境互動的特殊經驗則約如下述：

㈠領導者與成員的角色均等

網路團體諮商員在團體中感覺到自己的角色不像是個領導者，倒像是個催化團體進行的參與者，在團體進行時可以感受到成員彼此間的自發性

和支持他人的意願非常明顯；也就是說，所有參與者的角色都顯得想當平等，領導者更可以從容地引導團體的充分互動。

(二)團體進行的步調緩和

對新手團體諮商員而言，傳統面對面團體諮商對他們來說比較有壓力，需要快速的反應並且照顧到每位成員立即的狀況與感受，而網路上文字互動的節奏較慢，使得領導者可以得到較充裕的時間思索介入的方式；對成員而言，同樣可以感受到緩和的步調，不若真實情境團體中直接、立即、迫切、和來自多數人關切的壓力。

(三)團體秩序和氣氛難以掌控

可能由於沒有面對面團體的約束力，團體成員擁有較高的自主權，團體動力的起落也隨著成員參與程度的高低而變化。大致而言，如果成員參與團體的動機不強，或是團體進行的節奏鬆散，成員很容易從網路情境中分心或索性離開。在模擬的團體情境中，成員有另闢視窗與人交談或瀏覽資料、團體進行中途跑到戶外抽煙、接打電話、使用「悄悄話」功能與其他成員私下對談等影響團體進行的事情發生，不一而足。

(四)成員之間對話容易出現插話和失焦的情形

當一方成員在分享經驗時，有些成員會經忍不住插話或及於給對方回饋，所以領導者常常需要在各方對話告一段落之際作摘要，甚至要阻止過多的插話，提醒成員耐心讓當事人表達完整；也曾經數度發生過前後對話順序雜錯，多方對話時為節省時間沒有交代對方名字，或團體人數眾多以致不易區分說話對象的模糊溝通狀況。

(五)網路團體規範明確訂定有助於團體的順利進行

團體一開始的規範訂定，加上團體進行中遇到實際需要時加以修訂，對網路團體諮商的運作有很大的影響。在網路情境中領導者的權力比起真實情境大為減低，不容易控制團體秩序或全然掌握成員的參與度，團體規範能夠負起一部份促進團體運作的效力，例如提醒成員不能離線、不使用「悄悄話」功能、不插話等，都有一定程度的約束力。

(六)網路聊天室的「悄悄話」功能有助於臨場督導或協同領導者溝通之用

在兩位（以上）團體領導者協同帶領團體的情境中，遇到需要在團體過程中討論適當的介入方式、突發狀況、或相互提醒時，聊天室的「悄悄話」功能無異是真實團體情境所不及的特殊溝通管道。

上述來自七名網路團體領導者共同的參與經驗透露了網路團體活潑、新穎、不確定性、甚至偶有失序的全然不同於傳統團體諮商的經驗，很難立即斷言他們所做的是不是就是預期的諮商工作，或者（至少會有成員認為）只是一般網路社交性的聊天。未來在團體諮商（或者只能稱為團體溝通）歷程和效果的檢驗，以確定它的基本屬性，是持續這種互動方式的必要過程。在這個前提之下，參酌來自這個實驗參與者的借鏡，例如網路團體規範的制定、酌量增加團體領導者（或稱為催化員）人數、增長團體進行時間、善用臨場督導或協同領導者相互溝通的便利性，都可以使網路團體諮商更有效能。再進一步地說，日後透過網路進行團體諮商的做法，考慮到適用的主題、理論取向、網路團體所能發揮的效果、成員的類型和特質、以及它對團體諮商員訓練和督導的意義，都會使得這個工作的內涵更加豐富。

參考資料

王郁文（民 90）《大學生網際網路使用行為、性別、社會焦慮與網路諮商意願、生活適應問題接受網路諮商意願關係之研究》。政治大學教育研究所碩士論文。

王郁文、吳靜吉和修慧蘭（民 90）〈再現網路紅樓夢：網路諮商〉。載於政治大學心理系主編，《E 世代心理學》（265-281 頁）。台北：桂冠。

王智弘（民 87）〈網路上提供諮商服務所涉及的倫理考慮〉。《應用倫理研究通訊》，7，1-6。

王智弘、林清文、劉志文和魏嘉宏（民 90，10 月）〈「輔導與諮商」教育資源網站之建構過程：「台灣心理諮商資訊網」的實驗與展望〉。發表於「廿一世紀教育改革與教育發展」國際學術研討會。彰化：彰化師範大學。

王智弘和楊淳斐（民 90）〈網路諮商中可行之理論取向與實務技巧〉。《輔導季刊》，37(4)，20-27。

王澄華（民 90）《人格特質與網路人際互動對網路成癮的影響》。輔仁大學心理研究所碩士論文。

李華璋（民 85）〈電腦應用在諮商及輔導的倫理問題〉。載於牛格正主編，《諮商實務的挑戰》（261-270 頁）。台北：張老師。

李偉斌（民 91）《網路即時諮商中工作同盟、晤談感受與諮商員口語反應之歷程分析》。屏東師範學院教育心理與輔導研究所碩士論文。

吳百能（民 83）〈電腦網路在輔導工作上的應用〉。《諮商與輔導》，105，43-45。

吳姝蒨（民 85）《電腦中介傳播人際情感親密關係之研究--探訪電子佈告欄（BBS）中的虛擬人際關係》。政治大學新聞研究所碩士論文。

周志盈（民 90，12 月）〈清華大學諮商中心網路小團體〉。發表於「e 世代的網路諮商」研討會。新竹：清華大學。

周榮和周倩（民 86，6 月）〈網路上癮現象、網路使用行為與傳播快感經驗之相關性初探〉。發表於「中華傳播學會 1997 年會」。台北：中華傳播學會。

郭欣怡和林以正（民 87）〈網路使用者的心理特性與人際關係〉。《科學月刊》，29(6)，469-476。

陳玉樺（民 87）《溝通恐懼與使用電子技術對腦力激盪效果之影響》。政治大學教育研究所碩士論文。

張老師三十一歲 諮商功力更進 e 步（民 89，11，19）《聯合報》，6 版。

張景然（民 89）〈準諮商員的網路即時諮商經驗：一個諮商員訓練課程的初探性實驗〉。《中華輔導學報》，9，89-129。

張景然（民 90a）〈新世紀美國諮商員教育的幾個新趨勢〉。《諮商與輔導》，181，22-25。

張景然（民 90b，12 月）〈網路即時諮商對諮商歷程與諮商員效能影響之研究〉。發表於「e 世代的網路諮商」研討會。新竹：清華大學。

張德聰和黃正旭（民 90）〈「張老師」網路諮商求助者之特性分析與未來展望〉。《輔導季刊》，37(4)，28-31。

游康婷（民 90）《網路友誼的形成與維繫：電子佈告欄使用者交友行為研究》。臺灣師範大學大眾傳播研究所碩士論文。

黃世琤（民 90）〈網路利他行為〉。載於政治大學心理系主編，《E 世代心理學》（229-244 頁）。台北：桂冠。

楊明磊（民 87）〈在網路上進行即時個別諮商的相關議題〉。《學生輔導》，56，100-109。

劉嘉逸、林朝誠、白雅美和陳震宇（民 89，11 月）〈網路諮商個案特質初探：「心靈診所」經驗〉。發表於「2000 諮商專業發展」研討會。台北：台灣師範大學。

戴怡君（民 88）《使用網際網路進行互動者特質之探索》。南華管理學院教育社會學研究所碩士論文。

韓佩凌（民 89）《台灣中學生網路使用者特性、網路使用行為、心理特性對網路沉迷現象之影響》。台灣師範大學教育心理與輔導研究所碩士論文。

Anderson, K. J. (2000). Internet use among college students: An exploratory Study. Unpublished manuscript.

Barak, A. (1999). Psychological applications on the Internet: A discipline on the threshold of a new Millennium. Applied and Preventive Psychology, 8, 231-245.

Bloom, J. W. (1997). NBCC WebCounseling standards. (http://www.counseling.org/ctonline/news/nbcc_standards.htm)

Bloom, J. W. (1998). Standards for the Ethical Practice of WebCounseling (http://www.nbcc.org/ethics/wcstandards.htm)

Casey, J. A. (1994). Use of technology in counselor supervision. ERIC Digest. (ERIC Document Reproduction Service No. ED 372 357)

Chang, C. (2000). The impacts of Taiwan group counselors' family-of-origin experiences and training levels on countertransference. Guidance Journal, 21, 37-61.

Cohen, G. E., & Kerr, B. A. (1998). Computer-mediated counseling: An empirical study of a new mental health treatment. Computers in Human Services, 15(4), 13-26.

Colon, Y. (1996). Chattering through the fingertips: Doing group therapy on-line. Woman and Performance: A Journal of Feminist Theory, 9, 205-215.

Cooper, D. L., & Dean, L. A. (1998). The past, present, and future of student affairs: A professional profile of Theodore K. Miller. Journal of Counseling and Development, 76, 198-201.

Corey, G. (1995). Theory and practice of group counseling (4th ed.). Pacific Grove, CA: Brooks/Cole.

Galinsky, M. J., Schopler, J. H., & Abell, M. D. (1997). Connecting group members Through telephone and computer groups. Health and Social Work, 22, 181-88.

Granello, F. P. (2000). Historical context: The relationship of computer technologies and counseling. In J. W. Bloom & G. R. Walz (Eds.), Cybercounseling and Cyberlearning: Strategies and resources for the millennium (pp.3-15). Alexandria, VA: American Counseling Association.

Growick, B. (1983). Computers in vocational rehabilitation: Current trends and future applications. Washington, DC : National Institution of Handicapped Research. (ERIC Document Reproduction Service No. ED 246 574)

Holmes, S. E., & Kivlighan, D. M. (2000). Comparison of therapeutic factors in group and individual treatment processes. Journal of Counseling Psychology, 47, 478- 484.

Horan, J. J. (1996). Effects of computer-based cognitive restructuring on rationally Mediated self-esteem. Journal of Counseling Psychology, 43, 371-375.

Hughes, S. R. (2000). Cybercounseling and Regulations: Quagmire or Quest? In J. W. Bloom & G. R. Walz (Eds.), Cybercounseling and cyberlearning: Strategies and resources for the millennium (pp.321-338). Alexandria, VA: American Counseling Association.

Lichtenberg, J. W.(1984, April). A computer program to assist counseling trainees in understanding interpersonal influence processes in their counseling. Paper presented at the Annual Meeting of the American Educational Research Association, New Orleans, LA. (ERIC Document Reproduction Service No. ED 248 426)

Illovsky, M. (1994). Counseling, artificial intelligence, and expert systems. Simulation and Gaming, 25, 88-98.

Mitchell, D., & Murphy, L. (1998). When writing helps to heal: E-mail as therapy. British Journal of Guidance and Counseling, 26, 21-33.

Morrissey, M. (1998, May). ACES Technology Internet Network drafts technology Competencies for students. Counseling Today, 6.

O'Dell, J., & Dickson, J. (1984). ELIZA as a "therapeutic" tool. Journal of Clinical Psychology, 40, 942-945.

Sampson, J. P. (1995). Computer-assisted testing in counseling and therapy. ERIC digest.

(ERIC Document Reproduction Service No. ED 391 983)

Sussman, R. J. (1998). Counseling Online. Counseling Today.

(http://www.counseling.org/ctoonline/sr598/sussman.htm)

Talom, I. D. (1995). The theory and practice of group psychotherapy (4th ed.). New York: Basic Books.

Zgodzinski, D. (1998). Cyber therapy: The latest trend in problem counseling is Internet therapy via e-mail. Internet World, 7, 50-55.

本文摘要

◇「網路諮商」是指「諮商員與分隔兩地或位在遠方的個案利用電腦傳訊方式，在網路上所從事的專業諮商或資訊提供等實務工作」。

◇經由電腦網路進行即時諮商具有匿名、經濟、方便、具時效性、及資料完整便於研究和督導等多項優點。

◇借助電腦進行諮商也有不及於傳統諮商之處，例如在缺乏非語言行為的情況下進行對談，諮商員很容易輕忽當事人問題的特殊性或嚴重性。

◇在網路聊天室進行團體諮商的做法是由領導者與團體成員約定同一時間，選取或開設一特定的網路聊天室，進行以文字為溝通方式的立即互動對談。

◇就當事人而言，網路聊天室諮商的匿名特性，能容許當事人不需與諮商員面對面接觸，當事人的自我揭露會比較深，對諮商員的防衛性也會降低。

◇就諮商員而言，諮商員有充裕時間思考當事人字裡行間的關鍵意義，應用諮商技術也比較能夠善加思索，因而比較沒有壓力，對諮商技術的使用比較有勝任感。

◇就諮商過程而言，諮商員和當事人可以選擇最適合雙方的時間進行，也可免去傳統諮商方式的舟車勞頓之累。

◇就督導方式而言，諮商督導者甚至可以進行臨場督導而不致干擾當事人的情緒。

◇網路的使用也讓大學生們有拓展人際關係的機會，特別是比較不具有社交能力的學生，在現實生活中會有難以建立人際關係的問題，網路諮商的匿名性正好適合這類的學生能在較少冒險、較無焦慮的情形下發展人際關係。

◇個案接受網路諮商時的焦慮程度明顯比傳統面對面的諮商來得低；而這些個案對其諮商員的評價上、其專業性、吸引力、和信賴感等項目都與傳統方式的諮商員並無二致，顯示網路即時諮商也能達到傳統諮商的效果。

◇網路團體中，所有參與者的角色都顯得想當平等，領導者更可以從容地引導團體的充分互動。

◇團體一開始的規範訂定，加上團體進行中遇到實際需要時加以修訂，對網路團體諮商的運作有很大的助益。

◇網路聊天室的「悄悄話」功能有助於臨場督導或協同領導者溝通之用。

團體企劃書範例

【自我探索團體】

▲自 我 探 索▲

團體企劃書範例

自我探索團體範例一

團體企劃書

一、團體名稱：大學生自我探索團體——VIP 搜查線

二、團體目標：

    1.藉由組員間的經驗分享來加深對外表的認知。

    2.藉由他人的角度來驗證且探索自我的內在。

    3.請成員分享「重要他人」對自我的影響和改變，以協助成員探索更深一層的自我。

三、團體性質：本團體是採結構性、封閉性的自我探索團體。

四、團體時間：9：30～16：00

五、團體地點：世新大學舍我樓 2 樓團體諮商室 S204

六、團體領導組：黃謙凡、盧子新、孫奕、許立揚、何政瑋、楊雅恩

七、參加人數：9 人

八、指導老師：張景然老師

單元企劃書

一、單元名稱：Mask

二、單元目標：

    1.協助成員了解團體的性質與目的。

    2.增進成員相互認識的機會。

  3.團體規範的訂定，以幫助活動流程的進行。

三、團體次數：第一次

四、領導組：黃謙凡（領導者）、盧子新、許立揚（協同領導者）

五、團體時間：9：30～10：50

六、活動內容及進行方式：

活動名稱	活動內容	時間	準備工具
一、前言	讓成員認識、了解何謂小團體，並且說明團體中成員的角色以及作用。以及這次的團體主題是什麼。簡單介紹此團體的內容主軸、流程，及團體規範。	7'	
（指導語）	**L**：各位成員大家好！我是這個單元的領導者我叫作謙凡，在我的左右手也各有一位領導者，一位叫子新，一位叫立揚(需要表示一下)，今天很高興在週末的早晨與大家一同來參與這次的小團體，相信大家已經期待很久了。在我們團體開始進行之前，我想了解一下「大家對於小團體有什麼樣的認識與看法？」、「覺得小團體應該長什麼樣子？」或是說「你覺得在小團體中個人所要扮演的角色是什麼呢？」(觀察「非口語行為」進行「邀請」)		
	成員＊＊：我覺得……。		
	CL1：不知道還有沒有成員要補充？ (成員說完後)嗯～！你們都說得很不錯喔！所謂的「小團體」就是像我們這樣一群人，在一個安全、友善、互相信賴且自我開放的環境中，藉由彼此的經驗分享、傾聽和回饋，幫助大家進行自我探索，當然也希望我們大家能以多對多的網狀溝通來進行。所以在這一個團體中，你們才是真正的主角，每一位成員的分享都是非常重要的！藉由大家的彼此合作，團體才能很有效率、很順暢進行下去。		

	CL2：相信每位成員應該都有收到我們的通知，也應該知道我們今天的團體主題是「大學生自我探索團體——VIP 搜查線」，今天希望可以藉由團體的進行，讓大家談談你們過去對自我內在及外在的經驗及感受。 接下來讓我先來為大家介紹一下今天一整天的主要流程：今天活動的主要流程總共可以分成四個單元：在上午 9：30 至 10：50，我們進行的是第一個單元「Mask」，是藉由團體中成員彼此的分享，進而從外表來認識自己； 11：00～12：20，我們進行的是第二個單元「人不可貌相」，這個單元主要是從內在的探索，以增加大家對於自己的認識；在下午 13：10～14：30，我們進行的是第三個單元「綠色奇雞」；至於 14：40～16：00，我們進行今天第四單元，也就是最後一個單元「活得更美麗」。在這每個階段之間都會讓大家休息 10 分鐘，當然中午我們會有 50 分鐘的吃飯、休息時間。在介紹完今天一整天的主要流程後，不知道大家還有什麼不清楚的地方？		
二、訂定團體規範	希望藉由成員的共同討論訂定一些團體規定，大家共同遵守以便小團體可以順利進行。	8'	紙蝴蝶 9 張 色筆 原子筆 9 支 花狀規範紙
（指導語）	**CL1**：各位成員你們好，在今天的團體進行之前，為了讓今天的團體能夠進行的更順利，我們要訂定一個屬於我們自己的團體規範，這個團體規範需要由大家一起來訂定。現在我發給每個人一張紙蝴蝶，你們可以利用半分鐘的時間，將這個團體的期待，或是希望大家能夠共同遵守的事項，用幾個簡短的字句在紙蝴蝶上來加以描述。 (當成員寫得差不多時)好！我看到大家都寫的差不多了，現在不知道有沒有人願意與我們分享你對團體的期待。		

	(此時若是沒有成員提出，可以請其他領導者說明，其中希望會有的規範如下： 1.團體中大家所分享的內容要互相保密、 2.成員要互相回饋、彼此支持、 3.團體進行中禁止飲食、 4.團體進行中請關手機或調成震動……等。) (當成員講了差不多，且其他領導者也補充過後) **L**：嗯～你們剛剛講到的有……，還有人有其他意見嗎？此外，在今天的團體，希望我們還能……。		
三、自我介紹 一小記者	協助成員相互認識，增加成員的安全及信任感，以便團體的順利進行。	10'	小記者紀錄單 9 張
（指導語）	**CL1**：在介紹完今天一整天的主要流程後，我們先來作點彼此的認識：首先大家現在看到在我們這個團體中，除了各位成員外，在每一個單元中都有至少三位領導者，也許大家會很好奇，坐在團體之外的那 4 個人是誰？他們分別是督導與觀察員，他們會將團體中一切的人、事、物，作清楚且具體的觀察、紀錄和分析。他們是超越團體之外的，不會參與也不會干擾我們的團體。 領導者說明活動規則：為了增加成員間彼此的認識，在我們進行「小記者」活動的一開始，請各位成員領取一張「小記者紀錄單」，等一下請各位成員去找尋你比較不熟的人，二人一組，彼此採訪紀錄於「小記者紀錄單」中。於採訪結束時，互相報導對方的資料，介紹夥伴給團體其他成員認識，並在介紹每個成員之後，給予受訪者澄清的機會。(要有示範) 訪問的要項如下： 　①姓名。 　②我最欣賞的人。 　③我最喜歡自己身上的哪一部分。 　④我認為自己最大的毛病。 　⑤我參加此次活動的期望。 **CL2**：做連結並邀請成員分享：(另兩位領導者可以視時間穿插在成員中分享)		

四、珍貴的禮物	請成員仔細的看看鏡子中的自己，看看自己的眼睛、看看自己的嘴巴，藉由觀察自己在日常生活中可能較少較忽略的外表，請成員分享自己從鏡子中看到的自己。	50'	牛皮紙袋9個 鏡子9面
（指導語）	**L**：在經過剛剛的自我介紹之後，大家應該對於彼此都有更深一層的認識。現在我們要送給大家一個小禮物(將裝在牛皮紙袋中的鏡子發下)，現在大家都拿到自己的禮物了，可以請大家將禮物拆開(暫停了一下)，大家應該都看到這裡面裝著一面鏡子，那麼請大家現在將鏡子拿起來，仔細的看看鏡子中的自己，看看自己的眼睛、看看自己的嘴巴，在你平常生活中可能並沒有那麼仔細的去觀察你的外表，請你現在再注意看看自己的臉，是不是發現在你的臉上多長了一顆青春痘……。(過了一下子)我發現大家都已經仔細觀察自己的外觀了……。好吧！現在就讓我先分享一下我從鏡子中看到的自己。 **L**：【示範】 我發現在我的臉上多長了好幾顆青春痘，應該是最近我準備教育學程考試太累的關係，突然覺得自己變醜了；另外，這又讓我想到前幾週家聚的時候，我的學姊說我是「天殘」，認為我是天生長的不好看、又不高。雖然在當時我表現出一付沒有關係的樣子，但是我心理面卻是相當在意的。我現在想一想，或許是因為當時我與學姊還蠻熟的，所以他才會這麼直接的說。(這時候應該要有其他領導者來加以同理，並連結至其他成員)		
五、總結	摘要第一階段小團體活動進行內容作為結束。	5'	
（指導語）	**CL2**：在剛剛的團體中，一開始讓成員們更了解團體的性質與目的。接著是團體規範的訂定，在大家訂好團體規範的守則之後，似乎更能幫助活動流程進行的流暢性。並藉著小記者的分享，增進成員相互認識的機會。最後透過對於鏡中自我的觀察，並藉由組員間的經驗分享來加深對自我外表的認知。		

單元企劃書

一、單元名稱：人不可貌相

二、單元目標：

　　1.藉由他人的角度來驗證且探索自我的內在。

　　2.鼓勵成員經驗分享與回饋。

三、團體次數：第二次

四、領導組：楊雅恩（L）、孫奕、何政瑋（CL）

五、團體時間：11：00～12：20

六、活動內容及進行方式：

活動名稱	活動內容	時間	準備工具
一、前言與摘要	領導者對上一個階段的團體內容作摘要回顧，並說明介紹此次團體的主題。	5'	
（指導語）	**L**：大家好，我是這一階段的領導者──雅恩，其他還有兩位領導者，是孫奕和政瑋。在上一個階段我們討論的是個人的外在，大家也分享了一些對外在的看法和經驗，那麼在這一個階段我們主要分享的是關於對內在的自我探索與經驗分享。		
二、分享時刻	藉由邀請成員分享對自我內在的探索與經驗分享，協助成員更加了解、認識自己。	60'	① 20 種物品或動物圖畫單 ②原子筆 9 支
（指導語）	**L**：那麼接下來我們來進行一段活動，我這裡有九張寫著各個成員紙條的籤，一人抽一張，如果抽到自己的也沒關係。然後牆壁上有我們提供的 20 種物品或動物，請你們將抽到的成員用以上圖案的感覺來形容，可以不只用一種，如果以上皆不符合你對該成員的感覺，那麼你也可以想其他的物件來形容。不知道我這樣說明各位成員有沒有不懂的地方？……如果沒有的話那我們開始抽籤吧！		

	先由領導者或協同領導者示範，再邀請其他成員一起分享。		
三、總結	領導者對成員分享的內容做出摘要和總結，並且邀請成員互相給予回饋，結束此階段。	15'	
（指導語）	**CL1**：活動到了最後，相信各位成員對自己以及別人對你的看法都有了更深一層的認識了，經過大家剛剛的經驗分享之後，希望大家能更了解自己的內心世界，也了解到別人對你的看法是否跟你自己的認知相同。……那我們這個階段就進行到這邊，下一個階段的開始時間是……提醒大家不要遲到了，好，我們就進行到這邊。		

單元企劃書

一、單元名稱：綠色奇雞——Green Chicken

二、單元目標：

　　1.請成員分享「重要他人」對自我的影響和改變。

　　2.探索成員更深一層的自我。

三、團體次數：第三次

四、領導組：何政瑋（L）、許立揚、盧子新（CL）

五、團體時間：1：10～2：30 PM

六、活動內容及進行方式：

活動名稱	活動內容	時間	準備工具
一、前言與摘要	由領導者分別口述第一、二週的團體內容，團體中所發生的事情、成員所分享的經驗，幫助成員回想前兩週的團體。並說明介紹此次團體的主題。	5'	

（指導語）	**L**：經過了午休和午飯的時間，相信大家都覺得鄭記的便當很豐富喔！在大家非常期待第三單元之前，讓我們來回顧一下第一階段：「Mask」分享到各位成員對外在主觀的感覺和情緒做結合。；第二階段：「人不可貌相」分享到自己和他人的觀點來察覺自己的內在。應成員熱烈要求下，我們進入第三單元：「綠色奇雞」，藉由一個「重要他人」，在這裡指的不只是一個人，可能是一件難忘的事，或是一本書，甚至是一個人說的一句話，來影響你內外在的改變。		
二、分享時刻	藉由邀請成員分享「重要他人」對自我的影響和改變，協助成員探索、認識更深一層的自我。	70’	①四格的連環漫畫 ②原子筆9支
（指導語）	**L**：我們設計了一個四格的連環漫畫，第一格是一顆蛋，代表剛出生的我；第二格式是小雞，代表著我的成長歷程；第三格是讓成員們畫出或寫出一個對你影響最深的人事物，與各位成員分享，第四格是現今的自我。 **CL1**：那麼，我先來和大家作分享，我畫的是一個人代表我堂哥，還有「錢」飛了，表示他欺騙一手拉拔他長大的爸爸，這件事對年紀尚輕的我，造成一個衝擊，使我日後……		
三、總結	協同領導者對成員分享的內容做出摘要和總結，並且邀請成員互相給予回饋，結束此階段。	5’	
（指導語）	**CL2**：聽完成員故事分享，我想大家心裡一定對「自我探索」這個主題有了更深一層的體驗，也許你還有許多想說而未說或是還沒勇氣說的事，都可以留在下一個階段再說，相信經過各位成員的經驗分享後，對於內在自我的探索有更深一層的了解。提醒大家不要遲到了！還有更精彩的單元，與大家互動、分享。		

單元企劃書

一、單元名稱：活得更美麗

二、單元目標：

　　1.藉成員分享此次活動的感想。

　　2.藉著活動的進行，來回饋此次團體的經驗。

　　3.結束團體。

三、團體次數：第四次

四、領導組：孫奕（L）、楊雅恩、黃謙凡（CL）

五、團體時間：2：40～4：00

六、活動內容及進行方式：

活動名稱	活動內容	時間	準備工具
一、前言與摘要回顧	使團體成員重新回顧前面三次團體，並且互相給予回饋。藉由領導組的示範來引導成員發言，給予其他成員回饋。	5'	
（指導語）	**L**：大家好，這是我們的最後一個單元了，我們是這一次的領導者孫奕、雅恩、謙凡。我們在前三次的團體中分別談到……（稍微做一下前三次的摘要）。我們在這次的團體中，除了和大家分享自己的經驗外，更希望藉著活動的進行，讓大家可以將自己對其他成員的想法回饋給對方，現在我們請雅恩來介紹一下接下來的活動。 **CL1**：以我自己為例，在第一階段中……【做示範】		
二、把愛揹回家	使成員透過這個活動了解並思索在四次團體的參與度以及變化歷程。並且藉由回饋卡由領導者先給予某位成員回饋，之後協同領導再對同一成	65'	①畫上花瓶的紙九張 ②小卡

	員做回饋，接著再邀請是否有其他成員也想給予回饋。接著詢問被回饋者的感覺，及有沒有想給某位成員回饋，藉以轉移焦點。		
（指導語）	**CL2**：其實這個活動很簡單，我們想請各位成員回想一下今天的幾次活動給你的感覺，而期間成員們之間的分享與回饋，不知道各位是否都已留下深刻的印象，現在每個人手上都有一張畫上花瓶的紙，我們用畫上花的方式來表示，你可以隨意給每一個階段不同的花束，最少一枝最多五枝，然後再跟我們分享為什麼你會給這個花束。另外這些精緻的小卡片則是你的傳情小卡，在聽完這麼多人的經驗分享後，你有沒有什麼話特別想對誰說，你可以把他的名字及想對他說的話寫在這張小卡上，然後再對他進行回饋。		
三、總結	詢問成員是否有要補充的或澄清的，領導者再對四次團體作個總結，便互道再見。	10'	
（指導語）	**L**：今天一天的團體下來，我們分別談到了「Mask」、「人不可貌相」、「綠色奇雞」、「活得更美麗」……（做四次團體的摘要）。其實，我們希望藉著這個團體來幫助成員自我探索、自我肯定，或許我們並沒有將團體帶的很好，但是透過成員間的經驗分享，相信大家都能有某種程度的收穫，那還有沒有成員想再多說什麼……。最後，謝謝大家今天一天的參與，希望能給大家一個美好的回憶，我們的團體就到此結束了，謝謝大家。		

附錄

小 記 者 紀 錄 單

1 姓名	
2 我最欣賞的人	
3 我最喜歡自己身上的哪一部分	
4 我認為自己最大的毛病	
5 我參加此次活動的期望	

小記者簽名：＿＿＿＿＿＿＿＿＿＿＿＿＿＿＿

自我探索團體範例二

團體企劃書

一、團體名稱：自我探索團體

二、團體目標：

　　1.使成員互相認識減少陌生感

　　2.以投射的方式分享與家人的關係

　　3.以拍賣的方式了解成員喜歡類型的特質

三、團體性質：自我探索團體

四、團體時間：9：30～16：00

五、團體地點：S202

六、團體領導組：蘇浩宇、顏倚冰、江蕙怡、鄭紹膺、許若扉、歐京葳

七、參加人數：12 人

八、指導老師：張景然老師

單元企劃書

三、單元名稱：自我探索——友情

四、單元目標：

　　1.使成員互相認識減少陌生感

　　2.訂定規範凝聚成員向心力

五、團體次數：第一次

六、領導組：蘇浩宇、顏倚冰、江蕙怡

七、團體時間：9：30～10：50

八、活動內容及進行方式：

活動名稱	活動內容	時間	準備工具
一、介紹團體	簡單介紹團體內容	2 分	無
（指導語）	各位成員大家好，歡迎大家來參加自我探索這個團體，這是個分享團體，在接下來的活動中，我們將和大家一起分享有關人際中的點點滴滴，另外，我們這個團體主要是在探究自己，以往在人際關係中的一些經驗，對現在的自己有著什麼樣的影響……		
二、自我介紹	使成員互相認識減少陌生感	8 分	①名牌
（指導語）	由於這是第一次的團體，所以我想先帶領大家互相認識彼此，這裡有已經做好的名牌，上面有每個人的名字，現在我把名牌全部蓋住從中抽一張，被抽到的人請做簡單的自我介紹，例如：我是某某，在朋友眼中我是個……的人，我自己則認為我是個……的人。好，現在我要抽名牌了，……＊＊，請你向大家介紹你自己。		
三、星星的約定	訂定規範凝聚成員向心力	10	①海報紙②星星③彩色筆
（指導語）	那麼在一個團體中，我們需要共同的規範，使團體內的成員都能遵守，像保密是很重要的，因為唯有不將小團體內的事洩漏出去，才能讓每個人都能暢所欲言。現在我將星星紙和彩色筆發下去，大家把認為重要的規範寫下來……。在這個團體中，每個人都要遵守剛才所訂立的團體規範，尤其是保密的原則，希望大家在保密的原則下，能夠放心地自我揭露自己最深層的想法。		
四、人際曲線圖	以畫圖的方式分享人際關係中的起伏	55 分	①圖畫紙②彩色筆

（指導語）	現在我們將圖畫紙發下去給大家，請你們畫出從國中到現在人際關係（友情）的高低潮折線圖，就像我畫的這樣，你們也可以將你們覺得記憶深刻的地方，用顏色區分出來，等一下會請大家和我們分享……。＊＊，你願不願意和我們分享你的人際曲線圖中，最高和最低點發生了什麼事？當時你有什麼感覺……		
五、總結	摘要與回饋	5分	無
（指導語）	現在我們離結束大概還有 5 分鐘的時間，不知大家有沒有什麼想說的，可以說說今天第一次參加團體的感覺，說說自己對剛才活動的感覺，或任何你想說的話……		

單元企劃書

一、單元名稱：自我探索——家庭你、我、他

二、單元目標：以投射的方式分享與家人的關係

三、團體次數：第二次

四、領導組：蘇浩宇、顏倚冰、歐京葳

五、團體時間：11：00～12：20

六、活動內容及進行方式：

活動名稱	活動內容	時間	準備工具
一、回顧	對前一次活動做摘要	10分	無
（指導語）	在第一次的活動中，我們互相認識、訂定團體規範，也分享了從國中到現在的人際曲線圖，＊＊分享了……，○○也分享了……		
二、家庭投射圖	以投射的方式分享與家人的關係	60分	①家庭投射圖②家庭成員圖

			像
（指導語）	第二次的主題叫做「家庭投射圖」，現在大家手上都有一張圖，圖上有太陽、雲、蝴蝶、樹幹、果實這些圖案，此外你們還會拿到家庭成員的圖像，包括、爸爸、媽媽、兄弟姊妹，祖父母及其他的人物圖像，現在給你們一分鐘的時間，讓你們去回想你們的家人，在家庭中是什麼地位，可以表現在這張圖的什麼地方。 例如：我覺得父親像太陽，因為……。如果你們覺得這張圖，不能完全的表達你的想法，你也可以自己加東西上去，沒有限制。		
三、總結	摘要與回饋	10 分	無
（指導語）	現在團體的時間已經接近尾聲，我們剛聽了這麼多的經驗，大家說一下自己的感覺好嗎？……有沒有想對其他成員說的？……		

單元企劃書

一、單元名稱：愛情價值

二、單元目標：以拍賣的方式了解成員喜歡類型的特質

三、團體次數：第三次

四、領導組：江蕙怡、鄭紹膺、歐京葳

五、團體時間：13：10～14：30

六、活動內容及進行方式：

活動名稱	活動內容	時間	準備工具
一、回顧	對前兩次活動做摘要	5 分	無
（指導語）	在前兩次的活動中，我們以朋友和家人為主，分享了許多事情，像是家人在你們心目中的地位，＊＊和※※都認為媽媽像……，爸爸像……，以及在人際曲線圖中……。		
二、愛情大拍賣	以拍賣的方式了解成員喜歡類型的特質	15 分	①拍賣單
（指導語）	前兩次我們是用畫圖的方式，來分享有關朋友、家人，這次換個方式，以拍賣的形式來分享愛情。首先，我手上有一疊拍賣單，上面寫著溫柔、體貼等等，每個人會有十萬元，在拍賣時，如果某個特質是你想要的，就可以和大家一起互相競爭，價高者得，如果沒有問題的話，現在就開始拍賣。		
三、分享	以成員所挑出的特質作分享	50 分	無
（指導語）	現在我們以大家買到的特質，請大家跟我們分享：為什麼想買這個特質？※※，你本來和＊＊一直競爭體貼這個特質，為什麼到最後放棄了？還有沒有什麼特質是你們想要，而清單上沒有列出來的？……		
四、總結	摘要與回饋	10 分	無
（指導語）	活動進行到這裡，不知道大家還有沒有想說的話，如果現在還沒有想到，還是沒準備好，等到第四次活動的時候，你可以再告訴我們。		

單元企劃書

一、單元名稱：珍重再見

二、單元目標：

　　1.評估團體歷程

　　2.成員相互祝福及回饋結束小團體

三、團體次數：第四次

四、領導組：江蕙怡、鄭紹膺、許若扉

五、團體時間：14：40～16：00

六、活動內容及進行方式：

活動名稱	活動內容	時間	準備工具
一、回顧	帶領成員回顧前三次小團體以及自己的感覺	5分	無
（指導語）	經由前三次的團體，每個人可能對這次的自我探索有更進一步的認識和了解，像是＊＊分享了……，＊＊分享了……。		
二、回首來時路	經由上一個活動，讓成員記起自己或其他成員所分享的經驗，讓成員分享自己的感覺。	40-45分	無
（指導語）	大家可能對今天的團體有不同的感想，或許有某位成員讓你覺得印象很深刻，或者某位成員的經驗分享讓你心有同感，請大家說說自己的感覺。例如：對哪位成員印象最深刻，為什麼？對哪位成員的經驗分享最有感覺？對哪一次的團體感覺最深刻？		
三、祝福與回饋	藉由毛線球的傳達代表想對接毛線的人回饋或祝福	20-25分	①毛線球
（指導語）	現在我們的協同領導者手上有一個毛線球，等一下他會將毛線球丟給某位成員，然後告訴對方他想說的話，接到毛線球的人，就將毛線球丟給下一個想對他說話的人，沒有限定只能丟給一個人。		
四、總結	摘要與回饋	5分	無
（指導語）	因為剩下的時間不多，很高興今天成員們彼此間都有互動與回饋，希望每個人都有收穫，謝謝大家的參與，今天的團體到此結束。		

自我探索團體範例三

團體企劃書

一、團體名稱：自我探索團體

二、團體目標：

　　1.幫助成員知覺自己是如何看待自己，探索自我意像

　　（self-image），增進自我了解。

　　2.探討真實我與理想我之間的差距

　　3.藉由談話，察覺在團體當中的行為是平常的縮影。

三、團體性質：自我探索、封閉性團體

四、團體時間：9：30～16：00

五、團體地點：S203

六、團體領導組：游雅綸、蘇佳淇、楊清滕

七、參加人數：11 人

八、指導老師：張景然老師

單元企劃書

一、單元名稱：面具

二、單元目標：

　　1.定立團體規範，建立安全信任的氣氛。

　　2.幫助成員知覺自己是如何看待自己，探索自我意像，增進自我了解。

　　3.參照其他成員的第一印象，增進自我覺察。

三、團體次數：第一次

四、領導組：游雅綸、蘇佳淇、楊清滕

五、團體時間：9：30～10：50

六、活動內容及進行方式：

活動名稱	活動內容	時間	準備工具
一、自我介紹—認識你真好	認識彼此	5-10分	1.錄音機 2.音樂帶
（指導語）	大家早，歡迎大家參加今天的自我探索團體，我想一開始大家先來認識彼此，大家可以用一些簡單的話來介紹自己，比如你們可以說一些你們的背景資料，或是覺得自己有怎樣的特質……，那由我先開始，我是＊＊，覺得自己…… 你們會看到旁邊有觀察員跟督導，他們只是就我們的領導技巧來觀察，大家可以不用在意他們，你們可以放心說出任何你想說的，他們也會遵守保密的原則。		
二、定規範—秋天的葉子	建立安全信任的氣氛	10-15分	①海報紙 ②樹葉 ③筆
（指導語）	今天的團體對大家而言，雖然是系上規定要修的課程，但是學長姐的態度是輕鬆不嚴肅，我們是很正式看待團體，所以難免會有一些團體的規範和要求，我想最基本的就是保密，團體中談論的，大家離開這邊就不要再說了。 這是大家的團體，所以我們一起來訂定一些規則，讓大家能放心的參加團體，尊重彼此，保護自己參加團體的利益，和其他成員的利益。		

三、增進自我了解─面具	透過操作性的畫圖活動，投射出成員所認為在別人眼中自己的形象，加以引導對照自己對自己的想法，和團體內其他成員對自己的印象。	50-60分	①空白臉譜 ②蠟筆、鉛筆、彩色筆 ③錄音機 ④音樂帶
（指導語）	我們就開始今天團體的主要活動，這邊有蠟筆、彩色筆和一張空白的臉。我們現在要大家想一想，自己在別人眼中看起來是怎樣呢？覺得自己總是臉藍藍的，給人憂鬱的感覺，還是總是眉開眼笑的，眉毛嘴巴總是彎彎的，給人開朗快樂的印象。大家想一想，自己最常帶怎樣的面具與人互動。你們可以用情緒來表達，覺得自己總是傳達怎樣情緒給別人。 大家心情放輕鬆，這是你自己的面具，要如何表達都沒關係，用你的方式表達，不用擔心畫的好不好看，別人看不看的懂，你可以很寫實，也可以用象徵的方式來表達。		
四、總結	總結、摘要這次團體進行情況	5分	無
（指導語）	現在我們離結束大概還有5分鐘的時間，不知大家有沒有什麼想說的，可以說說今天第一次參加團體的感覺，說說自己對剛才活動的感覺，或任何你想說的話……		

單元企劃書

一、單元名稱：真幻之間

二、單元目標：探討真實我與理想我之間的差距

三、團體次數：第二次

四、領導組：游雅綸、蘇佳淇、楊清滕

五、團體時間：11：00～12：20

六、活動內容及進行方式：

活動名稱	活動內容	時間	準備工具
一、訂做理想的自己	請成員為自己設計所希望擁有的特質，以繪畫或短句的方式表現出來。	5-8分	① CD ②彩色筆 ③圖畫紙
（指導語）	現在請大家靜下心來想一想，如果你有為自己的特質重新打造的能力，你會將哪些特質放在自己身上？也許這些特質是你現在所沒有的，或是這些特質你已經具備，不管是什麼樣的特質，只要是你希望放在自己身上的，都請你將它表現出來，你可以用抽象的方式來畫出想要的特質，也可以用具體的句子來形容。大家可以先想想看，想到了再動筆。		
二、分享時刻	請成員分享為什麼想設計這樣的特質	60分	無
（指導語）	大家都已經畫好或寫好重新設計自己的特質了，現在請大家來分享一下自己的傑作，有沒有誰想先和大家分享的呢？……被設計出來的人，與自己的特質之間有什麼不同之處？		
三、總結	摘要與回饋	10-15分	無
（指導語）	進行到這裡，這一次的活動也接近尾聲了，大家從活動中對自己有什麼新的發現，或是有什麼感覺想說的呢？		

單元企劃書

一、單元名稱：身體會說話

二、單元目標：

　　1.藉由身體的運動及放鬆，體察到肢體表現所發出的訊息。

　　2.藉由此時此地，身體及心理所觀察發現自身的內在狀態。

　　3.藉由談話，察覺在團體當中的行為是平常的縮影。

三、團體次數：第三次

四、領導組：游雅綸、蘇佳淇、楊清滕

五、團體時間：13：10～14：30

六、活動內容及進行方式：

活動名稱	活動內容	時間	準備工具
一、回顧	帶領成員回憶前兩次活動的內容	10分	無
（指導語）	在一開始，我們讓彼此認識、熟悉，接著訂立規範，確保團體能順利進行，第二次的活動，我們請你們重新塑造你想要的特質，使你們體認到現實我與理想我之間的差距。		
二、肢體放鬆	運用此時此刻的原則，循序漸進的帶領成員做身體、心理的覺察及體驗。	40分	①音樂帶 ②音響
（指導語）	接下來等一下的活動，就請大家用像現在的姿勢來進行，你可以試著將全身放鬆、放鬆，只要張著耳朵聽大家說話就行了。現在，想請問你，就在這個時候，你在這裡，在團體當中，所感覺到的是，是安靜的、是溫暖的、放鬆的、自在的、高興的，還是陌生的、冷漠的、虛偽的、冰冷的、緊繃的，還是難過的，甚至會有一點點的悲傷……，有沒有想要告訴我們的。		
三、分享你我	藉由問題引導，讓成員體察此時此刻的心情。	20分	無
（指導語）	你現在感覺安全嗎？爲什麼？除了你剛才說的還有沒有什麼事會讓你感到安全的？		
四、總結	摘要與回饋	10分	無
（指導語）	活動進行到這裡，不知道大家還有沒有想說的話，如果現在還沒有想到，還是沒準備好，等到第四次活動的時候，你可以再告訴我們。		
（指導語）	最後想跟大家說一下，這個活動想要告訴大家的是：因為我們平常都太倚賴我們的視覺了，所以我們對我們身體的注意力，都會集中在眼睛四周，而忽略了其他部份，所以這個活動最主要的是，想讓大家省察身體所發出來的訊息，像是聳肩、皺眉、握拳，這些動作會不會透露一些訊息，你的身體是不是要告訴你什麼？想請你在這個活動中，停下來想一想，同時在這樣的		

	肢體表現中，是不是也表達出你的個人特質，你的特質又是什麼。

單元企劃書

一、單元名稱：回首來時路

二、單元目標：

    1.讓成員回想前三次的團體經驗

    2.釐清成員自我了解的程度，讓成員自我檢視。

    3.讓成員彼此給予回饋與接受回饋。

三、團體次數：第四次

四、領導組：游雅綸、蘇佳淇、楊清縢

五、團體時間：14：40 ～ 16：00

六、活動內容及進行方式：

活動名稱	活動內容	時間	準備工具
一、招呼式	暖身活動，藉此讓成員提起精神。	20分	① CD ②音響
（指導語）	現在是團體的最後一次了，希望大家能和前三次一樣踴躍參與我們話題的分享，珍惜團體的最後一次機會，大家都很累吧，讓我們放鬆心情吧，先來一個小小的暖身活動，現在兩兩一組，面對面，由我來說明活動規則，當我喊「1」時，你的兩手與對方兩手互握，並說：「嗨，你好。」互相注視面帶微笑。「2」時，把手放在對方的頭上說：「嗯，你今天看起來氣色很好！」，「3」成員互相以右手輕拍對方左肩膀說：「孩子加油！」，「4」成員互相以右手輕拍對方左肩膀說：「朋友，讓我們共同創造無限美好的明天！」……。		

	好，現在大家以最舒適的姿勢坐好，緩緩閉上眼睛，現在的你正很舒服的坐在一片綠草地上，除了鳥叫蟲鳴之外，這裡很安靜，你覺得很舒服，想想前三次的活動，經過這三次的活動，你對自己是否有更深刻的了解？是不是更了解坐在你旁邊的成員？仔細想想，在團體中你是否有很開放的分享自己的經驗？……不知大家想的如何，現在請大家張開你們的眼睛，來分享剛剛所想到的事情……		
二、回饋	將想說的話寫在小卡中	55分	① CD ②小卡 ③信封 ④筆
（指導語）	就剛剛最後一個問題加以分享，這幾次活動下來，和我們接觸最密切的就是坐在身旁的成員，們想想他們曾經分享過的經驗，你是不是有話對他們說呢？我會把小卡片發下去，大家把想寫的話寫在卡片上，但希望大家寫給對方的話，是要寫這幾次團體中想對他說的話，而不是平常同學的經驗。盡量控制在3-5句，因為寫卡片的時間不是很多，現在我就把卡片發下去。大家都寫的差不多了吧，現在我們除了要親自把卡片交到對方手上，還要說出你對他說的話。		
三、總結	摘要與回饋	5分	無
（指導語）	謝謝大家在這幾次活動中踴躍分享自己的經驗，希望這幾次團體能讓你們有收穫。剛剛聽了其他人對你的回饋，不知大家心中有什麼想法呢？是符合你對自我的認知，還是完全不符合？可以藉此來檢視自己在別人心中的形象。四次活動下來，討論了很多關於自我方面的經驗，希望大家能有所收穫，也感謝大家在這幾次活動中的分享，謝謝。		

自我探索團體範例四

團體企劃書

一、團體名稱：自我探索團體

二、團體目標：

　　1.協助成員融入團體、了解團體的功能

　　2.協助成員了解自己的特質

　　3.探討自我特質對人際關係的影響

三、團體性質：自我探索、封閉性團體

四、團體時間：9：30～16：00

五、團體地點：S204

六、團體領導組：尹瑋倫、曾俊豪、張語璇

七、參加人數：10 人

八、指導老師：張景然老師

單元企劃書

一、單元名稱：人際關係之我的特質

二、單元目標：

　　1.協助成員融入團體、了解團體的功能

　　2.協助成員了解自己的特質

三、團體次數：第一次

四、領導組：尹瑋倫、曾俊豪、張語璇

五、團體時間：9：30～10：50

六、活動內容及進行方式：

活動名稱	活動內容	時間	準備工具
一、自我介紹	認識彼此，減低陌生感	10 分	無
（指導語）	哈囉，歡迎大家來參與自我探團體，在活動一開始，我想請每個人做簡單的自我介紹，例如：名字、興趣、夢想、糗事等等，我想由我先開始好了：大家好，我是這次的領導者＊＊，我的興趣是……		
二、訂定團體規範	凝聚成員向心力	15 分	①團體規範海報②簽字筆③紙
（指導語）	我想一個團體要能順利的進行，可能需要有一些共同的規範，讓大家遵守，因為每個成員來自四面八方，大家都各自有自己的想法，然而或許彼此之間會產生一些摩擦、衝突，所以希望藉由團體規範的訂定使大家產生共識，也使得團體可以順利進行，例如：我覺得「團體保密」很重要，因為如果成員無法保密，任意把其他成員在團體中分享的經驗洩漏出去，會使得其他成員在團體中的分享有所保留，就會使團體的意義大打折扣。		
三、人際關係之我的特質	用文字敘述的方式讓成員了解彼此的特質	45 分	①紙②筆
（指導語）	現在我們將紙和筆分給大家，請寫下認為自己最像什麼動物、給別人是什麼顏色的感覺、用一個形容詞形容自己、以及你的特質四個問題，然後寫下自己的名字，記住，不要看別人的，寫完後將紙交給我，我們要請大家互猜。		
四、總結	摘要與回饋	10 分	無
（指導語）	現在我們離結束大概還有 5 分鐘的時間，不知大家有沒有什麼想說的，可以說說今天第一次參加團體的感覺，說說自己對剛才活動的感覺，或任何你想說的話……		

單元企劃書

一、單元名稱：價值大拍賣

二、單元目標：藉由活動過程，讓成員分享人際關係中重要的特質。

三、團體次數：第二次

四、領導組：尹瑋倫、曾俊豪、張語璇

五、團體時間：11：00～12：20

六、活動內容及進行方式：

活動名稱	活動內容	時間	準備工具
一、回顧	領導者對上一次團體中成員的分享內容做適度摘要	10 分	無
（指導語）	歡迎大家繼續參加第二次的小團體，再進入我們的主題「價值大拍賣」之前呢，我先對第一次的活動做一個小小的摘要，我們定立了團體規範、互相自我介紹，還有向大家介紹自己的特質……		
二、價值大拍賣	藉由拍賣的方式，讓成員了解自己及他人所重視的特質。	65 分	拍賣單
（指導語）	我想先說明價值大拍賣的活動方式好了，我手上有一疊價值拍賣單，像是善良、誠實、溫柔、親切、直爽等等，你們一人會有 10 萬元，在拍賣時，如過某個價值單是你們想要的，就可以互相叫價，出價最高的人得到此價值單，如果沒有問題的話，現在就開始進行活動。		
三、總結	摘要與回饋	5 分	無
（指導語）	經過剛剛一個簡單的活動之後，希望大家都能對彼此有一些簡單的了解，有沒有人想要分享對這次活動結束之後的感覺……		

單元企劃書

一、單元名稱：我的人際曲線圖

二、單元目標：

　　1.協助成員了解自我的人際關係

　　2.探討自我特質對人際關係的影響

三、團體次數：第三次

四、領導組：尹瑋倫、曾俊豪、張語璇

五、團體時間：1：10～2：30

六、活動內容及進行方式：

活動名稱	活動內容	時間	準備工具
一、回顧	對前兩次活動做簡單摘要	5分	無
（指導語）	這是我們第三次的小團體，為了加深對前兩次活動的印象，我們來回顧一下吧。在第一次的活動中我們……，第二次的活動我們進行了價值大拍賣……。		
二、人際曲線圖	以畫圖的方式分享自己的人際關係	70分	①紙 ②彩色筆
（指導語）	現在我們要進行的活動叫「我的人際曲線圖」，請協同領導者發下紙和彩色筆，每個人都拿到後，請你們想想從上大學以來到現在，一定經過了許許多多的事情，請用曲線的方式呈現出來，我想每個人的經歷一定是有高有低，等一下會請大家和我們分享，在人生的高潮或低潮中發生了什麼？當時的感覺又是如何？對你現在是否還有影響……		
三、總結	摘要與回饋	5分	無
（指導語）	活動進行到這裡，不知道大家還有沒有想說的話，如果現在還沒有想到，還是沒準備好，等到第四次活動的時候，你可以再告訴我們。		

單元企劃書

一、單元名稱：生之印記

二、單元目標：

    1.最難忘的一件事

    2.協助成員回顧四次活動

三、團體次數：第四次

四、領導組：尹瑋倫、曾俊豪、張語璇

五、團體時間：2：40～4：00

六、活動內容及進行方式：

活動名稱	活動內容	時間	準備工具
一、摘要	對前三次活動做摘要，加深成員印象。	2 分	無
（指導語）	各位成員大家好，這是我們第四次回顧的團體，我是這禮拜的領導者＊＊。還記得在前面三次團體中＊＊分享了……＊＊講到了……嗎？		
二、生之印記	以分享的方式敘述自己最難忘的一件事	33 分	無
（指導語）	現在，請大家想想最近有沒有經歷什麼讓你印象深刻？對你是不是有造成什麼影響？為什麼？如果最近實在沒發生什麼印象深刻的事，也可想想之前發生印象深刻的事。給大家兩分鐘的時間……		
三、總回顧	針對四次活動，給予其他成員回饋。	45 分	無
（指導語）	謝謝大家在這幾次活動中踴躍分享自己的經驗，希望這幾次團體能讓你們有收穫，也感謝大家在這幾次活動中的分享，謝謝。		

自我探索團體範例五

團體企劃書

一、團體名稱：101 真我──自我探索團體

二、團體目標：

　　1.瞭解成員對自己認同、接納、肯定的程度。

　　2.讓成員了解自己對自我的認同與別人對自己的看法有何差距。

　　3.探討家庭或他人對成員的影響，藉以了解自我形成的來源。

　　4.讓成員喜歡自己、接納自己、重視自己

三、團體性質：封閉性的自我探索團體

四、團體時間：9：30～16：30

五、團體地點：S204

六、團體領導組：王欣亭、李孟薰、岳思靜、江佳田、林舒芬、簡郁瑋

七、參加人數：11 人

八、指導老師：張景然老師

單元企劃書

一、單元名稱：我就是我

二、單元目標：

　　1.藉由自我介紹及暖身活動使成員更快進入團體情境中，建立團體中的
　　　互動關係。

2.成員能說出覺得自己是怎樣的人，對自己有何程度的認識，包含個
　性、外在特質、內在特質……等，了解自己眼中主觀的自己。

3.瞭解成員對自己認同、接納、肯定的程度。

三、團體次數：第一次

四、領導組：李孟薰（領導者）、王欣亭（協同領導者）、岳思靜（催化員）

五、團體時間：9：30～10：50

六、活動內容及進行方式：

活動名稱	活動內容	時間	準備工具
一、暖身活動	1.領導者先選定座位穿插於成員間，成員再自由入座，在成員座定位時發名牌。	3 mins	名牌
	2.在座定位之後，先說明何謂團體-團體是兩人或兩人以上的彼此互動，是多對多的網狀互動，這個團體是溫暖的、安全的、保密的、開放的，大家都能主動分向自己真實的體會、感受及經驗，並主動的給予回饋，每個人希望在團體中都能開放自己來參與。		
	3.訂定團體規範	5 mins	規範卡 筆 規範海報
（指導語）	為了使我們今天的團體能夠進行的順利，確保每個成員的權益不受到中斷或傷害，所以我們要訂定團體的規範，除了上面三個最基本的規範外(1)關機(2)保密(3)守時，希望大家再想想還需要哪些規範。 大家寫好後由領導者貼在規範海報上，並帶領大家看過一次。		
	4.說明團體的目標及簡述其他三個單元的目標，再說明此單元的目標——在	5 mins	

	自我介紹及分享中能更認識別人，也說出自己對自己的認識，並藉由自己的陳述和彼此網狀互動中，了解自己眼中的自我自我。 邀請成員說說自己對自我的概念。		
二、主題活動㈠我 　　就是我		2 mins	紙 筆
（指導語）	大家都了解自我的概念了，自我就是……。現在每人發一張紙，其中除了自我介紹外，還希望大家寫出覺得自己的個性及特質是什麼，想想自己對自己的認識。		
三、分享㈠		25mins	
四、主題活動㈡打 　　分數		2 mins	筆
（指導語）	在剛才那部分大家都分享了自己眼中主觀的自我，也大概知道自己對自己的認識程度，現在希望給自己打一個分數，1 至 10分，其中包含對自我的肯定、接納及認同，將分數寫在剛才的紙上即可，然後想想為什麼給自己這個分數。		
五、分享㈡		25mins	
六、結束	1.摘述團體進行內容。 2.對成員的談話內容作個別摘述。 3.詢問成員是否還有話想要說，或是疑問及要作補充的。	5 mins	
七、另一面鏡子		5 mins	筆 鏡子 小卡紙
（指導語）	剛才大家都有說到自己的個性及特質，在分享及彼此互動的過程中，可能有發現自己平常未注意到的自我，而別人對我們的認識也是幫助了解自我的來源之一，為了第二個單元的進行，現在請大家花幾分鐘寫下對其他五個成員的認識，可寫下對對方的個性及特質等等……的了解。		

單元企劃書

一、單元名稱：另一面鏡子

二、單元目標：

　　1.讓成員了解自己對自我的認同與別人對自己的看法有何差距。

　　2.進而促進成員對真正自我的認識。

三、團體次數：第二次

四、領導組：江佳田（L）、岳思靜（CL）、林舒芬（F）

五、團體時間：11：00～12：20

六、活動內容及進行方式：

活動名稱	活動內容	時間	準備工具
單元回顧	1.介紹新加入的領導者及催化員，並對第一單進行摘要回顧。	3mins	鏡子
	2.分享有關別人會如何看自己的想像。	10mins	
（指導語）	在上個單元中,我們藉由自我介紹說出了自己對自己的認識，如……那在接下來這個單元中呢！我們將藉由所謂的另一面鏡子，也就是「他人」，來一窺自己在別人眼中到底是個什麼樣的人。大家現在一定很想知道別人在你的鏡子中貼了什麼吧！嘿嘿！先賣一下關子，請大家在鏡子還未打開之前，先說說你覺得在自己的鏡子中，會被貼上那一些的特質呢？		
	3.摘要過每位成員的想像後，帶領大家一起翻開鏡子，讓大家約看過一分鐘後，一一邀請每位成員和大家分享鏡子裡的東西。	20mins	
	4.進一步的去看每個人由鏡子所形成的落差，由彼此的分享和互動，了解別人眼中的自己和自己眼中的自己有何	40mins 5mins	

	不同，以及形成落差的原因。		
	5.對每個成員做個別摘要。	3min	
	6.結束。		
	對第二單元整體的進行做總結。		

單元企劃書

一、單元名稱：話我

二、單元目標：

　　1.回顧團體歷程並延續團體效能。

　　2.探討家庭或他人對成員的影響，藉以了解自我形成的來源。

　　3.使成員能夠更深一層的了解自己。

三、團體次數：第三次

四、領導組：簡郁瑋（L）、李孟薰（CL）、江佳田（F）

五、團體時間：1：40～3：00PM

六、活動內容及進行方式：

活動名稱	活動內容	時間	準備工具
一、暖身活動	回顧整個上午活動的重點，講解單元目標。	5-10mins	
（指導語）	我們這一個階段進行的單元是「話我」，所要探討的是家庭或他人對我們自我形成所產生的影響。希望大家可以主動發言並且積極回饋其他成員。		
二、話我	由成員的自我揭露讓他們了解自己的個性、生活態度、習慣……等的來源，以及其他人對自我形成所產生的影	60-70mins	

	響，藉此更深入了解自我。		
（指導語）	從小到大跟我們接觸最多的就是家庭，家庭也是我們形成自我的來源之一，所以這一單元我們要來談談家庭對我們的個性、生活態度……，有些什麼重要的影響？或是有沒有什麼樣的人對我們產生了這一類重要的影響？		
	利用此時此地，讓成員回想最近一個月中影響最大的事件，並引導成員抒發情緒、解決困擾。		
（指導語）	請大家仔細回想在最近的一個月中，有沒有發生過什麼事情，對你們產生了重要的影響？		
三、總結	整理與摘要此階段活動中成員所分享的經驗，並讓成員作補充。	5-10mins	

單元企劃書

一、單元名稱：給我多一點

二、單元目標：

    1.希望透過團體的參與能夠讓成員更了解自己

    2.讓成員喜歡自己、接納自己、重視自己

    3.成員之間給予回饋

    4.鼓勵成員

    5.結束團體

三、團體次數：第四次

四、領導組：王欣亭（L）、林舒芬（CL）、簡郁瑋（F）

五、團體時間：3：10～4：30PM

六、活動內容及進行方式：

活動名稱	活動內容	時間	準備工具
一、回顧	前三單元的回顧以及介紹這單元的目標。	6-8 mins.	
（指導語）	各位成員大家好，我是這個單元的領導者欣亭，另外兩位協同領導者是舒芬跟郁瑋。從今天早上到現在，我們已經進行了三個階段，在第一個單元「我就是我」中，成員都提到了自己的個人特質，如 XXX……。在第二個單元「另一面鏡子」中，我們從其他成員中了解到自己是怎麼樣的一個人，如 XXX……。在第三單元「話我」中，大家從家庭方面說到自我，如 XXX……。（看看成員對前面三個單元是否還有想要做補充或回饋的，並介紹這單元的目標。）		
二、心靈盒子	給成員一個袋子，裡面裝有今天前三單元進行活動時所用到的道具（如：自我介紹、鏡子……等），再加上兩張回饋卡。希望成員能從袋子裡的東西，主動分享今天參與團體所找到的自己。	30 mins	心靈盒子裝有第一單元成員自我介紹的單子，第二單元用到的鏡子，及兩張回饋卡。
（指導語）	在前三個單元中，我們從不同的部分說到自我，相信每個成員也都在各個單元中找到了不一樣的自我，也許這其中有的自我是我們自己很早就知道的，但也有些自我是我們一直以來都沒發現的。那現在我們有個小小的禮物要送給大家，這是一個心靈盒子，裡面裝有每個成員自己在各個單元中所提到的自我，那現在大家可以看看你們自己的心靈盒子裡裝了哪些東西。也希望大家能跟其他的成員分享你在這個袋子裡找到了哪些自我。		
三、回饋	請成員寫回饋卡	25 mins.	心靈盒子裡的兩張回饋卡

（指導語）	剛剛大家都有跟其他成員分享了在你自己的心靈盒子中找到了哪些自我，參加了今天這樣一整天的團體，相信大家對自我應該有更深一層的了解，那對其他的成員一定也都有一些想說的話吧！在剛剛的心靈盒子裡有兩張小卡片，希望每個成員能對其他成員做一些回饋，不論是鼓勵或是任何你想對他說的話，都寫在回饋卡上。那等一下我們就來分享大家寫了哪些回饋，並把這些回饋放入對方的心靈盒子裡，讓對方在袋子裡又增加了一項寶貝。 （成員不一定只可對兩個成員做回饋，詢問是否還有要對其他成員回饋的）		
四、結束團體	領導者做這單元的摘要，並說說自己參與團體的感想。再詢問成員對這次團體的感想，看是否有成員要作補充或其他回饋的。然後結束這次團體。	15 mins	
（指導語）	（提醒：先做這單元的摘要）		

自我探索團體範例六

團體企劃書

一、團體名稱：自我探索團體

二、團體目標：

　　1.讓成員彼此了解個人的特質與個性以建立信任感

　　2.訓練成員表達能力和自我開放

　　3.藉由分享的感情經驗來探索自己在處理感情的情緒改變

　　4.讓成員了解如何在團體中適時的支持其他成員

　　5.讓成員藉由其他成員對本身的觀感更了解自己

三、團體性質：志願性（自由報名）、封閉性（全程參與）、結構性（領導
　　者帶領）

四、團體時間：9：30～16：00

五、團體地點：S202

六、團體領導組：許雅蘋、徐寧恩、張瑞鈴、李孟勳

七、參加人數：10 人

八、指導老師：張景然老師

單元企劃書

一、單元名稱：WHO AM I？

二、單元目標：

1. 協助成員在第一次的團體中，能對團體有初步的認識或加深印象。
2. 讓成員了解彼此的特質與個性，學習建立信任與表達自我的能力。
3. 成員們可在團體中盡情分享彼此的經驗，也可經由他人的觀點來審視自我。

三、團體次數：第一次

四、領導組：徐寧恩、張瑞鈴、李孟勳

五、團體時間：9：30～10：50

六、活動內容及進行方式：

活動名稱	活動內容	時間	準備工具
一、解釋團體	領導者用口語化的方式，說明團體意義、目標。	5 分	無
（指導語）	各位成員大家早，首先要非常歡迎大家參加這個小團體，先為大家說明一下團體是啥，「團體」就是指兩人或兩人以上，彼此相互互動的組合，而在團體之內包括有領導者、協同領導者。坐在團體之外的那三個人又是誰呢？他們分別是我們團體課的督導＊＊＊助教，以及觀察員，他們是將團體過程中一切的人、事、物具體清楚的觀察、紀錄、分析並回饋於團體內人員，通常是超越團體之外的，並未真正參與團體活動的內容。		
二、製作名牌	發下小卡及彩色筆，請成員填上自己的名字，然後貼在身體上某一部分，讓其他成員都顯而易見的地方。	5 分	①小卡數張 ②彩色比數枝 ③雙面膠
（指導語）	現在我們將小卡和彩色筆發下去給大家，請你們將你們的名字寫在小卡上，然後貼在大家都能清楚看到的地方，再請大家做簡單的自我介紹。		
三、制定規範	1.將準備好的紙筆發給成員 2.請成員至少想一個自己覺得團體中應遵守的規範，並將此規範貼在海報上。	10 分	①海報一張 ②紙數張 ③筆數枝

（指導語）	現在請大家抬頭看看牆壁上有一張海報，這是我們的規範海報，請你們想想在一個團體中，什麼規範是你覺得很重要，一定要遵守的，請你們將它寫在紙上，等一下我們會將它貼在海報上，讓大家都能看到，也請大家一定都要遵守。		
四、想像題	用三個陳述句請成員自我發揮，想像自己是一種動物，能代表自己的顏色，或用一句形容詞來形容自己的感情生活。	10分	①紙數張 ②筆數枝
（指導語）	現在想請大家用三個陳述句來形容自己：1.想像自己是一個動物，2.能代表自己的顏色，3.一句話形容自己的感情生活。將這三句話寫在紙上，請大家開始動筆。		
五、NICE TO MEET YOU	1.徵求成員有無願意先做示範，或由催化員先做示範（視當時情況而定）。 2.用輪流的方式，讓每位成員都能平均的介紹自己。	40分	無
（指導語）	好，相信大家都已經寫完了吧，如果還沒寫完的，請你們邊寫邊聽我在說什麼。在一開始我們在製作名牌時，只有請你們將自己的名字念出來而已，所以相信彼此之間還不是很熟悉，現在就剛才所寫的三個陳述句，來向大家做更深入的自我介紹，有沒有人願意先開始呢？		
六、總結	請成員輪流說出參與第一次團體的感覺	10分	無
（指導語）	今天的活動快結束囉，想請大家和我們分享參與第一次團體的感覺，是覺得很緊張、還是很有趣，或是有不同的想法？＊＊，你要不要說說看呢？		

單元企劃書

一、單元名稱：我的過去與現在

二、單元目標：

1.讓成員說出自己對於過去感情（友情或愛情）低潮的處理方式，了解
　到自己面對感情問題的處理態度。
2.藉由以前的態度和現在自己處理感情的態度中的差別，來了解中間過
　程的轉變與情緒的變化。

三、團體次數：第二次
四、領導組：許雅蘋、張瑞鈴、李孟勳
五、團體時間：11：00～12：20
六、活動內容及進行方式：

活動名稱	活動內容	時間	準備工具
一、回顧	1.回顧第一次團體的內容 2.再邀請一個成員，幫大家複習一遍其他成員的名字。	5 分	無
（指導語）	歡迎大家參加我們第二次的小團體，在上次的團體中我們是用顏色、動物來形容自己，像＊＊和※※都說自己像貓，因為……對於彼此的名字，不知道是否已經忘記了？＊＊，可不可以請你幫大家念一遍所有成員的名字。		
二、我的過去與現在	請成員先向大家說出自己的過去經驗及處理方式，再分享圖畫內容。	65 分	①圖畫紙 ②彩色筆
（指導語）	現在我們將圖畫紙發下去給大家，請你們用畫圖的方式，畫出過去一段和朋友或情人相處的不愉快經驗，給自己的感覺像什麼？如果畫不出具體的東西，可以用顏色來呈現。 畫好之後呢，請大家分享過去的經驗和處理方式，然後再分享自己圖畫內容，以及現在如果再遇到一樣的問題，會如何面對？		
三、總結	1.請成員分享與回饋 2.領導者結語	10 分	無
（指導語）	進行到這裡，這一次的活動也接近尾聲了，大家從活動中對自己有什麼新的發現，或是有什麼感覺想說的呢？		

單元企劃書

一、單元名稱：我的改變

二、單元目標：藉由分享過往的經驗，檢視自己是否從中有所成長。

三、團體次數：第三次

四、領導組：許雅蘋、徐寧恩、李孟勳

五、團體時間：1：10～2：30

六、活動內容及進行方式：

活動名稱	活動內容	時間	準備工具
一、回顧	回顧上次的主題並給予回饋	5 分	無
（指導語）	上次的主題是分享在感情中，不管是友情或愛情的不愉快經驗，＊＊分享了……，※※也分享了……。		
二、我的改變	藉由分享過往的經驗，檢視自己是否從中有所成長。	70 分	無
（指導語）	經過兩次的團體，我想大家也已經漸漸進入狀況了，了解到何謂團體，所以我們今天不畫圖、也不寫文字，請大家想一想在你曾經交往過的對象或是好朋友中，有沒有哪一段是讓你有所改變？甚至讓你有所成長？		
三、總結	1.摘要成員之前所分享的經驗。 2.領導者給予回饋，或請其他成員給予回饋。	5 分	無
（指導語）	活動進行到這裡，不知道大家還有沒有想說的話，如果現在還沒有想到，還是沒準備好，等到第四次活動的時候，你可以再告訴我們。		

單元企劃書

一、單元名稱：知己知彼

二、單元目標：

　　1.希望能透過最後一次的活動，使成員更了解自己。

　　2.比較自己給其他成員的不同印象和觀感，並再最後做一次總回顧。

三、團體次數：第四次

四、領導組：許雅蘋、徐寧恩、張瑞鈴

五、團體時間：2：40～4：00

六、活動內容及進行方式：

活動名稱	活動內容	時間	準備工具
一、回顧	領導者摘要前次活動的主要內容	10 分	無
（指導語）	上次的活動我們主要分享的是，影響自己最深的人或事，有些人的經驗是滿類似的，像是＊＊和※※……		
二、別人是如何看你	比較自己給其他成員的不同印象和觀感	60 分	①紙 ②彩色筆
（指導語）	現在我們會發給每人一張圖畫紙和彩色筆，請你們在畫紙上寫下自己的名字，傳給其他人，然後大家在每個人的紙上，用顏色或是文字等等，描述經由三次團體後，對這個人的感覺，每個人都要寫喔。 大家手上都有屬於自己的一張「他人觀感表」，現在我們請大家和我們分享對彼此的看法。		
三、總結	請成員分享四次團體後的心理感想，是否有得到什麼收穫。	10 分	無

（指導語）	聽過大家的分享，相信在這次的主題中一定有某位成員的某件事讓你印象最深刻，或者是有其他的悸動，那現在是否還有哪位成員還要做補充或回饋的……，那這次的活動到這邊結束，謝謝大家。

自我探索團體範例七

團體企劃書

一、團體名稱：美麗人生

二、團體目標：

　　1.成員練習表達心中感受，並區分心中的我和別人看到的我的差別。

　　2.讓成員想想平日與他人的相處關係，分享自己喜歡、不喜歡的相處方式。

　　3.讓成員能分享自己的人際經驗關係，探求在人際關係上的感覺和心態，也能了解自己的轉變

　　4.讓成員自我揭露及體驗人際互動過程中的一些起伏，造成了一部分今天的自己。

三、團體性質：自我探索、封閉性

四、團體時間：9：30～16：00

五、團體地點：S204

六、團體領導組：楊瑛姿、郭毓青、李佳盈、林惠宣

七、參加人數：9人

八、指導老師：張景然老師

單元企劃書

一、單元名稱：打開心中的門

二、單元目標：

　　1.建立成員良好的互動和信任感

　　2.訂定團體規範分享團體期望

　　3.成員練習表達心中感受，並區分心中的我和別人看到的我的差別。

三、團體次數：第一次

四、領導組：郭毓青、李佳盈、林惠宣

五、團體時間：9：30～10：50

六、活動內容及進行方式：

活動名稱	活動內容	時間	準備工具
一、相見歡	1.介紹團體領導組成員 2.介紹團體性質、澄清團體目標 3.介紹進行方式	5分	主題海報
（指導語）	各位大家早，歡迎大家來參加我們美麗人生的小團體，首先先向各位介紹我們團體領導組的成員，我是領導者＊＊，其他人分別是協同領導者……。在這個團體中，我們是採多對多的互動方式，每個人都有機會說出自己的想法和感受，希望其他成員能踴躍分享自己的感受，及給對方一些鼓勵。		
二、規範樹	1.說明訂定規範的意義 2..討論基本規範	5分	①規範樹 ②樹葉 ③筆
（指導語）	我想一個團體要能順利的進行，可能需要有一些共同的規範，讓大家遵守，因為每個成員來自四面八方，大家都各自有自己的想法，然而或許彼此之間會產生一些摩擦、衝突，所以希望藉由團體規範的訂定使大家產生共識，也使得團體可以順利進行，例如：我覺得「團體保密」很重要，因為如果成員無法保密，任意把其他成員在團體中分享的經驗洩漏出去，會使得其他成員在團體中的分享有所保留，就會使團體的意義大打折扣。		

三、自我介紹	協助成員相互認識，增加成員的安全及信任感，以便團體的順利進行。	10分	無
（指導語）	接下來的活動是自我介紹，希望你們能找一樣東西代表自己，並說明為什麼。例如我是一本書，名叫＊＊，因為別人如果沒有打開我，仔細的看我就不知道裡面的我是什麼樣子。或是我是一隻小鳥，名叫＊＊，因為我喜歡自由自在、無拘無束的感覺。		
四、現實我與理想我	藉由畫圖的方式，了解自己在和朋友互動中所扮演的角色及特質。	50分	①圖畫紙 ②彩色筆 ③錄音機 ④錄音帶
（指導語）	現在我們會發給每人圖畫紙和彩色筆，請你們大家想想你們是一群很親密的朋友，在你們和朋友的互動過程中，你們所扮演的角色和擁有的特質是什麼？畫完之後，我們會請大家和我們一起分享，你們也可以從別人的分享中，了解自己所認識的自己，和別人眼中的你是相同的、還是有所差距？如果沒問題的話，現在開始畫下來。		
五、總結	摘要與回饋	10分	無
（指導語）	現在我們離結束大概還有5分鐘的時間，不知大家有沒有什麼想說的，可以說說今天第一次參加團體的感覺，說說自己對剛才活動的感覺，或任何你想說的話……		

單元企劃書

一、單元名稱：我期待的朋友

二、單元目標：

　　1.讓成員想想平日與他人的相處關係，分享自己喜歡、不喜歡的相處方

　　　式。

　　2.藉由分享，讓成員彼此能夠更加了解彼此。

三、團體次數：第二次

四、領導組：楊瑗姿、李佳盈、林惠宣

五、團體時間：11：00～12：20

六、活動內容及進行方式：

活動名稱	活動內容	時間	準備工具
一、摘要	領導者對上一次團體中成員的分享內容做適度摘要。	3 分	無
（指導語）	在第一次的團體中，相信每個人對團體都有大概的認識與了解，也藉由畫圖了解自己在朋友群中所扮演的角色，像＊＊是……。		
二、我期待的朋友（一）	讓成員想想平日與他人的相處關係，分享自己不喜歡的相處方式。	30 分	無
（指導語）	現在想請大家和我們分享在和朋友的相處過程中，你最討厭你的朋友用什麼方式對你？比方說冷漠、視而不見，或者不喜歡朋友有什麼特質？為什麼？像是我最討厭朋友對我愛理不理，因為……		
三、我期待的朋友（二）	讓成員想想平日與他人的相處關係，分享自己喜歡的相處方式。	32 分	無
（指導語）	剛才我們分享了不喜歡的相處方式的經驗，現在請分享你喜歡什麼樣的相處方式？可以說說實際的經驗，或者是在場哪一位成員的相處方式是你很喜歡的，為什麼？		
四、總結	摘要與回饋	15 分	無
（指導語）	在剛才的活動中我們總共分享了與朋友相處的兩種不同方式，一個是喜歡的相處模式，一個是討厭的相處方式，有些人的想法是一樣的，像是＊＊和○○喜歡……，不喜歡……。那麼在剛才的活動中有沒有令你感到印象深刻的地方？或者對		

	於所分享的話題，還有話想說？也可以說說對於第二次活動的感覺。

單元企劃書

一、單元名稱：我在生氣

二、單元目標：

　　1.讓成員能分享自己的人際經驗關係，探求在人際關係上的感覺和心態，也能了解自己的轉變。

　　2.讓成員自我揭露及體驗人際互動過程中的一些起伏,造成了一部分今天的自己。

　　3.希望成員在深入的分享過自己的人際經驗後,對自己能有不一樣的體認。

三、團體次數：第三次

四、領導組：楊瑷姿、郭毓青、林惠宣

五、團體時間：1：10～2：30

六、活動內容及進行方式：

活動名稱	活動內容	時間	準備工具
一、摘要	領導者對上一次團體中成員的分享內容做適度摘要。	5 分	無
（指導語）	你們好，我是這一次的領導者＊＊，在上一次的活動中我們分享了……		
二、我在生氣	讓成員自我揭露及體驗人際互動過程中的一些起伏,造成了一部分今天的自己。	55 分	無
（指導語）	這次團體的主題是「我在生氣」，我們要和大家分享有關憤怒、		

	生氣的經驗，也就是說在你的人際互動中，或多或少有一些令你負面的情緒產生，今天就來談談這個情緒。請大家想想，在你和朋友相處的過程中，有沒有什麼是事情令你非常生氣、憤怒的，甚至現在回想起來似乎還是有一樣的情緒存在，而這件事有沒有對你造成什麼影響⋯⋯		
三、總結	摘要與回饋	20分	無
（指導語）	今天我們分享了有關憤怒的經驗，當你們在回想時會不會覺得很困難？在說這些事情時，會不會有難以啟齒的地方？有沒有誰想對這次的團體成員做些回饋？或是自己有感受、想法，都可趁現在說出來。		

單元企劃書

一、單元名稱：豐收時刻

二、單元目標：

    1.藉由活動更了解自己並有所改變

    2.給予團體及成員回饋

三、團體次數：第四次

四、領導組：楊瑷姿、郭毓青、李佳盈

五、團體時間：2：40～4：00

六、活動內容及進行方式：

活動名稱	活動內容	時間	準備工具
一、摘要	使團體成員重新回顧前面三次團體，並且互相給予回饋。藉由領導組的示範，來引導成員發言，給予其他成員回饋。	60分	無
（指導語）	這是今天最後一個團體，由我和協同領導者一起帶領，這一整		

	天我們經歷了第一次團體：介紹團體規範及打開心中的門，＊＊說了……，第二次團體「我期待的朋友」……，第三次團體「我在生氣」……，以及這一次的「豐收時刻」。或許你是第一次參加團體，或許有人已經第二次參加了，但我想知道大家對這次團體的感覺，你是帶著怎樣的心情來參加小團體？所有的活動中什麼讓你印象最深刻……		
二、豐收時刻	用文字的方式寫下對其他成員的回饋	19分	①心形紙 ②筆
（指導語）	最後一整天下來，在團體中你應該對一些成員有不同的看法，現在我這裡有許多心形紙和筆，這些心代表著你們的心意，在上面寫下你想對他說的話，並給予正面回饋，當然這是你的心意，一定希望對方能開心接受，所以在你們送對方的同時，一定要深情看著對方並微笑說：「＊＊，這是我送你的。」對方也要答：「＊＊，謝謝你。」……當你看到對方送你的心意時，你有什麼感覺？		
三、總結	摘要與回饋	1分	無
（指導語）	我想你們手裡一定拿了很多人給你的愛心，相信此刻你們一定有另一種感受吧。那麼團體進行到這要結束，我要再次提醒大家，今天所分享的，絕對要保密。謝謝大家今天的參與，再見。		

自我探索團體範例八

團體企劃書

一、團體名稱：睜開你的雙眼

二、團體目標：

　　1.讓成員更瞭解自己，也能更認識彼此。

　　2.讓成員探討家人對其的影響。

　　3.讓成員在活動中能達到肯定自己。

　　4.藉著活動的進行，以達到成員的彼此回饋。

三、團體性質：封閉、自我探索團體。

四、團體時間：9：30am～4：00pm

五、團體地點：S203

六、團體領導組：陳偉君、曾敏、楊卉芬、陳瑩珊、葉容君

七、參加人數：8人

八、指導老師：張景然老師

單元企劃書

一、單元名稱：我猜我猜我猜猜猜

二、單元目標：

　　1.協助成員瞭解團體的性質與目的，以及團體主題。

　　2.訂定團體規範，以幫助團體進行。

3.藉由活動讓成員更瞭解自己，也能更認識彼此。

三、團體次數：第一次

四、領導組：陳偉君（L）、曾敏、楊卉芬（CL）

五、團體時間：9：30～10：50

六、活動內容及進行方式：

活動名稱	活動內容	時間	準備工具
一、前言與摘要	介紹領導者、協同領導者及活動主題。	5	名牌 流程海報
（指導語）	**（L 偉君）**：各位同學大家早，很高興大家都能準時來參加團體，我是這次的領導者偉君，坐在我兩邊的是曾敏和卉芬（用手表示一下），坐在你們身後方的是觀察員瑩珊和容君。在團體正式進行之前，我們先請曾敏來跟大家說明我們這次團體的主題及流程。		
（指導語）	**（CL 曾敏）**：其實啊……團體是藉由大家彼此分享經驗或探索來幫助我們成長，團體不是要教你什麼，也不是在解決問題，更不是團康活動，最重要的就是每個人都能真誠地與大家分享互動，希望大家可以盡量分享、也對其他人的分享作回饋唷！！不要只侷限在本來就很熟悉的成員身上，這樣子我們的收穫一定會更多的。我們這次團體的主題是『睜開你的雙眼——自我認同成長團體』，是關於每個人在各方面對自己的感覺、以及別人對你的感覺，希望可以藉由團體的進行，讓大家更瞭解自己也瞭解別人對你的想法。接下來讓我介紹一下今天的主要流程，大家可以看一下牆上的海報啊～～在早上 9：30～10：50，進行的第一個單元是「我猜我猜我猜猜猜」，是藉由團體中成員彼此的分享，重新認識自己也認識別人；11：00～12：20 進行的第二單元是「小蝸牛之旅」，要和大家一起分享的是關於家人對自己的一些態度或想法……下午 1：10～2：30 進行的第三單元是「叫我第一名」，想和大家一起分享彼此在各方面的表現；2：40～4：00 進行的第四單元是「筷子的秘		

	密」，主要是分享一整天下來的感想以及回饋。在這每個階段之間都會讓大家休息 10 分鐘，中午會有 50 分鐘讓你們盡情享用美味的便當。		
二、自我介紹		15	
（指導語）	**（CL 卉芬）**：那我想現在大家對彼此還不是很熟悉，也不太了解，今天一整天都要一起相處，所以就趁這個機會大家自我介紹一下，讓每個人都能認識你。 那就由我先開始好了，我叫楊卉芬，家中只有我一個小孩，因父母離異，從小給外公、外婆帶大，所以與他們感情較深厚，而我的個性是比較獨立、重朋友，有時候也蠻任性的。		
三、規範		5	規範海報 麥克筆
（指導語）	**（L 偉君）**：經過自我介紹後，相信各位對彼此都有初步的認識，為了使團體進行的更流暢，我們定了一些團體規範，並已經貼在牆壁上，大家可以看一下（給成員約看 5 秒鐘），上面我們預留了一些空間，不知是否有人有其他的想法要提出來……如果沒有，我們一起把規範唸一次好嗎？那如果有人在活動進行中突然想到的，也可以那時候再提出來和大家分享喔！		
四、特質大公開	進入主題、成員間分享。	50	特質卡片 筆 特質海報
（指導語）	**（CL 曾敏）**：現在大家對我們團體的運作都已經比較清楚了，那就讓我們開始進行第一個單元主題吧……【我猜我猜我猜猜猜—人際】。這個活動最主要就是讓成員分享彼此對彼此的感覺以及看法，那現在先請偉君把卡片發下去，這張卡片上頭有 2 個題目，請每位成員寫下 1.「別人覺得我～～，其實我～～」、2.「我的特質」，並在右下角寫下自己的名字。我們會給二分半的時間，等大家 ok 之後，我們會收回來，然後卉芬會隨機抽出一張唸出，再讓大家猜看看寫那張卡片的人是誰，

	所以千萬別讓別人偷看到你的唷！等等也別先洩了自己的底牌唷，不然就不好玩了！！ （**CL 卉芬**）：現在大家都拿到卡片了，看到第一點，寫下別人覺得你是個什麼樣的人，而其實你可能是，也可能不是這樣的人，像我，別人覺得我是一個很冷漠的人，其實我是一個很有趣的人。然後第二點就寫下自己其他的特質，想想看，如果想不到，可以參考我們提供的特質表，事後再想到也可以補上去喔！像我，我的其他特質有：話多、固執、愛玩……等等，最後呢在角落寫下自己的名字，就可以了。 （**CL 卉芬**）：那大家是不是都寫完了呢？如果寫完了，請大家對折，然後麻煩偉君幫我們收回來。
五、摘要及結語	摘要這個階段的內容和做這個階段的結束。 5
（指導語）	（**L 偉君**）：經過了剛剛的分享之後，其他成員還有沒有要補充的呢？還有沒有想要對哪位成員做回饋呢？如果沒有的話，我們第一階段的團體就先告一段落，我們的團體進行的很順利，謝謝各位用心參與。那還記得我們剛才建當的規範中有「不要遲到」這項嗎？現在我們休息十分鐘，第二階段的主題是小蝸牛之旅，希望第二階段大家都不要遲到哦！

單元企劃書

一、單元名稱：小蝸牛之旅

二、單元目標：

    1.描述家人與成員的互動關係。

    2.描述自己對家人的看法及評價。

    3.藉由活動的進行，讓成員探討家人對其的影響。

三、團體次數：第二次

四、領導組：曾敏（L）、陳瑩珊、蔡容君（CL）

五、團體時間：11：00～12：20

六、活動內容及進行方式：

活動名稱	活動內容	時間	準備工具
一、前言與摘要	介紹領導者、協同領導者及活動主題。	5	
（指導語）	**（L 曾敏）**：大家好！這個階段的領導者有我－曾敏，瑩珊還有容君，偉君和卉芬是這個階段的觀察員，不會參與我們的活動。剛剛經過上個階段，我們對彼此已經有了較深一層的認識；同時也分享了自己對自己的看法，以及彼此對彼此間的想法。不知道現在有沒有人對於上個階段的話題，想要對誰做個回饋的呀？！如果沒有的話，那麼我們現在要進入今天的第二個階段～主題是【小蝸牛之旅】，要和大家一起分享的是關於家人對自己的一些態度或想法……		
二、活動－小蝸牛之旅		70	糖果罐 糖果 筆
（指導語）	**（CL 容君）**：嗯！那麼現在請瑩珊把這個單元的道具發下去……（等成員都拿到了）現在大家應該都拿到了 3 個糖果罐和 15 顆糖果了吧！每一個糖果罐外面有貼一張紙，那是用來填寫家裡面某一位成員用的，而糖果則是用來代表那位家人對你的評價，一個罐子最多可放 5 顆糖果，像我，第一個糖果罐寫的是大姊，我覺得大姊對我的評價不錯，所以我貼了 4 顆糖果，第二個糖果罐我填的是爸爸，我覺得爸爸對我的評價不高，所以我貼上 1 顆糖果，以此類推，這樣大家都懂了嗎？可以開始了…… **（CL 瑩珊）**：那我先來（換我來）說說我寫的。我寫的是我奶奶和妹妹，我覺得我奶奶會給我 5 顆糖，我妹妹會給我 2 顆		

	糖。我會認為我奶奶對我的評價很高,是因為她常常在親朋好友前稱在我很乖、很孝順、很尊敬他。舉個例子好了,過年的時候,姑姑們都到我家來,她們幾個姊妹跟我奶奶談天,聊到小孩子時,奶奶就會一直跟姑姑們稱讚我,而且每當我回家時,她都會怕我錢不夠用,而塞零用錢給我,我覺得很高興,一方面是因為有錢可拿,一方面也因為我覺得她很關心我,擔心我在台北過的好不好。至於妹妹,大概只會給我兩顆糖果吧!因為在家中,乖寶寶的地位已經被我拿走了,在這樣的情況下,有時候她做了什麼努力,別人比較容易忽略,所以有時妹妹似乎對我帶有一些敵意,而且我們也因為觀念不合,常常吵架,所以我覺得她大概只會給我兩顆糖果。 (**L 曾敏**):我來說說我寫的好了～～我寫的是我姊,還有小阿姨,我給我姊一顆糖、小阿姨則是四顆糖。我是從小給小阿姨帶大的,給她四顆糖是因為我很佩服她那種勇於爭取權力、有點見義勇為的個性,就像有一次我去美國找她啊～～那天我們帶小 baby 去逛超市,剛好阿姨要帶 baby 去洗手間的育嬰室換尿布,卻發現育嬰室髒的連一點空間換尿布也沒有,於是她就跑去找店長理論……我覺得自己的很多想法ㄚ、個性ㄚ……都和她滿像的,也許是受到她的影響吧,讓我會比較敢爭取自己受損的權益,就像有一次在餐廳排隊買飯,竟被一個同學插隊,我也不管人有多多,就告訴他『同學,你是不是應該去後面排個隊啊?!』……		
三、摘要及結語	摘要這個階段的內容和做這個階段的結束。	5	
(指導語)	(**L 曾敏**):大家對於這次單元還有什麼想補充或想給其他人回饋嗎?經過剛剛的團體,我們可以發現……(做摘要和連結)……。 相信大家在參與這個階段的活動後,對於家人方面的互動都有一些比較不一樣的感覺了吧,希望大家在之後與家人相處時,能夠多注意他們的情緒! 那如果沒有其他問題的話,我們第二階段就在此告一個段落		

	啦！謝謝大家！！那現在是中午吃飯時間，我們已經準備了好吃的便當，請成員盡情享用。休息時間是到 1 點 20 分，請大家準時回來進行下一階段的團體唷！記得別遲到了！！

單元企劃書

一、單元名稱：叫我第一名

二、單元目標：

　　1.了解成員在各方面的表現。

　　2.讓成員在活動中能達到肯定自己。

三、團體次數：第三次

四、領導組：楊卉芬（L）、蔡容君、陳偉君（CL）

五、團體時間：13：10～14：30

六、活動內容及進行方式：

活動名稱	活動內容	時間	準備工具
一、前言與摘要	介紹領導者、協同領導者及活動主題。	5	
（指導語）	（**L 卉芬**）：我是這個單元的領導者之一——卉芬，而偉君是這個單元的另外兩位領導者，在上個單元中，我們藉由活動分享了家庭、家人對自己的想法與評價、家人對自我的影響、還有彼此間的互動。那還有沒有人想對誰做回饋的？如果沒有，那麼我們就來進行這個單元，這個單元的活動名稱是叫我第一名，我們藉著這個單元一起來分享且了解自己在各方面的表現及其滿意程度。		
二、活動——成就溫度計		70	溫度計卡筆
（指導語）	（**CL 容君**）：那麼接下來我們先進行一個小活動，就是完成		

	成就溫度計,請偉君幫忙把紙發給大家,(等大家都拿到後),我們看到這張紙上畫了五個溫度計,分別是學校課業、人際、社團、愛情還有一個空白的。現在要請大家仔細的想想看,對於自己在這幾個方面表現的滿意度是多少?分別把它們畫出來。最滿意可得十分,覺得還好可能就只得一、二分,如果沒有類似經驗那就是零分了。另外,我們還準備了一個空白溫度計,假如覺得自己還有很厲害的項目,但沒有包括在以上四種內,可以自行再補充。例如:像我寫的這張,在學業上我覺得自己表現的還好所以是四分,愛情因為沒有類似經驗所以就是零分。好吧!現在請大家開始畫了!		
三、摘要及結語	摘要這個階段的內容和做這個階段的結束。	5	
(指導語)	**(L 卉芬)**:現在也分享的差不多了,我們這個單元就先進行到這,大家可以休息 10 分鐘,上個廁所,喝杯水,10 分鐘後不要忘記回來喔!		

單元企劃書

一、單元名稱:我們之間沒有秘密

二、單元目標:

　　1.讓成員分享這次參加團體的感想。

　　2.讓成員談談對這次團體的期許。

　　3.藉著活動的進行,以達到成員的彼此回饋。

　　4.結束團體。

三、團體次數:第四次

四、領導組:陳瑩珊(L)、楊卉芬、曾敏(CL)

五、團體時間:14:40～16:00

六、活動內容及進行方式：

活動名稱	活動內容	時間	準備工具
一、前言與摘要	介紹領導者、協同領導者及活動主題。	5	
（指導語）	（**L 瑩珊**）：　大家好，我是這個單元，也就是最後一個單元的領導者－瑩珊，另外還有曾敏和卉芬也是這個階段的領導者，我們今天在第一單元時，每個成員都藉著自己與他人對自己的看法，而更瞭解自己及認識彼此，而第二個單元，大家也都一同分享自己在家中的定位，在第三單元，每一位成員也都談到自己各方面的成就與表現，一整天下來，大家都談了很多，我想大家對彼此都已經有某些程度上的瞭解了吧！		
二、活動──筷子的秘密		70	回函 回饋卡 筆
（指導語）	（**CL 卉芬**）：對啊！今天團體進行一整天了，相信大家也彼此分享、回饋了許多，那現在先請曾敏把邀請卡的回函發下去，大家要不要說說對這次團體的期許，及現在的感覺和想法，是不是有什麼落差呢？還是符合的呢？ （**L 瑩珊**）：經過了前面三個單元，在第一單元──我猜我猜我猜猜中，XX 談到自己是怎麼樣的一個人⋯⋯（做摘要和連結）⋯⋯ 而在第二單元－小蝸牛之旅中，XX 也跟我們分享了⋯⋯（做摘要和連結）⋯⋯ （**CL 曾敏**）：對呀～～在第三單元畫溫度計時⋯（做摘要和連結）⋯⋯。 活動進行了一整天，嗯～～不知道還有沒有人有話想對誰說的呀？！不管是放在心裡很久的或是突然想到的，請大家都把那些話寫下來吧，現在就請卉芬把卡片發下去，每個人都有三張卡片，一個人最多寫三張！嗯⋯⋯只要簡短的寫一二句話就可以了，別忘了寫上要回饋的那個人唷！		

	（CL 卉芬）：今天一整天下來，我們在第一階段談到了自己的個性、別人對自己的看法，第二階段則談到了與家人的互動、家人對你的影響，在第三階段我們分享了自己在各方面的成就。相信大家對自己一定更加了解了吧！那有沒有成員想說什麼還沒說，或想做補充的？		
三、摘要及結語	摘要這個階段的內容和做這個階段的結束。	5	
（指導語）	（L 瑩珊）： 那麼時間也差不多了，我們今天的團體就到此結束囉！謝謝各位！		

【人際關係團體】

▲人 際 關 係◢

團體企劃書範例

人際關係團體範例一

團體企劃書

一、團體名稱：人際關係團體

二、團體目標：

　　1.希望成員對團體的進行有基本的共識與默契，確保團體進行的穩定與流暢。

　　2.藉由選票的方式，讓成員了解不喜歡什麼特質的朋友，並藉此檢視自己。

三、團體性質：封閉性團體

四、團體時間：9：30～16：00

五、團體地點：S204

六、團體領導組：許永卉、徐君唯、章端玲、李紓恆

七、參加人數：10 人

八、指導老師：張景然老師

單元企劃書

一、單元名稱：第一印象

二、單元目標：

　　1.希望成員對團體的進行有基本的共識與默契，確保團體進行的穩定與流暢。

　　2.幫助成員互相認識減少陌生感。

三、團體次數：第一次

四、領導組：許永卉、徐君唯、章端玲

五、團體時間：9：30～10：50

六、活動內容及進行方式：

活動名稱	活動內容	時間	準備工具
一、介紹團體	說明團體進行方式及主題	5分	無
（指導語）	大家好，歡迎你們來參加我們人際關係成長團體，希望在接下來的團體中，大家不用太拘緊，大家也可以分享自己的一些經驗，或是可以給予其他成員回饋。		
二、訂定規範	希望成員對團體的進行有基本的共識與默契，確保團體進行的穩定與流暢。	10分	①圖畫紙 ②筆 ③海報紙
（指導語）	一個團體要能順利進行，訂定規範是很重要的，在我們定立規範之後，就希望成員能夠遵守，有許多的規範都非常重要，像是坦承、保密、不能做人身攻擊等等。你們現在可以想想，還有哪些規範是你認為很重要的，在你們的面前有紙和筆，將規範寫下來。想好的人就可以寫了。		
三、自我介紹	幫助成員互相認識減少陌生感	15分	①名牌 ②彩色筆
（指導語）	由於這是第一次團體你們彼此之間可能有的已經相互認識有的可能還不太了解所以我們要來做自我介紹希望等一下做自我介紹時可以說說你的姓名班級外號興趣等等那麼由我先開始好了我是今天的領導者＊＊我的外號是……我的興趣是……那大家一定會覺得很奇怪的是，坐在團體之外的人又是誰呢？他們分別是我們團體課的督導＊＊＊助教，以及觀察員，他們是將團體過程中一切的人、事、物具體清楚的觀察、紀錄、分析並回饋於團體內人員，通常是超越團體之外的，並		

	未真正參與團體活動的內容。現在我已經介紹完我自己了，有沒有人願意先開始呢？		
四、第一印象	從第一印象做分享	40 分	無
（指導語）	剛剛經由自我介紹，相信大家應該對彼此有一些認識了，所以就進入我們這次的主題——第一印象，大家可以由剛才的自我介紹，去談自己對哪位成員有比較多的印象，是什麼樣的印象，讓你印象深刻。然後我們會請成員自己做一些澄清，看看是不是真如別人所說的，還是不是那麼一回事。		
五、總結	摘要與回饋	10 分	無
（指導語）	現在距離活動結束還有十分鐘，趁這不太長的時間，想請問大家，你們第一次參加團體的感覺是什麼？有沒有覺得哪裡不適應？或是剛才還有些話，想對其他成員或是領導組說的，卻沒有機會，可以趁這個時候說出來……。好，那第一次的活動到這邊結束。		

單元企劃書

一、單元名稱：友情價值大拍賣

二、單元目標：藉由拍賣過程讓成員了結自己所喜歡與哪種特性的朋友相
　　處

三、團體次數：第二次

四、領導組：許永卉、徐君唯、李紓恆

五、團體時間：11：00～12：20

六、活動內容及進行方式：

活動名稱	活動內容	時間	準備工具
一、回顧	延續和回顧上一次的團體	5 分	無
（指導語）	經過上次的自我介紹以及第一印象我們知道……		
二、友情價值大拍賣	藉由拍賣過程讓成員了結自己所喜歡與哪種特性的朋友相處	70 分	①小卡片 ②海報 ③雙面膠
（指導語）	這次的活動是「友情價值大拍賣」，大家可以看到我手上有許多小卡片，上面是一些特質。現在協同領導者會將 10 萬元的籌碼發給你們，其中分為 1000 元、5000 元和 10000 元。等一下我會一一將手上的小卡拿出來競標，以這種方式大家一起競爭，由價高者得。如果沒有問題的話，現在開始進行拍賣。		
	好，現在拍賣結束了，我想請大家和我們分享，為什麼想買某個特質？有沒有什麼是你想買卻沒買到的……		
三、總結	摘要與回顧	5 分	無
（指導語）	那麼在剛才的活動中有沒有令你感到印象深刻的地方？或者對於所分享的話題，還有話想說？也可以說說對於第二次活動的感覺。		

單元企劃書

一、單元名稱：叫我第一名

二、單元目標：藉由選票的方式，讓成員了解不喜歡什麼特質的朋友，並藉此檢視自己。

三、團體次數：第三次

四、領導組：許永卉、章端玲、李紓恆

五、團體時間：13：10～14：30

六、活動內容及進行方式：

活動名稱	活動內容	時間	準備工具
一、回顧	領導者對上一次團體中成員的分享內容做適度摘要	5 分	無
（指導語）	在第二次的活動友情價值大拍賣，不知道有沒有讓你們聯想到人際關係中更深的層面？如果沒有的話，現在可以想想喔，因為等一下的活動跟上次的有點關聯。		
二、叫我第一名	藉由選票的方式，讓成員了解不喜歡什麼特質的朋友，並藉此檢視自己。	70 分	①印好選項的紙 ②筆
（指導語）	現在協同領導者會將紙和筆發下去，請大家開始進行票選，票選出自己最不能接受和什麼特性的人做朋友……。這些特性可能是你們在人際關係中所會遇到的，也或許你自己就有這樣的特性，所以也可藉此檢視自己。好，票選完後，你們為什麼最不能接受＊＊這種特性呢？是不是曾經有過不愉快的經驗……		
三、總結	摘要與回饋	5 分	無
（指導語）	在我們進行完這次活動之後，有沒有成員願意利用這短短的時間和我們分享，這次的活動是否讓你對自己的人際關係有更深或是特別的想法？		

單元企劃書

一、單元名稱：當我融入一個新的團體

二、單元目標：自我回想與省思之經驗分享

三、團體次數：第四次

四、領導組：徐君唯、章端玲、李紓恆

五、團體時間：14：40～16：00

六、活動內容及進行方式：

活動名稱	活動內容	時間	準備工具
一、故事的起點	利用冥想的方式回憶過去	10分	①錄音機 ②錄音帶
（指導語）	各位成員大家好，這是我們第四次回顧的團體，現在先請大家閉上眼睛，但是千萬不要睡著喔，請大家隨著圍繞在耳邊的音樂，想想剛進入大學時忐忑不安的心情，以及尋找「同好」的情形……。好，現在請大家慢慢睜開眼睛。		
二、當我融入一個 　新的團體	自我回想與省思之經驗分享	60分	①紙 ②筆
（指導語）	相信經過剛才的冥想，一定讓你們回想起許多以前的事情，現在有些問提想問問大家，希望大家能和我們一起分享你的經驗與感受：1.請你們回想當初剛踏進大學的心情與感想、2.請分享記憶中覺得印象深刻的同學，以及當時相識的情況、3.想想現在是否已經清楚了解自己的定位？且在班上有一定的朋友圈？4.是否完全適應班級氣氛，且能真摯的在團體中表現出真實的自己、5.最後為自己在班上的表現做個評分與期許。因為問題很多，所以你們可以將關鍵字，寫在現在發下去的紙上面，免得忘記。		
三、總結	摘要與回饋	10分	無
（指導語）	謝謝大家在這幾次活動中踴躍分享自己的經驗，希望這幾次團體能讓你們有收穫。剛剛聽了其他人對你的回饋，不知大家心中有什麼想法呢？是符合你對自我的認知，還是完全不符合？可以藉此來檢視自己在別人心中的形象。也感謝大家在這幾次活動中的分享，謝謝。		

人際關係團體範例二

團體企劃書

一、團體名稱：人際關係分享團體

二、團體目標：

　　1.透過活動引導成員自我探索、自我表露，協助成員再次認識自己。

　　2.透過成員彼此的回饋與挑戰，協助成員認識另外層面的自己。

　　3.經由活動協助成員體悟到彼此的不同，進而接納、尊重別人。

　　4.針對人際間非理性想法，加以討論，建立正確之人際理念。

　　5.於團體中直接練習溝通，及人際間之有效行為與技巧，以協助成員建立更自在、更愉快、更有效的人際關係。

三、團體性質：自願性（自由報名）、封閉性（全程參與）、結構性（領導者帶領）

四、團體時間：連續四週 14：30～16：00

五、團體地點：S202

六、團體領導組：吳嘉宜、王明臻

七、參加人數：7 人

八、指導老師：張景然老師

單元企劃書

一、單元名稱：認識你真好

二、單元目標：透過活動引導成員自我探索、自我表露，協助成員再次認
　　識自己

三、團體次數：第一次

四、領導組：吳嘉宜、王明臻

五、團體時間：5 月 8 日 14：30～16：00

六、活動內容及進行方式：

活動名稱	活動內容	時間	準備工具
一、領導者介紹團體	大致介紹團體	2 分	無
（指導語）	各位同學好，此刻我們能圍坐在這裡，其實真的是種相當難得的緣分，在各位的心中是因為閃過了什麼念頭，才促使你現在坐在這裡？有沒有人願意說出來和大家一起分享的呢……在團體的一開始，我想先問問大家對於小團體，你們心中有著什麼的想法？覺得小團體是什麼？ 小團體呢，指的便是像我們這樣的一群人，在真誠、互信的環境中，藉著相互的經驗、分享、聆聽和回饋，以幫助個人達成自我探索，所以在這個團體中呢，你們才是真正的主角。		
二、疊疊樂	協助成員記住所有成員姓名	10 分	無
（指導語）	現在我們要來進行一個叫做「疊疊樂」的活動，其實這個活動主要是讓彼此能熟悉大家的名字，現在先請大家依序說出自己的名字，然後大家記一下……。好，現在由我做式範，我是＊＊，第二位成員除了說出自己的名字之外，還要說出第一位成員的名字，以此類推，現在活動開始。		
三、動物大觀園	領導者協助成員作深入的自我介紹	30 分	無
（指導語）	剛才大家都把其他人的名字都記住了吧，現在「動物大觀園」的活動，要請你們決定一個代表自己的動物，這個動物能代表你的特質等等，像是我是一隻小鳥，因為我喜歡自由自在。大家都想好了嗎？如果都好了的話，那我們開始吧。		

四、規範小魚缸	希望成員對團體的進行有基本的共識與默契，確保團體進行的穩定與流暢。	8分	①魚缸海報 ②小魚圖卡 ③筆
（指導語）	我們的團體中總有一些需要大家遵守的規範，在小團體中其實最重要的是保密，這是一項大家都必須遵守的規定，另外像不要遲到，團體進行時不要吃東西，我們都希望你們能夠遵守。現在你們想想，還有哪些規範是你們覺得很重要需要遵守的，可以將它些下來。		
五、總結	摘要與回饋並發下作業	10分	無
（指導語）	現在第一次的團體快要結束了，不知道大家對於第一次的活動感覺是如何？請你們用一句話來表達此刻的心情，及對團體或個人的回饋。那麼現在協同領導者會發下一張紙，請你們回去照著上面的方式做，然後下星期帶來，這是我們下次的活動，如果沒有問題的話，那第一次團體就到這邊結束。		

單元企劃書

一、單元名稱：盾形繪圖

二、單元目標：

　　1.促進團體中美個成員了解自己、別人

　　2.確定人生目標、自我成長

三、團體次數：第二次

四、領導組：吳嘉宜、王明臻

五、團體時間：5月15日14：30～16：00

六、活動內容及進行方式：

活動名稱	活動內容	時間	準備工具
一、摘要	領導者對上一次團體中成員的分享內容做適度摘要	5 分	無
（指導語）	在正式進入這次的活動之前，我們先回顧上次的活動內容，我們介紹了每位成員的名字，並要你們找一個可以代表自己特質的動物，然後我們訂定了團體規範……		
二、盾形繪圖	請成員分享盾形圖上的問題	40 分	無
（指導語）	不知道大家有沒有忘記帶上次發給大家的盾形圖，如果沒帶，這邊還有，要是還有人還沒寫完，也請你們現在寫，但是還是希望你們能聽聽別人的分享。好，那現在有沒有人願意先分享的……		
三、總結	摘要與回饋	5 分	無
（指導語）	在今天的活動中不知道你們對哪一個印象最深刻呢？＊＊分享了……，○○也談了……，不知還有沒有成員要對這次的活動或是成員給予回饋的……，如果沒有的話那這次活動到此結束。		

單元企劃書

一、單元名稱：我所重視的特質㈠

二、單元目標：

　　1.讓成員以他們的說法為友誼下定義

　　2.舉例說明友誼的主要構成要素

　　3.讓成員可以重新思考他所重視的朋友特質，與反省自己本身的特質。

三、團體次數：第三次

四、領導組：吳嘉宜、王明臻

五、團體時間：5 月 23 日 14：30～16：00

六、活動內容及進行方式：

活動名稱	活動內容	時間	準備工具
一、摘要	領導者對上一次團體中成員的分享內容做適度摘要	3分	無
（指導語）	不知道大家對上一次團體的感覺如何啊？還記得自己說了些什麼嗎？讓我們一起來回想：＊＊提到……		
二、人形娃娃	以書寫的方式，讓其他成員了解其他成員所重視的朋友特質。	37分	①彩色筆 ②壁報紙（人形娃娃）
（指導語）	在我們和朋友相處的過程中，我們會遇到許許多多個性不一樣的朋友，而哪些朋友的特質是你很重視、喜歡的？這可能包括誠實、忠實、很樂意陪伴你、友善的、願意幫助你等等，想想看你重視哪些特質，這裡有彩色筆和用壁報紙作成的人形紙，將你們所重視的特質寫下來，然後我們會邀請你們分享。		
三、總結	摘要與回饋	10分	無
（指導語）	那麼在剛才的活動中有沒有令你感到印象深刻的地方？或者對於所分享的話題，還有話想說？也可以說說對於第二次活動的感覺。		

單元企劃書

一、單元名稱：我所重視的特質(二)

二、單元目標：

    1.讓成員以他們的說法為友誼下定義

    2.舉例說明友誼的主要構成要素

　　3.讓成員可以重新思考他所重視的朋友特質，與反省自己本身的特質。

三、團體次數：第四次

四、領導組：吳嘉宜、王明臻

五、團體時間：5 月 30 日 14：30～16：00

六、活動內容及進行方式：

活動名稱	活動內容	時間	準備工具
一、摘要	使團體成員重新回顧三次團體	3 分	無
（指導語）	各位成員大家好，這是我們第四次回顧的團體在前三次團體中我們分享了……而在這次的團體中是我們最後分享回饋的時候，不論你還有什麼之前想分享但是未能來的及說出的，都可以在這次的團體中一起分享。		
二、人形娃娃	以書寫的方式，讓其他成員了解其他成員所認為很差的朋友特質。	35 分	①彩色筆 ②人形娃娃
（指導語）	在上次的分享中，我們知道大家所重視的朋友特質有哪些，那麼這一次，我想請你們分享，認為哪些特質是很差的？像是說謊、洩密、在背後說人壞話等等，這裡有彩色筆和用壁報紙作成的人形紙，將你們所重視的特質寫下來，然後我們會邀請你們分享。		
三、總結	摘要與回饋	10 分	無
（指導語）	團體時間已經接近尾聲，今天我們彼此分享了團體相處時的經驗與感受，相信大家也都對彼此有了更多的了解，就讓我們在這裡互道祝福話語，願大家在往後的日子都能記得這樣的感覺，團體就進行到此為止。		

附錄

1.個人的座右銘：以文字表示

2.到目前爲止一生中最大的成就

3.別人能做的使你快樂的事

4.到目前爲止一生中最大的失敗

乙、個人目標

丙、目前一個人的問題

丁、倘若你的生命只到今天，希望別人對你說的三句話

班級：＿＿＿＿＿＿＿＿＿ 姓名：＿＿＿＿＿＿＿＿＿＿＿＿

(1)	(2)
(3)	(4)
(5)	(6)

人際關係團體範例三

團體企劃書

一、團體名稱：美麗人生

二、團體目標：

　　1.激發個人對他人的興趣

　　2.希望成員在分享與人交往歷程的經驗中，更能掌握自己的未來交友狀況。

　　3.與成員建立良好的互動及信任感

三、團體性質：自願性、封閉性、結構性團體

四、團體時間：9：30～16：00

五、團體地點：S204

六、團體領導組：謝儀文、陳諒玲、周婉雲、唐欣屏

七、參加人數：11 人

八、指導老師：張景然老師

單元企劃書

一、單元名稱：認識你

二、單元目標：

　　1.澄清成員對團體的期待

　　2.激發個人對他人的興趣

3.引導個人進入一整天的團體活動

三、團體次數：第一次

四、領導組：謝儀文、陳諒玲、周婉雲

五、團體時間：9：30～10：50

六、活動內容及進行方式：

活動名稱	活動內容	時間	準備工具
一、蓋章訂契約	形成團體規範激發成員向心力	10分	①彩色筆 ②壁報紙
（指導語）	大家好，歡迎你們來參加美麗人生——人際關係探索團體，在活動一開始，想問問大家為什麼會想要參加這個團體？有沒有誰願意先說的……。那麼在一個團體中，我們需要共同的規範，使團體內的成員都能遵守，像是我覺得關機很重要，因為如果團體進行到一半，突然有人的手機響起來，會使團體的氣氛被打斷，我想這是件不太好的事。現在請你們想想還有哪些規範很重要，當你們大家都同意這些規範之後，協同領導者會將它寫在壁報紙上，然後你們都要簽上自己的大名以視同意。		
二、認識你	利用活動讓成員互相接觸、彼此熟悉	60分	無
（指導語）	每一個人一生中都有幾個我們視為知己的朋友，現在假想你的同伴會成為你的知己，你要了解他什麼呢？所以現在我們兩兩一組，互相自我介紹，包括姓名、系級、年齡、家庭狀況等，自由的去了解對方……。現在我們回到團體中，要開始請你們互相介紹囉，再介紹完後，被介紹的那位要補充剛剛沒說到的地方。嗯，我想請＊＊、※※這一組先開始好了……。大家都介紹完了，相信你們彼此應該會比之前要熟悉吧。有沒有人想說說看，剛才這樣的經驗給你的感覺是什麼呢？		
三、總結	摘要與回饋	10分	無
（指導語）	現在我們離結束大概還有5分鐘的時間，不知大家有沒有什麼想說的，可以說說今天第一次參加團體的感覺，說說自己對剛		

	才活動的感覺，或任何你想說的話……

單元企劃書

一、單元名稱：美術課——朋友

二、單元目標：

　　1.讓成員們藉由畫出與朋友相處的情形，了解他們的交友狀況。

　　2.讓成員自我揭露及體驗過程中的起伏，造成一部分今天的自己。

　　3.希望成員在分享與人交往歷程的經驗中，更能掌握自己的未來交友狀況。

三、團體次數：第二次

四、領導組：謝儀文、陳諒玲、唐欣屏

五、團體時間：11：00～12：20

六、活動內容及進行方式：

活動名稱	活動內容	時間	準備工具
一、畫我人生	藉由較能吸引成員注意、興趣的活動來帶動氣氛	8分	①彩色筆 ②紙
（指導語）	現在呢，我們來進行一個有趣的算命畫，請大家在發下去的紙上，畫出山、路、太陽、房子、樹，要憑直覺畫出來，等一下我會解讀代表的意義，這只代表了你前後三個月的情況，就算不好也不用沮喪，還是有挽救的機會。		
二、朋友畫	讓成員們藉由畫出與朋友相處的情形，了解他們的交友狀況。	60分	①紙 ②彩色筆
（指導語）	這個活動還是要畫畫，不過畫的是你和朋友相處的情形，除了畫畫之外，還要寫下「朋友是……」為開頭的文章，在這裡要		

	大家畫的朋友，是在學校或外面認識和自己年齡相仿的朋友，學術一點來說就是同儕，換句話說不包括長輩跟小孩喔，而且也不能是特殊關係的男女朋友、暗戀對象喔，要是純友誼的朋友。		
三、總結	摘要與回饋	10 分	無
（指導語）	在剛才的活動中＊＊分享了……，※※也分享了……，不知還有沒有人想說些什麼呢？如果沒有的話，活動到這邊結束。		

單元企劃書

一、單元名稱：家庭樹

二、單元目標：

　　1.與成員建立良好的互動及信任感

　　2.藉由經驗分享及成員互動來探索情緒

三、團體次數：第三次

四、領導組：謝儀文、周婉雲、唐欣屏

五、團體時間：13：10～14：30

六、活動內容及進行方式：

活動名稱	活動內容	時間	準備工具
一、摘要	對前一次活動做摘要	2 分	無
（指導語）	在前一的活動中，我們經由畫圖的方式，知道你們與朋友相處的方式，像是＊＊……		
二、家庭樹	在畫圖中以不同的形式表達與家人的親疏遠近並以分享的方式說明與家人的關係，及家人在心中的地位。	55-60 分	①筆 ② A4 紙

（指導語）	接下來這個活動叫作「家庭樹」，請你們在發下去的紙上畫出一個家庭樹，樹上要有果實，樹代表家庭，而果實則代表自己及家人，你們可以用不同大小、形狀、及果實的遠近，來代表自己與家人的關係，或家人在自己心中的印象……。畫好，之後想請大家和我們分享，家中誰對我最重要？與哪個家人關係最好……		
四、總結	摘要與回饋	5-10 分	無
（指導語）	最後想請成員對這次的活動做個分享或是回饋，誰願意先說？＊＊你有沒有什麼話想說的……。好，那這次的活動就到這邊結束。		

單元企劃書

一、單元名稱：男與女

二、單元目標：

　　1.使團體中的成員了解自己心目中理想情人的典型

　　2.使團體中的成員了解男生和女生在選擇情人時不同的標準

　　3.澄清成員自己的擇偶條件並建立正確健康的擇偶標準

三、團體次數：第四次

四、領導組：陳諒玲、周婉雲、唐欣屏

五、團體時間：14：40～16：00

六、活動內容及進行方式：

活動名稱	活動內容	時間	準備工具
一、摘要	對前三次活動做摘要	5 分	無
（指導語）	在前三次的活動中，我們相互認識、訂定規範，然後了解你們與朋友相處的情形，像＊＊……，在家庭樹中，※※分享了……，◎◎分享了……。		
二、男與女	使成員了解自己心目中理想情人的典型並分享	40 分	①理想情人條件清單 ②紙 ③筆
（指導語）	現在我的手上有一份情人條件清單，請你們想想心目中理想的情人要有什麼條件？例如：我喜歡專情的情人，就將專情這個條件寫在紙上，現在開始。		
三、總結	摘要與回饋理想	30 分	無
（指導語）	現在我們團體要接近尾聲了，不知道大家是不是願意和我們分享，參加團體之前和之後是不是有什麼不同？一天活動下來，印象最深刻的是什麼？都可請大家趁現在說說看，可以用一句話或一段話來表示……。那我們的團體就要結束，再一次感謝大家的參與，如果大家都沒有其他想補充說的話，現在就和大家說 goodbye。		

人際關係團體範例四

團體企劃書

一、團體名稱：最好的夥伴

二、團體目標：

　　1.協助成員增加自我察覺

　　2.協助成員了解人際互動中的個別差異

　　3.帶領成員了解各自不同的人際衝突處理方式，並加以同理。

三、團體性質：封閉性、結構性

四、團體時間：9：30～16：00

五、團體地點：S204

六、團體領導組：劉明鳳、宋詩維、沈孟穎

七、參加人數：12人

八、指導老師：張景然老師

單元企劃書

一、單元名稱：這是我那也是我

二、單元目標：

　　1.認識團體與成員

　　2.建立團體規範使團體順利進行

　　3.協助成員增加自我察覺

三、團體次數：第一次

四、領導組：劉明鳳、宋詩維、沈孟穎

五、團體時間：9：30〜10：50

六、活動內容及進行方式：

活動名稱	活動內容	時間	準備工具
一、前言與摘要	讓成員認識、了解何謂小團體，並說明團體中成員的角色及作用，和這次的團體主題是什麼。	5 分	無
（指導語）	各位成員大家早啊，首先要非常歡迎大家參加這個小團體，我想在正式開始團體前先問問大家「不知你們知道什麼是小團體？還有在團體中每個人所需扮演的角色是什麼？」希望可以先為大家解釋說明一下，那首先先為大家說明一下團體是啥，「團體」就是指兩人或兩人以上，彼此相互互動的組合，而在團體之內包括有領導者、協同領導者。那大家一定會覺得很奇怪的是坐在團體之外的那三個人又是誰呢？他們分別是我們團體課的督導＊＊＊助教，以及兩個觀察員，他們是將團體過程中一切的人、事、物具體清楚的觀察、紀錄、分析並回饋於團體內人員，通常是超越團體之外的，並未真正參與團體活動的內容，那不知大家有沒有什麼問題？		
二、認識你	協助成員相互認識，增加成員的安全及信任感，以便團體的順利進行。	20 分	無
（指導語）	**L**：不知每個成員對彼此都認不認識，雖然大家都是社心系的同學，以及兩位新聞系的同學，但可能彼此間有的也不太熟悉，所以我想在團體的一開始，每個成員都可以藉由兩兩對彼此的自我介紹，讓所有成員都可以互相認識。等一下請每位成員低下頭，聽我的口令我喊 123Look，當我喊到 Look 時，大家一起抬頭自己選擇看某一位成員的眼睛，四目交接的兩個人即為一組，兩兩相互認識，1 分鐘後我們回到團體，彼此介紹對方給大家認識，這樣有沒有問題？		

	CL：那我介紹＊＊他是…… L：現在請各位把頭低下來…… CL：現在有沒有哪一組想要先介紹？ L：經過剛剛的活動之後，相信每個成員對彼此又更加熟悉、認識了。		
三、規範卡車	藉由成員的共同討論訂定團體規範，大家共同遵守，讓小團體可以順利進行。	5 分	①規範卡車 ②行李 ③色筆
（指導語）	L：經過剛才的自我介紹後，相信大家對身旁的朋友不再像之前那麼樣的陌生，但是一個團體要能順利的進行，可能需要有一些共同的規範，讓大家遵守，因為每個成員來自四面八方，大家都各自有自己的想法，然而或許彼此之間會產生一些摩擦、衝突，所以希望藉由團體規範的訂定使大家產生共識，也使得團體可以順利進行，現在各位看到這輛卡車是載規範行李的，它使我們的團體可以順利進行，現在我們必須將規範行李運上卡車，希望每個人運一箱上車，例如：我覺得「團體保密」很重要，因為如果成員無法保密，任意把其他成員在團體中分享的經驗洩漏出去，會使得其他成員在團體中的分享有所保留，就會使團體的意義大打折扣，所以我先搬上車，請你們想想還有哪些規範行李沒搬上車的。（由 CL 發下卡片）		
三、這是我那也是我	協助成員增加自我察覺並察覺他人眼中的自我	45 分	①紙 ②筆 ③形容詞表
（指導語）	L：團體的主題是「當　遇上　」，這是八分音符與休止符，藉不同的音符可組成好聽的曲子，但也有可能變成刺耳的噪音，而在我們真實生活中，人際關係也是如此，每一個人都有不同的性格，合則是無話不談的死黨，不合甚至可能反目成仇。所以今天我們想引導大家分享一些在人際互動中的經驗，在進入分享時刻前，我想請各位參考海報中大約 20 幾個形容詞，或其他的形容詞，寫出 3 個「你認為朋友眼中的你，或你從朋友口		

	中得知你是怎樣的人。」在寫的過程中,也想一想朋友眼中的那個我,是否就是真正的自我?		
	CL:那我覺得我是…… **L**:如果沒有問題,我們有 2 分鐘的時間,寫下朋友眼中的我是怎樣的人。(CL 發下卡片與筆)大家應該都寫完了,有沒有成員要先分享?		
三、總結	摘要與回饋	5 分	無
(指導語)	**L**:剛才的團體中我們分享了自己的經驗,也聽了別人的體驗,對各位而言一定有不同的感觸和體會。＊＊對於這次的團體你還有什麼要補充的嗎?沒有問題的話,我們第一階段的團體就先告一段落,我們的團體進行的很順利,謝謝各位用心參與。		

單元企劃書

一、單元名稱:團體中的角色

二、單元目標:

　　1.加強團體中已經建立的互動關係

　　2.繼續加強成員的自我表現

　　3.讓成員認識自己在團體中所扮演的角色

　　4.協助成員了解人際互動中的個別差異

三、團體次數:第二次

四、領導組:劉明鳳、宋詩維、沈孟穎

五、團體時間:11:00～12:20

六、活動內容及進行方式:

活動名稱	活動內容	時間	準備工具
一、團體中的我	1.增加成員自我探索的機會 2.讓成員了結人際間的個別差異	50分	①紙 ②筆
（指導語）	經過了剛剛第一階段的暖身，大家有沒有覺得比較熱了呢？有沒有覺得好像有什麼東西開始從腦袋裡冒出來呢？接下來的部分，我們想跟大家分享一下每個人在團體中所扮演的角色，我想大家應該多多少少有發現到，在分組報告或開班會的時候，有些人經常都是帶頭者，那有些人可能是淨找麻煩的人，而且在不同的團體中，你所表現出的樣子好像也不太一樣。那現在我們就來回想一下，在團體中你通常扮演什麼樣的角色呢？在什麼樣的狀況下，你又會有什麼樣的表現？現在每個人手邊都有一張紙，那我們就利用一分鐘的時間，請大家把你所想到的寫下來，等一下我們再來聽聽每個人的故事。		
二、最好的夥伴	讓成員思考不同人格特質與不同的人際互動模式	30分	無
（指導語）	經過剛剛的階段，我發現其實大家都滿了解自己的，像＊＊就很清楚指出，自己其實是不太適合做團體報告。不過我想與某些人合作做某些事情，在我們與朋友交往的過程中，應該是無法避免的。所以這個時候我就很想問大家一件事：如果你要找一個合作夥伴，你會找什麼樣的人？絕不會找什麼樣的人？為什麼？我們給大家三分鐘的時間，來思考一下這個問題。		
三、總結	摘要與回饋	2分	無
（指導語）	經過了這一個階段的活動，不知道大家是不是有什麼特別的感受？是不是發現了很多自己以前沒發現的事呢？可能很多人會覺得意猶未盡，還有很多話想說吧，不過沒關係，我們的團體才進行了一半，還有很多時間可以讓大家發言，現在大家就先休息一下，吃個飯，順便想想自己在這一個上午的時間中，是不是有什麼發現。		

單元企劃書

一、單元名稱：「怨」在心裡口難開

二、單元目標：

　　1.協助成員研究自己與朋友衝突的導因，和當時的情緒，並互做回饋。

　　2.帶領成員了解各自不同的人際衝突處理方式，並加以同理。

三、團體次數：第三次

四、領導組：劉明鳳、宋詩維、沈孟穎

五、團體時間：1：10～2：30

六、活動內容及進行方式：

活動名稱	活動內容	時間	準備工具
一、摘要	1.對前次活動做摘要，引導成員重新進入狀況。 2.使成員對團體再次產生團體動力。	3-5 分	無
（指導語）	各位成員在經過中午的休息時間後，相信大家現在都已養精蓄銳，準備好要參加我們第三階段的團體了吧。記得我們早上對於朋友眼中的自己，和自己眼中的自己兩者的差異做過比較的探究，也讓大家更加認識其他成員，以及自我了解。接下來就剛剛分享討論兩者差異所產生的衝突，做一延續的活動。		
二、「怨」在心裡口難開	1.分享過去的經驗。 2.了解成員的衝突。 3.紓解情緒了解自我。 4.自我覺察缺點與情緒。 5.經由經驗的分享，讓成員了解友情中衝突的原因及類型。	60 分	①彩色筆 ②紙卡
（指導語）	現在我們要進行的是「怨」在心裡口難開，請大家先拿彩色筆和紙卡，運用一分鐘的時間，使用不同顏色的色筆，來寫下近		

	日與朋友發生的衝突事件，看看每個人的衝突是不是有什麼相似或相異之處，並告訴我們衝突發生時的感受……，各位都寫好了嗎？那現在我們開始。		
三、總結	摘要與回饋	5-10 分	無
（指導語）	由這次的經驗分享。我們可以發現衝突的導因。多半在於個人無法清楚表達自己對朋友的在乎或是不滿所造成的。這也讓我們了解到。很多時候若能試著去對朋友以完整、清楚的表達方式，去呈現自己的意思，也許會有助於減少或避免衝突。像是團體中的＊＊和＊＊一樣，再宣洩情緒完後，還想和朋友好好溝通，也許在和朋友交往的過程中，衝突是不可避免的，但經由這樣的方式衝突，對友情的傷害可以降到最低。而在這個階段，大家對彼此都有很多的回饋，大家也慢慢了解很多衝突，不僅只有自己有，以後也更能去同理、體諒朋友吧。		

單元企劃書

一、單元名稱：讓你了解我，朋友

二、單元目標：藉由團體進入尾聲之際，由團體成員發表對其他人的看法，了解自己。

三、團體次數：第四次

四、領導組：劉明鳳、宋詩維、沈孟穎

五、團體時間：2：40～4：00

六、活動內容及進行方式：

活動名稱	活動內容	時間	準備工具
一、郵件快遞	讓成員藉由小禮物，表達自己對他人的感受。	65 分	①禮物卡②筆

（指導語）	相信大家經過了這次團體的活動之後，對於每一個人都有大概的了解，也希望能對他說些話，給團體中的成員一個適合他的禮物，雖然今天我們的禮物沒有實際的準備，但相信大家在禮物卡上寫下給他最適合的禮物，讓他能在這次活動有個屬於他個人的驚喜，大家動手吧。 （相信每一個人對於團體成員都會有屬於個人的看法，如果當成員對於禮物的選擇不足以表達其意，領導者要適時引導成員說出心中的感覺，不需侷限在所選擇的禮物上，讓成員能更有效的表達其感受。注意成員所使用的詞彙是否涉及傷害成員的自尊心，當出現這樣的言詞時，領導者要適時阻止該成員發言，並安慰被攻擊的成員。）		
二、回饋	在個人回饋之後，讓每個人對整個團體結束之前發表個人感想。	5 分	無
（指導語）	**L**：經過剛剛每個人對其他人的分享之後，相信大家一定也對於此次團體有許多感想，而現在團體即將進入尾聲了，如果還有什麼要說的，趕快把握機會喔，希望大家能用簡短的幾句話，分享一下各自的感覺。 **CL**：經過剛剛活動之後，發現大家都很勇敢，而且對於他人的想法，都很有耐心去傾聽，讓我覺得這個團體的每個人都非常 NICE，真希望團體能夠繼續進行下去。（視團體成員的深入程度，適當的讓成員發言，如果有冷漠的情況出現，則催化員須適時提出自己的看法，或是成員談話太過壟長，領導者也要適時加以阻止，希望發表的意見能在 3 到 5 句內結束。）		
三、總結	摘要與回饋	10 分	無
（指導語）	**CL**：在聽過大家對於這次團體及每個人的看法之後，相信在活動中送禮物的人一定是絞盡腦汁所想出的心意，而收到禮物的人，一定會對於所收到的這份禮物，有種特殊的感覺。並且對於自己在團體中的角色，有新的定義方式，希望藉由這次活動，讓每一個人在團體中更能了解自己、了解別人，使團體間的互動能更和諧，幫助自己人際關係的拓展。		

人際關係團體範例五

團體企劃書

一、團體名稱：薰衣草的秘密

二、團體目標：

　　1.藉由分享在日常生活過程中，讓自己感到困擾的經驗與心情，以及了解他人與自己遇到困擾時的面對過程。

　　2.了解與異性相處、互動的經驗中，可能有的壓力或情緒上的觸動。

　　3.回憶、檢視自己與家人的互動關係，並能坦承、接納自己的家人。

　　4.藉由在團體的分享，成員間彼此互相回饋與支持，為負面情緒找到抒發的出口。

三、團體性質：結構性、封閉性

四、團體時間：9：30～16：00

五、團體地點：S612

六、團體領導組：吳永暄、李縈娟、許樂樂、簡依葦、洪孟潔

七、參加人數：11 人

八、指導老師：張景然老師

單元企劃書

一、單元名稱：春風化雨

二、單元目標：

　　1.敘述困擾來源及反應。

　　2.分享讓自己感到困擾的經驗與心情。

　　3.了解他人與自己遇到困擾時的面對過程。

三、團體次數：第一次

四、領導組：吳永暄（L）、李縈娟（CL）、許樂樂（F）

五、團體時間：9：30～10：50

六、活動內容及進行方式：

活動名稱	活動內容	時間	準備工具
一、前言	讓成員認識、了解何謂小團體，並且說明團體中成員的角色以及作用。以及這次的團體主題是什麼。簡單介紹此團體的內容主軸、流程。	5'	
（指導語）	**L**：歡迎大家來參加今天的團體，這次團體的領導者是我－永暄，協同領導者是縈娟，催化員是樂樂，督導是佳樺，觀察者是依葦和孟潔，不知道大家之前有沒有參加過團體的經驗或者是對團體有什麼感覺？ ……其實所謂的團體是指二人或二人以上彼此互動以致於能使每位成員影響他人或是受他人影響。且團體內的氣氛是溫暖的、是保密的、是彼此互相支持與回饋的，所以大家可以放心並且抱著輕鬆愉快的心情來參加。 這次團體的名稱是「薰衣草的秘密」，這是一個成長團體，你們知道「薰衣草的秘密」代表是什麼意義嗎？就是希望大家來參加團體之後，能夠紓解心中的情緒，希望各位成員能夠放鬆心情，敞開心胸來分享自己的經驗。此外，今天一整天的團體內容可分為三個面向：我們談學校、兩性、家庭，希望成員們與我們談談自己的經驗。		
二、團體規範	希望藉由成員的共同討論訂定一些團體規定，大家共同遵守以便小團體可以順	5'	

	利進行。因此，活動一開始先讓成員們訂下大家共同遵守的團規後，再重複敘述一遍。		
（指導語）	**CL**：當然，在遊戲時，有遊戲規則，參與團體時，也會有團體規範。最基本的就是尊重別人。現在我們就為這個團體訂下一些規則，大家想想在團體進行時需要遵守哪些規則？……如：分享內容請保密、請關手機、請勿飲食、認真投入、積極參與。這就是我們大家所要一起遵守的規範。		
三、自我介紹	協助成員相互認識，增加成員的安全及信任感，以便團體的順利進行。領導者、協同領導者、催化員先自我介紹後，再請成員自我介紹。	10'	
（指導語）	**L**：大家了解團規後，還有一件很重要的事，就是要彼此了解認識，那現在我們來做單的自我介紹，如：我是縈娟，是口傳系大二的學生，同時我也有修輔系，我覺得我的個性很活潑、外向，目前我是在外租屋。		
四、紅色警戒	協同領導者發給成員一人一張紙，讓成員寫下在學校讓自己感到最大的兩個難題及遇到之後心理或生理的反應。請成員分享自己所寫下的事件的意義是什麼。	50'	紙原子筆
（指導語）	**L**：今天團體一開始要來談談大家進入大學後，每個人在學校所遇到的一些難題，這些難題有的你可能已經解決了或者是有的還不敢跟別人說，今天大家既然來參加團體，藉由這個機會不妨把你的難處或挫折說出來與大家分享。我們希望大家能與我們分享在學校遇到的問題，可能是你在課業、社團、人際、打工所面臨的……，現在我們要進行一個小活動，這個活動叫「紅色警戒」，大家可以把讓你覺得最大的兩個難題及遇到之後的生理或心理反應寫下。（給成員幾分鐘的時間） **CL**：相信大家都寫好了，有沒有成員要先說說自己的經驗		

	呢？……那麼我們先邀請協同領導者來說說自己的經驗。		
五、總結	成員除了分享自己的經驗，也請成員對其他成員做回饋。領導者摘要、總結第一階段小團體活動進行內容作爲結束。	10'	
（指導語）	**CL**：在剛剛的團體中，一開始讓成員們更了解團體的性質與目的。接著是團體規範的訂定，在大家訂好團體規範的守則之後，似乎更能幫助活動流程進行的流暢性。那經過剛剛「紅色警戒」的分享主題，聽過大家分享自己的經驗後，有沒有成員要對其他成員做回饋呢？或是對誰分享的經驗感到印象深刻，要做補充的？那如果沒有的話，我們這一階段的團體就到此結束了。		

單元企劃書

一、單元名稱：甜蜜的負荷

二、單元目標：

　　1.敘述曾有過與異性相處、互動的經驗。

　　2.分享相處中可能有的壓力或情緒上的觸動。

三、團體次數：第二次

四、領導組：李縈娟（L）、簡依葦（CL）、許樂樂（F）

五、團體時間：11：00～12：20

六、活動內容及進行方式：

活動名稱	活動內容	時間	準備工具
一、前言與摘要	催化員先摘要一下上個單元關於學校的壓力(來自課業、人際……)，並說明介紹此次團體的主題。	3'	

（指導語）	**催化員**：大家好，我是這一階段的領導者之一樂樂，其他還有兩位領導者，是縈娟和依葦。在上一個階段我們分享的是成員在學校遇到、發生讓自己感到最大的兩個難題及遇到之後心理或生理的反應。那麼在這一個階段我們主要分享的是關於兩性互動的經驗分享。		
二、甜蜜的負荷	由領導者說明兩性互動的模式有很多種，除了正在交往中的男女朋友，還有其他的方式 ex 有共同偏好、暗戀、曖昧不明……等等，這些種種情況都會造成壓力(外人的眼光、彼此的生活習慣不同……)，邀請成員分享自己的兩性互動經驗。	8'	
（指導語）	**L**：這個單元的名稱是「甜蜜的負荷」，是想邀請成員一同分享兩性相處的經驗，或是在相處的過程中有什麼樣的情形讓你印象深或是一直讓你覺得無法忘懷的。嗯……一談到兩性，大部分的人都會直覺性的聯想到愛情、想到兩人世界，那一定就會擔心說：那我又沒有男朋友那怎麼辦？其實與異性的互動模式可以有很多種，例如：純粹是學長但他一直對你很好，讓你有家人的感覺或者你們可能是工作夥伴，由於性別不同看待事情的角度不同，所以你對他的處世作風很欣賞或者是因而意見不合，那也可能你現在沒有戀情但你們正處於曖昧不明的態度，每一種情況(暗戀、被暗戀)都會有不同的心情……那待會就讓我們分享一下彼此的經驗。		
三、音樂愛情故事	先由催化員做具體的示範、情緒的引導、時間近者為佳，讓成員知道活動的內容及如何進行，藉由音樂讓大家回憶一下自己在兩性相處過程中曾有的經歷，然後再紙張上寫下印象深刻的事 or 物 or 遺憾……壓力來源？可能遇到的情形……。Leader 的自我揭露。	65'	音樂、白紙

	◎會討論到不同的面向 ▸ 朋友→被誤會成男女朋友 ▸ 男女朋友→變成朋友(尷尬……) ▸ 女生該不該主動？(主動又怕不被珍惜……) ▸ 男朋友 vs 朋友 vs 課業 ▸ 太熟的朋友不懂得拿捏分寸…… ▸ 當時的情緒(也許不能面對 or 逃避)→現在呢？		
（指導語）	**L**：在每個人的心理應該都有一個特別的人，也有屬於自己的故事。再與異性相處過程中會有甜蜜會有感動，也會有壓力和不開心的時候，再忙碌的生活中可能有許多大大小小不同的壓力讓你喘不過氣來，希望藉由待會的一段音樂能勾起你們心中的音樂愛情故事。那也希望成員在待會可以分享自己曾有過印象最深刻的與異性相處、互動的經驗，而在相處中所產生的壓力或情緒上的觸動、波動、影響……。		
四、總結	協同領導者對成員分享的內容做出摘要和總結，並且互相給予回饋。	4'	
（指導語）	**CL**：今天聽到大家分享了很多與異性互動的經驗與在當下時及此時此地的心情，xx 提到……。兩性相處本來就是一門深奧的學問，今天聽完大家的分享後，不曉得有沒有令你印象深刻的，希望透過今天探討的主題能夠對你在今後與異性的相處上有所助益，那我想今天的團體就到這告一段落了。		

單元企劃書

一、單元名稱：家庭溫度計

二、單元目標：

　　1.描述自己與家人的互動關係。

　　2.坦承、接納自己的家人。

三、團體次數：第三次

四、領導組：洪孟潔（L）、李縈娟（CL）、簡依葦（F）

五、團體時間：1：10～2：30 PM

六、活動內容及進行方式：

活動名稱	活動內容	時間	準備工具
一、回顧與摘要	領導者先對第一單元的學校部分做摘要；然後對第二單元的兩性部分做摘要。	8'	
（指導語）	**L**：孟潔：「大家都到齊了嗎？這個單元的領導者是我、依葦、縈娟，觀察員是樂樂、永暄。在早上的第一單元——春風化雨，大家談到了自己在學校所遇到的困擾，有 A 遇到了社團的問題；B 遇到的人際問題；C 遇到的作報告問題……，相信大家在經過彼此的分享之後，能夠較坦承的面對自己在學校所遇到的問題。」 **CL**：「接下來在第二單元-甜蜜的負荷，成員都談到自己在男性間的相處模式，有 A 與男朋友處於熱戀；或者是 B 與男朋友的分手；還有 C 與男同學的曖昧不明的關係的（有被暗戀的、暗戀別人的）；或是 D 從來就對異性沒有特殊的感覺，就像朋友一樣，或是不感興趣……等等。相信這些都是大家內心最真誠的分享，……」。		
二、家庭關係圖	1.說明在（成長過程中）與家人相處互動的種類。	2'	紙張、筆

	2.發給成員一人一張紙。		
	3.成員花 2 分鐘時間填寫。	2'	
	4.分享		
	(a)催化員（依葦）可先做示範。	60	
	(b)請成員說說自己的家庭關係圖。		
（指導語）	**L**：孟潔：「這個單元是關於家庭，家庭在我們的成長過程中，始終扮演著很重要的角色，家庭中的每個成員對自己也有很深的影響力，和家人的互動裡常常伴隨著幸福與感動，但也常常會有爭吵和摩擦出現。因為是最親近的家人，所以可以不必偽裝，可以真實表現自我，希望藉由這個單元，能幫助大家想想自己和家人的互動關係，一同分享家庭生活的經驗。」 **CL**：縈娟：「嗯……等一下每個人都會拿到一張紙（依葦把紙發下去），大家都拿到了嗎？（看看各位）這裡有一張家庭關係圖，裡面的線牽連著你和家人，線上面的文字（動詞、名詞、形容詞）是你與家人的關係和你對家人的感覺〈有一張範本〉，那大家可以把自己的家庭關係圖畫下來，寫上自己與家人的關係，現在我們花 2 分鐘的時間填寫。」 **催化員**：「（看看各位）好，時間到囉！好像還有人沒寫完，若是沒有寫完的，等一下可以用口頭補充。」大家都寫好了自己的家庭關係圖，有人願意先開始談談自己的圖嗎？ （可能沉默 10 秒鐘，沒有人願意先說，Leader 環視觀察成員的表情，看看是否有人欲言又止，若是沒有人想說，依葦先示範） **催化員**：依葦：「嗯……，那我先開始好了，這張是我的家庭關係圖，我家有 5 個成員，像我和我爸爸的關係線上寫著幽默、樂觀，因為我覺得爸爸是一個很開朗的人，他常常會逗我開心，但他有時……；而我媽媽給我的感覺是細心又嘮叨，她常常讓我覺得很緊張、很受不了，上次……（若依葦哭了……）。」 （遞面紙，大家沉默 5 秒） **L**：「不知道有人願意對依葦說些什麼鼓勵或安慰的話嗎？」（做個邀請的動作）

	（若是沒有，Leader 可適時的給予回饋鼓勵，以免依葦失控，讓成員覺得團體不溫暖，而不放心說出心理的話） **A**：「我覺得依葦很勇敢，其實我媽也是這樣，所以我能體會依葦的感覺。」 **L**：「A 很謝謝你給依葦鼓勵話，我想依葦一定覺得很溫暖。那A 你願意分享自己畫的家庭關係圖嗎？」 **A**：「嗯……，剛剛依葦說到媽媽的神經質緊張，其實……，上週我才剛跟我媽媽吵架，我媽真的很不可理論，我只是較平常晚一點回家，手機又剛好沒電了，我媽媽一聯絡不到我就生氣，回家也沒等我坐下，就開始唸人，我……（開始哭泣）」 （沉默 5 秒，有人遞面紙） **L**：「我想你一定覺得很難過，其實我也有同樣的經驗，我也有跟我母親溝通不良的時候，但是你說出來了，我覺得你好勇敢。」 **B**：「對阿！我也覺得 A 很棒，像我家是爸爸較凶，我媽是比較和藹可親的，但若是我爸，我鐵定跟他翻臉，……」 **L**：「剛剛 B 與縈娟都對 A 有一些鼓勵的話，相信還有其他的人想對 A 說的，……C 你好像有話要說，你願意說說看嗎？」 **C**：「沒有啦！我只是很驚訝 A 的媽媽會這樣，因為我見過 A 的媽媽，她看起來是很慈祥、很顧家的母親，我想 A 的媽媽只是出於關心才會這樣，因為，我媽也是個嘮叨不休的人，但是我知道她是愛我的，所以即使被唸，我也不會太生氣。」 **A**：「（情緒恢復，接著說）真的嗎？原來你媽也會這樣。」 **L**：「剛剛從 C 和 A 和依葦的分享，相信大家都能感受到家人的關心與衝突，（看看 D 沒說話）C 的分享讓 A 的到一些釋懷，相信 A 現在覺得好多了。現在還有人沒說到話的，我們優先請D 說說好了，D 你對其他人的分享有什麼感覺嗎？還是你願意分享自己得家庭關係圖呢？」 **D**：「……」		
三、總結	領導者對成員說的內容作摘要與聯結，也讓成員彼此分享、回饋與補充，對整	8'	

	個階段做總結。		
（指導語）	**L**：在這個階段聽到了許多成員分享自己與家人的互動關係，不知道大家現在心裡有什麼感覺呢？大家在與家人的互動的過程中似乎都產生了許多的衝突，現在在度回憶或許還是會難過也或許早已事過境遷，一切都雲淡風輕了。其實，家人一直是和自己是最親密的了，然而或許隨著年紀的增長，或是距離的拉遠，和家人之間的相處逐漸產生隔閡，不再看見家人對自己的關心照顧，取而代之的是對家人的抱怨甚至敵視，今天希望藉由這樣的主題分享，讓大家可以有機會讓自己的心沉澱下來，重新想想家人與自己的關係。那這一階段的團體就先到這裡結束了。		

單元企劃書

一、單元名稱：心靈 SPA

二、單元目標：

　　1.回顧今天團體個單元。

　　2.藉由互相回饋與支持，為負面情緒找到抒發的出口。

三、團體次數：第四次

四、領導組：簡依葦（L）、洪孟潔（CL）、吳永暄（F）

五、團體時間：2：40～4：00 PM

六、活動內容及進行方式：

活動名稱	活動內容	時間	準備工具
一、回顧	1.領導者先摘要前四階段內容。 2.請成員們一起回顧和分享前四階段，互給成員回饋。	25'	

（指導語）	**L**：現在進入今天團體的最後一個單元，這個單元三位領導者是我、永暄和孟潔，觀察員是縈娟和樂樂。希望大家在前面幾個單元中都有所收穫。我們一起來回顧一下今天各單元所分享的內容，在第一單元「春風化雨」中我們分享了在學校中會面臨的困擾，像○○、△△提到……，覺得……（摘要、聯結）有沒有人要補充的呢？或想給其他人回饋的？在第二單元「甜蜜的負荷」中，大家分享了自己的音樂愛情故事。有沒有人願意說說這單元印象深刻的故事或是感觸呢？○○你願意分享一下嗎？第三單元「家庭溫度計」，我們做了「家庭關係圖」，我記得當時○○有說……覺得……，那○○有沒有想再多做說明的？（摘要、聯結、回饋）		
二、把愛說出來（回饋小卡）	1.領導者發給每個人三張小卡，請大家寫下給其他成員或領導者的回饋話語。 2.請成員分享小卡內容與心情感受，以及今天參與團體的心得感想。	5' 45'	小卡片、原子筆
（指導語）	**CL**：在之前三個單元裡，我們分享了許多的經驗，或許心裡仍然有些話想說卻又不敢說，或者是來不及說的，我們現在發下三張小卡片，大家利用五分鐘的時間，把想對其他成員或是領導者說的話寫下來。大家是不是都寫好了呢？來不及寫完的，沒有關係，待會兒可以親口對他說。有沒有人願意先給其他成員或領導者回饋小卡的？(環顧成員)那我想給○○，○○，我覺得你……【示範】，還有誰也想給○○回饋小卡的呢？(或者想對他說一些話)○○，聽到△△給你的鼓勵，你有沒有什麼話想對△△說的呢？(繼續網狀互動分享回饋)有沒有人願意分享一下今天參與團體的心得呢？○○你願意說說嗎？		
三、總結	詢問成員是否有要補充的或澄清的，領導者再對四次團體作個總結，便互道再見。	5'	
（指導語）	**L**：今天一天的團體下來，我們分別談到了自己的日常生活困		

| | 擾、與異性相處的最深刻的經驗、與家人互動過程的一些經驗……（做三次團體的摘要）。在這四次的團體中，大家互相分享了彼此的一些經驗和感覺，不論你覺得它是好或不好，都是我們在人際關係互動中的一個過程，甚至是一個印象深刻的記憶。不知道進行到這邊，大家對於整個團體或是個人還有什麼想補充的呢？嗯……(停頓 5 秒)如果沒有的話，我們的團體到這邊就全部結束了，謝謝大家今天一天的參與，希望能給大家一個美好的回憶，我們的團體就到此結束了，謝謝大家。 |

人際關係團體範例六

團體企劃書

一、團體名稱：我和你和他

二、團體目標：

　　1.讓成員對於團體的進行及運作方式有所了解。

　　2.讓成員在經過四次的團體後能覺察自己會影響人際關係的人格特質。

　　3.能夠檢視自己過去與人發生衝突的事件與原因，並由成員相互給於支持。

　　4.成員能對於自己的人際關係有所知覺，並增進日後的人際關係。

三、團體性質：人際關係探索團體

四、團體時間：11 月 16、23、30 日 、12 月 07 日 14：10～15：40　共四次

五、團體地點：S204

六、團體領導組：　李欣華、楊秀君、黎煐扉、黃琮俊、顏奎勝

七、參加人數：9 人

八、指導老師：張景然老師

單元企劃書

一、單元名稱：相見恨晚

二、單元目標：

1.訂定團體公約

2.凝聚成員對於團體的向心力

3.說明團體主題「人際關係」，也讓成員有所準備。

三、團體次數：第一次

四、領導組：李欣華、楊秀君

五、團體時間：11 月 16 日 14：10～15：40

六、活動內容及進行方式：

活動名稱	活動內容	時間	準備工具
準備及熱身活動	1.請成員配合音樂選擇一個卡通人物用以代表自己，並向其他成員介紹、說明為何自己會使用這個代表的原因。 2.介紹成員及領導組。	10”	收音機、錄音帶
（指導語）	**L1**：大家好，很高興大家來參加這一個團體。那首先呢，我們想先進行一個小活動，大家有沒有聽到後面的音樂呢，待會請大家在音樂進行中，可以想想看，有哪一個卡通人物可以代表自己。 **L2**：那經過這樣一段音樂之後，大家有沒有人要說說看代表自己的是哪一個卡通人物呢？那為什麼你會用他來代表你呢？要不要說說看有哪些感覺讓你選擇他？		
訂定團體規範(規範樹)	1.說明這個團體的性質以及探問釐清成員參予團體的基本態度。 2.鼓勵成員自行說出自己對於團體所期望有的規範，並製作於葉子上， 3.由領導者統整，成員討論，發展團體規範，並貼在大樹上。	5” 10” 5”	規範樹、樹葉紙片
社交關係圖	1.說明此一活動的進行方式，及活動單。 2.活動單上的題目分別為 ▶ 那一位成員給你的感覺最親切	40”	活動單、白紙(繪圖用)、奇異筆。

	▶ 你會想和誰吐露心事 ▶ 最欣賞誰的做事風格。 3.由成員的分享中，製作團體的社交關係圖。 4.以每一個項目中獲得票數越高者分享其人格特質。 5.領導者總結，並為下周活動進行預告，發下團體溫度計。		

單元企劃書

一、單元名稱：OO 的葡萄園

二、單元目標：

    1.由別人眼中檢視自己，由自我洞察來了解自己的特質。

    2.找出人際吸引的特質，自我期許與成長。

三、團體次數：第二次

四、領導組：黎熒扉、顏奎勝

五、團體時間：11 月 23 日 14：10～15：40

六、活動內容及進行方式：

活動名稱	活動內容	時間	準備工具
生活溫度計	由成員帶回上週所發的生活問妒忌，並分享成員這一周間的生活狀況，鼓勵成員相互回饋，以了解彼此生活近況。	10"	生活溫度計表
OO 的葡萄園	1.活動說明，發給成員每人一張畫有由不同形容詞構成的葡萄園，並說明進行方式──(1)讓成員自行決定自己要	5"	葡萄園活動單(6 張)、彩色筆

	使用的標號、顏色。(2)請成員在規定的時間之中，請每一位在場的成員圈選出他眼中自己的特質，最後再由成員自己圈出自己認為最符合自己特質的葡萄。 2.以輕鬆的音樂為背景，將空間讓給成員，並在圈選中鼓勵成員可以多互動了解。 3.分享與討論， (1)請每位成員分享別人眼中看到的我有哪些特質自己又覺得自己的人格特質是哪些？ (2)每位成員最被其他人認同的特質，並由此特質給於回饋。		
我心目中的葡萄園	1.請每位成員於分享後，畫出自己認為人際吸引的人格特質有哪些？	10"	
分享與討論	1.分享自己的葡萄，並說明在經過這次活動後，為什麼會想有這個特質？ 2.對自己的期許與努力。 3.請每一位成員找出自認最重要的人格特質，共同發展出一顆葡萄。	20"	

單元企劃書

一、單元名稱：人際關係衝突篇

二、單元目標：

　　1.使成員彼此了解及分享過去不愉快經驗，從中使自我的人際關係提
　　　昇。

2.使成員勇於面對人際關係上的挫敗，增加日後的人際互動關係。

3.使成員能了解衝突對自我人際關係的影響力。

三、團體次數：第三次

四、領導組：楊秀君、黎熒扉

五、團體時間：11 月 30 日 14：10～15：40

六、活動內容及進行方式：

活動名稱	活動內容	時間	準備工具
生活溫度計	由成員分享這一周間的生活溫度計，進行分享，成員之間相互給予回饋，了解這一周間成員的生活近況。	10"	生活溫度計
幻遊——人際與衝突	1.以冥想的方式讓成員情緒進入主題，請成員調整自己的姿勢，以最輕鬆的方式感到舒適。 2.請成員仔細聆聽指導語 3.讓成員結束冥想回到團體，並開始分享過去的經驗。	25"	
坦承與分享	1.發給成員紙片，請他們紙上寫上與之爭吵的朋友姓名(不用全名，如陳00)、爭吵事件、原因，折好後一一放入回憶袋。 2.在黑板上，寫下統一的回應方式(如果我是陳 00 的朋友，我會……。) 3.領導者邀請每一位成員從回憶袋中抽取一張紙片，在成員打開紙片時，以自己的角度去回應(如果我是陳 00 的朋友，我會……。)其他成員也可以就衝突事件的原因做一些簡單的分享。 4.請大家討論一下，(備案)	40"	紙片、回憶袋、回答海報。

	(1)吵架對於自己的人際關係有什麼影響。 (2)吵架時的心情，現在回顧起來有怎樣的差異。 5.結語		

單元企劃書

一、單元名稱：人際蜘蛛網

二、單元目標：

    1.檢視團體動力，

    2.四次團體活動的回顧

    3.鼓勵成員回饋、凝聚並維持團體氣氛。

三、團體次數：第四次

四、領導組：黃琮俊、顏奎勝

五、團體時間：12 月 07 日 14：10～15：40

六、活動內容及進行方式：

活動名稱	活動內容	時間	準備工具

團體溫度計	1.領導者說明活動規則
	2.邀請成員分享在團體中的感受。
	  ▶ 在這團體中最快樂的事情
	  ▶ 在這團體中最難忘的事情
		20”	白紙、筆

人際蜘蛛網	1.說明活動規則 由領導者開始將毛線球交給在這次團體中最想分享、回饋的人，而手中要留有一個線頭，在接下來的人，也是	40”	毛線球

	將線球傳出去，慢慢形成一張網。 2.分享的內容：(1)某人在哪依次活動中 　讓我印象深刻，因為……(2)與活動內 　容相關的均可。		

人際關係團體範例七

團體企劃書

一、團體名稱：愛就醬子——人際分享團體

二、目標：

　　1.使成員重新思索與家人同儕間的互動

　　2.使成員重新思索與人際間的互動

　　3.協助成員探討成長經驗中，彼此互動的愛

三、團體性質：結構性、封閉性

四、團體時間：9：30～16：00

五、團體地點：S301

六、團體領導組：沈敬言、麥瑞淇、盧盈安、趙以真

七、參加人數：9人

八、指導老師：張景然老師

單元企劃書

一、單元名稱：對不起我不愛你

二、單元目標：使成員重新思索與家人同儕間的互動

三、團體次數：第一次

四、領導組：沈敬言、麥瑞淇、盧盈安

五、團體時間：9：30～10：50

六、活動內容及進行方式：

活動名稱	活動內容	時間	準備工具
一、前言與摘要	使成員認識何謂小團體、進行方式為何，並對團體的主題有所了解。	5分	無
（指導語）	**L**：各位同學好，此刻我們能圍坐在這裡，其實真的是種相當難得的緣分，在各位的心中是因為閃過了什麼念頭，才促使你現在坐在這裡？有沒有人願意說出來和大家一起分享的呢……在團體的一開始，我想先問問大家對於小團體，你們心中有著什麼的想法？覺得小團體是什麼？ **CL**：小團體呢，指的便是像我們這樣的一群人，在真誠、互信的環境中，藉著相互的經驗、分享、聆聽和回饋，以幫助個人達成自我探索，所以在這個團體中呢，你們才是真正的主角。 **L**：至於團體中的領導者、協同領導者與催化員，也就是我和＊＊、＊＊，則負有著使團體有效流暢進行的職責。此外，你們應該還可以發現到，在我們圍坐的這個圓圈以外的兩個人，他們分別是督導與觀察員，而他們並不會參與我們團體。此外，我們希望這次的團體能以多對多的網狀溝通來進行，也就是說……。 **CL**：在連續四週的團體中，希望我們能共同分享「愛」，在人際互動中（包括親情、友情、愛情）所呈現的各種風貌，以及它所帶給你的感覺。		
二、自我介紹	促進成員間的相互認識，進而建立起信任感，便於往後團體的順利進行。	11分	①細鐵絲 ②輕音樂 ③音響
（指導語）	由於大家都是第一次見面，又是來自不同的背景，所以如果能夠對彼此先有一定程度的認識，那麼自然也就能夠對團體產生信任感，而這對往後三週也要相處的我們而言是非常迫切需要的，因此我們要進行自我介紹的活動。我想就由我先開始吧，我叫＊＊＊，現在是＊＊系的學生……大家都看到我手上的這		

	根鐵絲吧,這是我預先設計的圖形,它和我的個性有很大的關聯性,就像你們現在所看到的,我覺得我自己……,如果沒問題的話,協同領導者現在會發鐵絲給各位,你們可以邊創作邊思考待會的自我介紹可以說些什麼,以及你所做出的圖形代表著你什麼樣的個性,大約 2 分鐘後我們就繼續像剛才那樣的自我介紹。		
三、規範樹	希望成員對團體的進行有基本的共識與默契,確保團體進行的穩定與流暢。	5 分	①規範樹 ②樹葉 ③筆數枝
(指導語)	**L**:經過了剛才的自我介紹,相信大家對身旁的朋友不再像之前那麼樣的陌生了,但是一個團體要能順利的進行,光是互相認識是不夠的,我們可能需要有一些共同的規範,且共同地來遵守,當大家對團體都有了共識,團體才能順利進行。 **CL**:團體規範大概有哪些呢,像「團體保密」就非常的重要,如果成員任意將其他成員在團體中分享的內容洩漏出去,那麼必然會對當事人帶來無謂的困擾。 **L**:現在,各位可以再想想還有哪些規範可以提出來共同遵守的,＊＊能不能請你幫我們記下來……		
四、分享時刻(對不起我,不愛你)	藉由聆聽與回饋的交流,使成員重新審視自己在人際互動中的表現,進而產生自我覺察。	40 分	海報一張
(指導語)	**L**:在正式進入分享時刻前,我想請各位為自己現在在團體中的焦慮程度評個分數,1 分代表一點也不焦慮,而 10 分便代表非常焦慮了……。接下來呢,便是我們的分享時刻,我們要分享的主題,就在這張海報上-對不起我不愛你,而為什麼「愛就醬子」的「愛」字要用愛心的圖形來取代呢?其實這個「愛」字指的是很廣義的情感,而不只是愛情而已,現在我想請各位將心裡想到的任何關於這個愛心的想法丟出來……(催化員:關心)。 **CL**:其實這個愛心代表著心意相通,代表一個人發自內心想		

	為另一個人付出，但是如果這些付出不能達到對方心深處，不但自己得不到回應，更可能遭致對方的反感。 **L**：所以今天我們要一起分享，在你身旁的某個人，也許是家人、朋友，或是你的男、女朋友，對你有所付出而你卻無法有相對感受的經驗。 **CL**：這種感受也許是不舒服的、令人生氣的…… **L**：現在，請大家慢慢把眼睛閉上……		
五、角色扮演	澄清成員心中單方面的認知，使其產生較為正向的態度。	15 分	無
（指導語）	**L**：在剛才的分享中，有什麼所說的是讓各位印象深刻的……我覺得剛才＊＊提到的讓我印象滿深刻的，＊＊你願不願意再一次和我們分享你的故事？不過這次是你擔任自己故事的導演，然後在這個團體中另外挑選演員來演出你的故事呢？		
六、總結	使團體主題前後連貫，加深成員心中的迴響。	4 分	無
（指導語）	**L**：今天的團體中我們一起分享了自己與別人的許多難忘的經驗，相信對各位而言都是種不同以往的體會，＊＊對於這次團體你有什麼想補充的嗎？ **CL**：（摘要） **L**：如果沒有問題的話，我想團體就告一段落了，今天的團體進行的相當順利，謝謝大家用心的參與。		

單元企劃書

一、單元名稱：冰點與沸點

二、單元目標：使成員重新思索與人際間的互動

三、團體次數：第二次

四、領導組：沈敬言、麥瑞淇、趙以真

五、團體時間：11：00～12：20

六、活動內容及進行方式：

活動名稱	活動內容	時間	準備工具
一、前言與摘要	詢問成員近況，延續和回顧上一次的團體，並說明此次團體的主題。	5分	無
（指導語）	**L**：經過了一個禮拜，不曉得大家還記不記得彼此的姓名，那我們先來複習一下吧，我們先請＊＊做簡短的自我介紹，然後從＊＊的右手邊開始依序自我介紹……。不知大家最近過的怎樣，先說說自己的近況吧……。大家還記不記得上次團體的主題與內容啊，讓我們先來回想一下，上週大家都說了些什麼。 **CL**：上週我們討論的是……，而＊＊提到……，現在不知大家都回想起來了嗎？ **L**：上週我們還做過焦慮指數，所以在團體正式開始之前，我想先請你們大家評估一下你們的「開放指數」，也就是請你們依照目前的狀況，評估一下你們預備在這次的團體中分享多深……。上週我們討論的主題是對不起我不愛你，而這一週我們所要討論的主題叫冰點與沸點。		
二、分享時刻	藉由主題，讓成員探討在人際相處上，自己的主動關懷未獲得回應時的心情。	40分	無
（指導語）	**L**：我們這次所要探討的主題是在和人相處上，我們很想跟某些人親近或示好時，卻慘遭對方的白眼，那種被拒絕時失望難過的心情，不曉得大家有沒有經驗過，現在希望大家回想一下當時的情境和心情，那＊＊你要不要先跟我們分享一下。		
三、烏雲走開	藉由此活動讓成員發洩情緒，並且重新整理自己的心情。	30分	①紙張 ②烏雲 ③筆

（指導語）	**L**：聽完大家分享被人拒絕時的心情，你們提到憤怒、失望和難過等情緒，現在希望你們將當時的心情寫在紙上，寫好後再請你們一一念出。現在，請你們將你們的情緒揉成紙團（領導者示範），好，現在我屬到 3 後，請大家將你們的情緒往後拋。＊＊，當你將（憤怒……）的情緒丟棄時，你的感覺是什麼？藉由丟紙團你能真的發洩嗎？ **CL**：現在大家重新整理一下自己的情緒，寫下現在最想和對方說的一句話，並且跟大家分享。		
四、總結	讓成員回憶這次團體大概，加深成員的印象。	5 分	無
（指導語）	**L**：今天聽到大家分享當朋友和家人拒絕你的關懷時的心情，＊＊提到……。人際相處本來就是一門學問，今天聽完大家的分享後，不曉得有沒有令你印象深刻的，希望透過今天探討的主題，能夠對你在今後的人際相處上有所助益，那我想今天的團體就到這告一段落了。		

單元企劃書

一、單元名稱：愛是幸福

二、單元目標：協助成員探討成長經驗中，彼此互動的愛。

三、團體次數：第三次

四、領導組：沈敬言、盧盈安、趙以真

五、團體時間：13：10～14：30

六、活動內容及進行方式：

活動名稱	活動內容	時間	準備工具
一、你好嗎	在團體正式開始前，活絡團體氣氛。	5 分	無
（指導語）	**L**：距離上次團體結束又過了一個星期了，那不知道大家這個禮拜過的怎樣？＊＊你上星期沒來，○○稍微說了一下你是因為打工的因素，那你要不要跟大家說一下你上星期的情形呢？○○和※※在上次團體中都提到關於報告的一些事情，○○是說自己報告很多，※※是說團體報告，可是大家都不做，那不知道現在都解決了沒？那不知道還有沒有成員想分享自己的近況呢？		
二、摘要	幫助成員回憶前兩週所參與過的團體內容，使其可以快速進入團體。	3 分	無
（指導語）	**CL**：在第一個禮拜分享的是「對不起我不愛你」，第二個禮拜是「冰點與沸點」，都是屬於人際方面的分享。在第一個禮拜＊＊分享了……＊＊分享了。第二週我們談到了……，那不知道有沒有成員已經把前兩週的團體內容都忘的一乾二淨了，希望聽完剛說的這些已經幫助大家回想起來了。		
三、真情指數	評估成員目前對於團體的信賴程度	2 分	無
（指導語）	**L**：大家都還記得前兩週的小團體分別做過焦慮指數及開放指數的測驗吧？今天我們要做的是舒適指數，因為團體已經進行到第三個禮拜了，可能從團體一開始的緊張、焦慮、不信任，經過了第二個禮拜的團體到現在，不知道大家在這團體中有沒有覺得越來越信任彼此，可以很放心的分享個人的經驗或是依舊很緊張不安……，希望可以透過「舒適指數」這個測驗，知道成員現在的心裡狀況。		
四、主題分享－感動（家庭或是朋友間）	藉由主題的分享，讓成員重新回憶起家人、朋友對他們的好，或是自己對於家人、朋友的好。	57 分	①圖畫紙 ②粉臘筆 ③輕音樂 ④音響
（指導語）	**催**：（冥想－閉上眼睛）現在請大家慢慢的放輕鬆，那我們今天想跟大家一同分享的是家人、朋友與自己之間一些曾經		

	讓自己很感動的經驗。 **L**：在人際的互動過程，常常充滿了許多挫折，或許使我們覺得很悲傷、難過、氣憤，這些挫折可能會影響到一整天的心情，甚至還會延續一段時間，可是若是朋友對你做過一件令你很感動的事情，或許只是小小的一件事，但是卻會令我們高興很久，所以今天和大家一起分享的是關於生活中的其他一些甜蜜的回憶，可能是你的家人或是朋友對你做過讓你最感動（窩心、印象深刻）的一件事，或是你做過最讓你的家人、朋友感動的一件事，那現在發下圖畫紙，請每個人拿一張，中間有畫筆，請大家隨便拿。那請大家將「你覺得你的家人或是朋友曾經做過讓你覺得很感動的一件事畫下來」。		
五、總結	使團體主題前後連貫，加深成員心中的迴響。	13 分	回饋小卡
（指導語）	**催**：在這個階段聽到了許多成員的分享（連結、摘要），大家現在心裡應該都覺得甜甜的吧，今天希望藉由這樣的主題分享，讓大家可以有機會讓自己的心沉澱下來，重新想想家人、朋友與自己的關係在，再度重溫那種甜蜜的回憶，希望大家可以把這種甜蜜的回憶永遠記得，尤其是日後當你遇到挫折時，不妨想想曾經覺得很甜蜜的回憶喔。 **L**：不知道今天所分享的這些主題是否已經觸動了你心中的某根弦，而大家對於今天的團體有什麼樣的感覺？最後想請每個成員利用一句話來結束今天的團體。 **CL**：那現在發下去的回饋小卡，是想請成員帶回去寫的，內容是給團體中所有成員，包括領導組的 4 位成員的一些話或是自己的感想吧，所以大家回去一共要寫 8 張回饋小卡喔。嗯，那大家記得下個星期的這個時候要來參加最後一次團體喔，當然更要記得把回饋小卡寫好帶來喔，那今天的團體就先到這裡結束了。		

單元企劃書

一、單元名稱：把愛揹回家

二、單元目標：讓成員回顧前三次的團體，互相給予回饋，了解自己在四次團體中的改變以及參與程度。

三、團體次數：第四次

四、領導組：麥瑞淇、盧盈安、趙以真

五、團體時間：14：40～16：00

六、活動內容及進行方式：

活動名稱	活動內容	時間	準備工具
一、回饋與分享 （分享時刻）	使團體成員重新回顧前面三次團體，並且互相給予回饋。藉由領導組的示範，來引導成員發言，給予其他成員回饋。	45 分	無
（指導語）	L：各位成員大家好，這是我們第四次回顧的團體，我是這禮拜的領導者＊＊。 CL：我是協同領導者＊＊，而這次團體的名稱是「把愛揹回家」，還記得在前面三次團體中＊＊分享了……＊＊講到了……嗎？上個禮拜小團體中的回饋小卡也記得嗎，而大家是不是都寫好了呢？現在都要請大家把它們拿出來，即使回去你忘了寫，或是今天沒有帶，現在在團體中一樣可以給予成員回饋喔，那麼我想現在就由我先給＊＊回饋囉。		
二、收穫指數	使成員透過活動了解並思索在四次團體的參與度以及變化	4 分	無
（指導語）	CL：經過了四個禮拜的小團體，相信每個人對於每次參與小團體的期待和心情都不一樣，這次已經是第四次的小團體了，還記得前三次小團體我們所做的焦慮指數、開放指數以及舒適指數嗎？這個星期我們要做的是「收穫指數」喔，所謂的「收		

	穫指數」，就是你們自己覺得在參與小團體之前和之後的自己有沒有什麼改變呢？1代表沒什麼改變，差別不大，10則代表改變很多。那就由我開始，順時鐘方向逐一說出自己的收穫指數。		
三、真情指數	使成員透過畫下曲線變化圖，來察覺自己在四次團體中的變化歷程。	1分	1.真情指數表 2.筆
（指導語）	Ｌ：這張表格是在這四次小團體中大家所分享的各項指數，它們分別是焦慮、開放、舒適以及收穫。那麼現在我會發給每位成員一張屬於你們自己的座標圖，我想請大家依據這張表上面的四個指數，來畫出屬於自己的曲線，就像這樣（領導者事先話好並且拿出）。畫好之後請大家放到自己面前，那就給大家一分鐘的時間喔。		
四、分享時刻	使成員藉由分享來察覺自己在四次團體中的變化歷程	25分	真情指數表
（指導語）	Ｌ：那麼現在想要請大家來分享的是在這四次的小團體中，自己的變化過程，看看自己的這張曲線圖，不論你覺得在四次團體中，自己是否漸入佳境，還是都差不多，甚至是漸漸走下坡，不論起伏是高是低，這些都是我們在團體中最真實的參與過程，所以現在我們都可以一起來分享來說說自己的曲線圖喔。（此部份結束後，由協同領導這做摘要。）		
五、總結	對團體做摘要，結束全部活動。	3分	無
（指導語）	Ｌ：在這四次的團體中，大家互相分享了彼此的一些經驗和感覺，不論你覺得它是好或不好，都是我們在人際互動中的一個過程，甚至是一個印象深刻的記憶。另外我們還有分享的是大家在四次小團體中的真情指數，我想雖然小團體只有短短的四個禮拜，但是大家都是有緣才能夠聚在這裡，這也是我們一直都很珍惜的。不知道進行到這邊，大家對於整個團體或是個人還有什麼想補充的嗎？嗯……（停頓五秒），如果沒有的話，我們的團體就到這邊全部結束了，真的非常謝謝各位成員在這四次團體過程中的用心與積極參與。		

人際關係團體範例八

團體企劃書

一、團體名稱：她他

二、團體目標：

　　1.幫助成員瞭解自己不同的特質

　　2.就話題來引發成員對情感的分別。

　　3.透過測驗探討成員對愛情的憧憬、自我認識。

三、團體性質：本團體採結構性、封閉性的兩性關係團體

四、團體時間：4 月 14 日 8：50～16：00，爲期一天，共 4 次，每次 80 分鐘。

五、團體地點：S202

六、團體領導組：立揚、曉晴、孫奕、佳田、舒芬

七、參加人數：8 人

八、指導老師：張景然老師

單元企劃書

一、單元名稱：潘朵拉的盒子

二、單元目標：

　　1.讓成員了解團體性質、目的，決定團體規範。

　　2.協助成員互相認識，並建立安全、友善、信任的團體氣氛。

3.藉由活動使成員互相接收與回饋

4.協助成員發現平日所沒注意到的一些自己的特質。

5.覺察性別角色刻板化印象及其影響

6.打破性別角色的迷思

三、團體次數：第一次

四、領導組：佳田（L）、曉晴（CL）、孫奕（CL）

五、團體時間：9：30～10：50

六、活動內容及進行方式：

活動名稱	活動內容	時間	準備工具
請你跟我這樣做	簡單介紹此團體的內容主軸、流程，及團體規範。	5-10 分	契約海報
自我介紹	1.因皆為認識的同學，故藉由自我介紹來切入主題。 2.會發給每位成員名牌。	5-10 分	名牌
潘朵拉的盒子	1.成員寫給對方有關對方的一個重要特質。自己的可不用寫) 2.然後由當事者自己唸出，看看跟自己想的有什麼不同 3.請對方發表為什麼會這樣認為 4.由此活動把主題帶入性別方面的探討。		小紙盒、小紙條
交叉性的討論	1.藉由特質的紙條使成員自我揭露，並聽聽他人的感覺。 2.根據活動的分享更清楚了解性別不應侷限於某些特質中。 3.將成員所說的看法加以反應情緒、摘要。並加以比較看法上的不同。	20-25 分	
結尾	1.每位成員說說感覺與體認	10-15 分	

	2.總結成員的看法與感覺		

單元企劃書

一、單元名稱：男女翹翹板

二、單元目標：

　　1.藉由音樂和文章來帶出男女純友誼的話題

　　2.使成員對友情及愛情的定義重新思考。

　　3.彼此交換意見。

三、團體次數：第二次

四、領導組：舒芬（L）、立揚（CL）、孫奕（CL）

五、團體時間：11：00～12：20

六、活動內容及進行方式：

活動名稱	活動內容	時間	準備工具
想一想	藉由摘要，使其回想上一次團體的感覺，並與成員討論與補充。	5-10分	
音樂&文章	1.先放這兩首音樂 2.同時請成員閱讀此文章 3.請他們發表有何想法，請他們說說他們認為的友誼和愛情的不同。 4.就此帶出男女有沒有純友誼的話題。	5-10分	①梁靜茹的「對不起，我愛你」、陶吉吉的「普通朋友」 ②李美枝教授的〈男歡女愛心

			理學〉一文的部分）
交叉性的討論	1.請成員說說在生活中是否有要好的異性朋友 2.分享與他們的相處方式 3.探討是否是基於暗戀或其他情感。	30-45 分	
結尾	1.每位成員說說感覺與體認。 2.總結成員的看法與感覺。	20-30 分	

單元企劃書

一、單元名稱：原來如此

二、單元目標：

　　1.藉由測驗使成員了解自我的愛情觀。

　　2.協助成員對自我的深層認識。

　　3.就生活的體驗提出跟大家進行討論。

三、團體次數：第三次

四、領導組：孫奕（L）、曉晴（CL）、立揚（CL）

五、團體時間：13：10～14：30

六、活動內容及進行方式：

活動名稱	活動內容	時間	準備工具
想一想	藉由的摘要，使其回想上一次團體的感覺，並與成員討論與補充。	5-10 分	
愛情指數的測驗	1.檢測成員的日常行為的愛情指數。	20-25 分	

	2.分享自己的所得到的測驗類型 3.由此活動把主題帶入日常生活方面的探討。 4.自然地自我揭露，說出自我的感覺。		咖啡情人的心理測驗
交叉性的討論	1.藉由活動的分享更深入的探討自己的日常生活表現，與別人的看法。 2.將成員所說的看法加以反應情緒、摘要。並加以比較看法上的不同。	25-40分	
結尾	1.每位成員說說感覺與體認。 2.總結成員的看法與感覺。	10-15分	

單元企劃書

一、單元名稱：迎向未來

二、單元目標：

　　1.透過小卡讓成員間能更彼此了解

　　2.使成員對自我的認識更深。

　　3.回顧團體的感覺、新的體驗。

三、團體次數：第四次

四、領導組：立揚（L）、舒芬（CL）、佳田（CL）

五、團體時間：14：40～16：00

六、活動內容及進行方式：

活動名稱	活動內容	時間	準備工具
想一想	藉由成員的摘要，使其回想上一次團體的感覺。	5-10 分	
溫馨小卡	1.每個成員透過小卡的方式，寫出今天一整天下來對其它人的感覺。(可針對一人或多人) 2.由此活動把主題帶入結尾。	5-8 分	小卡片
交叉性的討論	1.藉由溫馨小卡的分享使成員能自然地感受到別人對自己的看法 2.給予別人適時的回饋 3.說說對兩性的體驗。 4.將成員所說的看法加以反應情緒、摘要。並加以分享。	25-40 分	
結尾	1.每位成員說說對於今日活動的感受，與大家分享,總結成員的看法與感覺。 2.總結一整天活動的感想。	20-30 分	

人際關係團體範例九

團體企劃書

一、團體名稱：真心話

二、團體目標：

　　1.藉由分享過程中，覺察並了解自我在人際關係中的親密與疏離，在實際生活裡,是否與內心的期望符合，或者有所差距。

　　2.藉由與成員互動的過程中，發現自己所未察覺的部分，了解自己，並進一步改變自己。

三、團體性質：結構性、封閉性

四、團體時間：9：30～16：00

五、團體地點：S204

六、團體領導組：林莘蘭、楊佳晨、王汝宇、關穎臣、林傾伊

七、參加人數：6 人

八、指導老師：張景然老師

單元企劃書

一、單元名稱：真心話 part1

二、單元目標：

　　1.領導者說明團體的目標及團體進行中的注意事項。

　　2.成員說看到邀請函的感受與想法，是否有差距。

三、團體次數：第一次

四、領導組：林莘蘭（L）、楊佳晨（CL）、王汝宇（F）

五、團體時間：9：30～10：50

六、活動內容及進行方式：

活動名稱	活動內容	時間	準備工具
一、前言	說明團體名稱的意義。	2'	
（指導語）	**L**：各位同學好，此刻我們能圍坐在這裡，其實真的是種相當難得的緣份。在團體的一開始，我想先介紹一下和位小團體。 小團體，指的便是像我們這樣的一群人，在真誠互信的環境中，藉著相互的經驗分享、聆聽和回饋，以幫助個人達成自我探索。所以，在這個團體中呢，你們才是真正的主角。至於團體中的領導者、協同領導與催化員，則負有著使團體有效、流暢進行的職責。 **CL**：那我麼今天連續四階段的團體中，希望我們能共同分享關於「自我探索」的一些話題，讓我們除了更了解、認識自己之外，也更了解他人。		
二、暖身活動 （信任遊戲）	請每位成員選一種動物代表自己，寫在紙上，由領導者抽籤發言，讓大家猜猜是誰，並請成員說明原因，也請其他成員發表對其的看法。	25'	
（指導語）	**L**：經過剛才對於整個團體的大致說明介紹後，不知道大家對於這個團體所要探討、分享的主題是否有了大致上的了解了。沒關係我們還有今天一整天的時間可以來了解這整個團體喔。 那首先，我們先來進行一個小活動，現在發下去白紙請每位成員都拿一張，請每位成員選一種動物代表自己，寫在紙上，寫好後請交回給 L，由 L 隨機抽取讓大家猜猜是誰，並且請猜的同學也要同時說明原因，最後請其他成員分享對於被猜者與其所寫的動物之間的相關、符合程度。		
三、定契約	希望成員對團體的進行有基本的共識與默契，確保團體進行的穩定與流暢。先由成員提出對	5'	規範樹、樹葉、麥克筆

	團體的期待與應該遵守的事項,再由催化員將其寫在葉片上,並貼於規範樹上。		
(指導語)	**CL**:經過剛才的暖身活動,相信大家對身旁的朋友,不再像之前那麼樣的陌生了。但是,一個團體要能順利的進行,光是互相認識是不夠的,所以希望藉由團體規範的訂定使大家產生有共識,也使得團體可以順利進行。例如,我覺得「團體保密」很重要,因為如果成員無法保密,任意把其他成員在團體中分享的經驗洩漏出去,會使的得其他成員在團體中的分享有所保留,就會使的團體的意義大打折扣了。現在,各位可以再想想還有哪些規範可以提出來共同遵守的……。		
四、團體目標	1.領導者說明團體的目標及團體進行中的注意事項。 2.成員說看到邀請函的感受與想法,是否有差距。	45'	
(指導語)	**CL**:邀請成員分享對於初次看到團體邀請卡時,對這個團體所欲探所的主題的想法。 **L**:對於此團體的目標做一詳盡的說明並且提醒團體進行過程的一些注意事項。並且在邀請成員分享經過方才 L 對於整個團體探索主題的說明後,是否覺得與自己原始所想像的團體有所差距,探討這其中的想法、感受。		
五、結語	總結、摘要第一階段的團體過程,使團體主題前後連貫,加深成員心中的迴響。	3'	
(指導語)	**L**:在這次的團體中,我們一起分享了自己對於這個團體的想像與期待,相信對各位而言,都是種不同以往的體會。不知道有沒有成員對於這次團體有什麼想補充的嗎?如果沒有問題的話,我想團體就在此告一段落了,今天的團體進行的相當順利,謝謝大家的用心參與!		

單元企劃書

一、單元名稱：真心話 part2

二、單元目標：在團體分享過程中，去發現並了解自我在人際關係中的親密與疏離，在實際生活裡，是否與內心的期望符合，或者有所差距.在與成員互動的過程中，去發現自己所未察覺的部分，去了解自己，並進一步改變自己。

三、團體次數：第二次

四、領導組：王汶宇（L）、關穎臣（CL）、林傾伊（F）

五、團體時間：11：00～12：20

六、活動內容及進行方式：

活動名稱	活動內容	時間	準備工具
一、前言	詢問成員近況，延續和回顧上一次的團體，並說明此次團體的主題。	1'	
（指導語）	**L**：不知道大家最近過的怎樣，先說說自己的近況如何……，大家還記不記得上次團體的主題與內容啊，讓我們先來回想一下上周大家都說了些什麼。經過第一階段的暖身活動及團體目標，相信大家對團體已有了初步的了解，而成員之間也有了進一步的認識，及基本的信任，和保密的觀念，在第二、三階段就進入主題的分享。		
二、人際樹	1.由領導者解釋何為人際關係的距離，將由四大方向引導成員。 心理距離　　實際距離 　近　　　　　近 　近　　　　　遠 　遠　　　　　近 　遠　　　　　遠	2'	白紙× 6

	2.由領導者先做示範，自我揭露對與朋友間互動的親密與疏離經驗。	5'	
	3.成員分享。	62	
（指導語）	**L**：先解釋何為有人際關係的距離，並且先做示範，自我揭露與朋友間互動的親密與疏離經驗。接著邀請成員分享自己的相關經驗、感覺。		
三、摘要回饋	領導者對成員分享的內容做出摘要和總結，並且互相給予回饋，讓成員回憶這次團體大概，加深成員的印象。	10'	
（指導語）	**L**：在這次團體中，聽到大家分享自己和朋友互動間的親密與疏離的經驗，xx 提到……。人際相處本來就是一門學問，聽完大家的分享後，不曉得有沒有令你印象深刻的，希望透過這階段探討的主題能夠對你在今後人際的相處上有所助益，那我想第二階段的團體就到這告一段落了。		

單元企劃書

一、單元名稱：真心話 part3

二、單元目標：在團體分享過程中，去發現並了解自我在人際關係中的親密與疏離，在實際生活裡，是否與內心的期望符合，或者有所差距.在與成員互動的過程中，去發現自己所未察覺的部分，去了解自己，並進一步改變自己。

三、團體次數：第三次

四、領導組：關穎臣（L）、王汝宇（CL）、林傾伊（F）

五、團體時間：13：10～14：30

六、活動內容及進行方式：

活動名稱	活動內容	時間	準備工具
一、摘要	由協同領導者及領導者分別口述第一、二階段的團體內容，團體中所發生的事情、成員所分享的經驗，幫助成員回想前兩階段的團體。	7'	
（指導語）	**CL**：在前兩階段的團體中,我們一起分享了許多在友情方面的經驗和心得，像××和×××[作連結]，此時請成員一起進入回顧，在這一階段中，我們希望大家來談談自己和家人之間互動的親密與疏離。		
二、家庭人際樹	1.L 拿出自己的家庭人際樹，簡單的介紹一下自己的人際樹，作一示範。 2.成員開始貼出自己的人際樹。 3.先看看有否自願的成員沒有則請催化員作示範，邀請成員分享。	5' 4' 56'	家庭人際樹、剪刀、膠水、筆
（指導語）	**L**：不知道大家之不知道這是什麼（拿出家庭人際樹），大家要不要猜看看啊？L 說明自己所製作的家庭人際樹，家庭人際樹的作用、代表的意義是什麼。接著發給每位成員各一棵空白的家庭人際樹，請成員思索、回想自己與家人之間的關係為何，製作出屬於你們自己的家庭人際樹，那就給大家 4 分鐘的時間喔。那待會請每位成員都和大家一起分享她的家庭人際樹喔。		
三、摘要回饋	領導者對成員分享的內容做出摘要和總結，並且互相給予回饋，讓成員回憶這次團體大概，加深成員的印象。	10'	
（指導語）	**CL**：今天希望藉由這樣的主題分享，讓大家可以有機會讓自己的心沉澱下來，重新想想家人與自己的互動關係。若是發現自己怎麼與家人間的距離似乎有點距離的話那就要趕快補救把距離給消除喔喔。那第三階段的團體就先到這裡結束了。		

單元企劃書

一、單元名稱：真心話 part4

二、單元目標：在團體分享過程中，去發現並了解自我在人際關係中的親密與疏離，在實際生活裡，是否與內心的期望符合，或者有所差距。在與成員互動的過程中，去發現自己所未察覺的部分，去了解自己，並進一步改變自己。

三、團體次數：第四次

四、領導組：楊佳晨（L）、林傾伊（CL）、林莘蘭（F）

五、團體時間：2：40～4：00 PM

六、活動內容及進行方式：

活動名稱	活動內容	時間	準備工具
一、摘要	藉由簡單摘要第二、三階段的團體內容，幫助團體成員重新回想之前的分享。並且說明第四階段的團體目標。	1'	
（指導語）	**CL**：團體已步入最後一個階段了，在第二、三階段中，大家分享了在朋友和家人間的親密與疏離，在分享的過程中我們發現其實不論是親密或疏離，都會帶給我們一些情緒，所以在這一個活動，我們大家便一起來回想看看究竟在人際的互動中帶給我們哪些情緒。		
二、親密疏離情緒大交流	1.領導者發給成員情緒紙條（ex.勇氣,安全感,甜蜜,恐懼……）的桶子，並告知成員待會每人抽出一種情緒，並且依自己需求選擇要保留或賣出，若沒人買便將其丟掉。 2.桶子繞圈成員開始輪流抽，請成員想想他們要如何處置這個情緒。	20'	

	3.由催化員開始繞圈，若不要此種情緒可問其他成員是否有人要買，領導者並問其爲何要賣出或保留，然後輪流分享。 4.分享過後領導者依成員分享的內容作連結並告知其意義。		
（指導語）	**L**：現在在大家的面前有一個裝滿著情緒的桶子，桶子裡有各式各樣的情緒，待會我們會採輪流的方式請成員每人抽出一張情緒字卡，成員可以依自己本身的需求選擇將其保留或賣出，若沒人買便將其丟掉。並且請成員分享自己的感覺。		
三、回顧	帶著成員一起回想，對於四次的團體作總摘要，也再次強調團體目標，摘述團體分享的目的不在改變，而在自我察覺。	5’	
（指導語）	**CL**：在第一個階段中分享的是「對於團體的想像與期待」，第二個階段是「自己與朋友間的親密與疏離經驗」，而第三階段是「分享自己與家庭的關係」。在第一個階段中×× 分享了……，×× 分享了……；第兩、三階段中，我們分別談到了……與……，那不知道有沒有成員已經把前三階段的團體內容都忘的一乾二淨了，希望聽完剛說的這些已經幫助大家回想起來了！那在這裡我還是想再一次強調團體分享的目的不在改變，而在自我察覺。		
四、回饋	1.領導者先帶頭作回饋 2.請成員對自己或他人做回饋，對某團員印象最深刻的談話內容，對某團員印象最深刻的一句話，團體中最令你難忘的事。 （不一定每一個都要講）	20’	
（指導語）	**L**：我們這個團體進行到現在已經邁入第四個階段了，在前三個階段中，每個成員都分享了關於自己的想法、感覺、經驗。那不知道大家有沒有對其他成有所分享的內容印象最爲深		

	刻、對某團員印象最深刻的一句話,或是團體中最令你難忘的事……等……想要給予其回饋的,也可以是都可以分享喔。	
五、感性時刻	領導者拿出蠟燭,並且請協同領導者將燈關掉,然後述說自己在團體中的想法及感受,及幾次團體下來的感覺,接著請成員分享四次活動下來他們自己的感受。	30'
(指導語)	**CL**:經過了四個階段的小團體,相信每個人對於每次參與小團體的期待和心情都不一樣。也對於每次在團體中每個成員的分享都有不一樣的感受與感動,這次已經是第四次的小團體了,現在想要邀請大家分享自己在經歷這四次團體的一些感受、想法。	
五、總結	詢問成員是否有要補充的或澄清的,然後領導者再對四次團體作個總結,便互道再見。	4'
(指導語)	**L**:在這四次的團體中,大家互相分享了彼此的一些經驗和感覺,不論你覺得它是好或不好,都是我們在人際關係互動中的一個過程,甚至是一個印象深刻的記憶。另雖然小團體只有短短的四個禮拜,但是大家都是有緣才能夠聚在這裡,這也是我們一直都很珍惜的。不知道進行到這邊,大家對於整個團體或是個人還有什麼想補充的呢?嗯……(停頓 5 秒)如果沒有的話,我們的團體到這邊就全部結束了,真的非常謝謝各位成員在這四次團體過程中的用心與積極參與。	

人際關係團體範例十

團體企劃書

一、團體名稱：穿越時空礙上你

二、團體目標：

　　1.與成員建立良好的關係使其在安全的環境之下進行分享，並鼓勵成員相互支持。

　　2.促進成員檢視自我的個性、人際特質、交友類型、家庭教育背景

　　3.藉由成員彼此的經驗分享與交流，讓成員更加了解自已，並有所啓發與成長。

三、團體性質：兩性關係團體

四、團體時間：9：30～16：00

五、團體地點：S204

六、團體領導組：何思縈、簡秀瑛、林頻儒、黃坤賢、楊顯宗、林家穎

七、參加人數：12 人

八、指導老師：張景然老師

單元企劃書

一、單元名稱：戀人未滿

二、單元目標：

　　1.使成員之間能夠彼此認識

2.檢視自我的個性、人際特質、交友類型、家庭教育背景。

3.使成員能夠了解團體及進行方式

4.與成員建立良好的關係使其在安全的環境之下進行分享

三、團體次數：第一次

四、領導組：何思縈、簡秀瑛

五、團體時間：80 分鐘，9：30～10：50

六、活動內容及進行方式：

活動名稱	活動內容	時間	準備工具
自我介紹	大致介紹領導組及成員的個人資料，團體的進行方式，及團體的內容等等	20 分鐘	
（指導語）	＊對成員介紹兩性成長主題可以是非常多面向的，例如男女之間的相處，暗戀的方面，戀愛中的問題等等…… ＊詢問成員是否參加過團體，對團體的印象為何？以及為何會來參加團體。 ＊除了聽成員對團體的認識之外，領導者也會介紹團體的意義，如團體不用作筆記，給成員一個觀念就是團體並不是領導者跟成員之間的問與答希望他們可以在想分享的時候盡情的分享，希望營造一個安全的氣氛讓成員之間能有良好的互動。 ＊示範：我的名字是思縈，就讀世新大學社會心理學系三年級，是宜蘭人 ＊主要是希望知道大家的名字以及一些基本資料，作為建立關係的開始，這是第一次較為簡單的介紹)		
規範制服	經由成員間的自我介紹後，由大家一起訂立團體規範。領導組發給成員規範徽章，把他們所訂立的規範別在規範制服上。	5 分鐘	
（指導語）	＊詢問是否有其個人禁忌，不方便分享的問題		

	＊在定規範的同時可能會以較為白話的方式進行，例如：傾聽—希望成員們可以在別人分享的時候用心的聽，而且可以在適當的時候給予回饋。		
廣告單	活動一開始，經由領導者簡短說明此次團體的主題及內容，再由協同領導者示範自我介紹，之後輪到成員間彼此的自我介紹。	30 分鐘	
（指導語）	**L1**：我選擇的是遙控器，因為從小到大我所做的每一件事都是透過我媽媽的指令去做，包括對異性的態度，我媽常說女孩要有女孩子的樣子，怎麼 可以主動是示好呢？所以一直到現在即使遇到喜歡的對象，也不會主動去跟他說我喜歡他。我目前的感情狀況是零，沒有男朋友，之前曾交過 2 個男朋友，一個交往半年，另一個一年多。特別是我第二個男朋友，受到媽媽的影響很大，也因為媽媽的強烈反對而分開。 **L2**：我選擇的是牛仔褲，因為他很能代表我的個性，就是很中性的感覺，在我的生活背景就是身邊一直都有很多的男生在打轉，包括兩個哥哥，還有一大堆鄰居哥哥，我都覺得自己很像男孩子，也常常跟他們都稱兄道弟，所以對於異性之間的相處對我來說並不會太難.也由於我的個性太中性，所以一直到大學才談第一段戀愛，到現在已經四個多月，而且因為還是習慣跟別的男生打打鬧鬧的，常常造成跟男朋友之間的小摩擦 ＊由領導者及協同領導者為上一個活動做一摘要後，進而引導詢問各成員與自己的生活背景、家庭教育、人際關係有何關聯？進而觸發成員討論彼此間對異性的感覺，並說明如何與異性相處的情況。		
總　　結	藉由廣告單的活動詢問成員為何會來參加這一個團體？最後再做一個統整與摘要。	20 分鐘	
（指導語）	1.成員的個性為哪種類型，是內向還是外向,活潑還是安靜的。 ＊我的個性是比較活撥外向的，因為從小到大就是跟男生打打		

鬧鬧，對於他們就跟自己的兄弟姊妹一般不會有太大的距離

(a)個性比較內向，會常常使你不敢跟異性說話嗎？

(b)當時內心的感覺是怎樣？〈沮喪、矛盾、掙扎、怕被拒絕受傷害〉

2.交友的狀況，相處的情形等等。

*雖然我的個性非常的外向，但是我還是習慣生活在自己的小團體裡，因為這樣會讓我比較有安全感，所以造成我很少跟別的男生有更深入的交往。

(a)會想要跳出小團體，與不一樣的人多做接觸嗎？

〈一直以來都很想，但都不敢行動〉

(b)可以說說看為何不敢行動嗎？當時是怎樣的心情？

〈害怕吧！一種孤立無援的感覺，怕被拒絕排斥。〉

3.對自己的外貌或是內在是有自信的還是充滿自卑的心態。

*對於我自己總是不夠自信，因為自己太矮的原因。

(a)你覺得外貌在兩性交往中有占很重要的因素嗎？

〈對，因為第一眼看到的就是你的外表。〉

(b)你對你的外貌滿意嗎？

〈還可以，但總覺得不夠好，對自己不是很有信心！〉

(c)你覺得對自己沒有自信心是源自於哪裡？

〈家庭背景、始終沒有交到男朋友、同學的嘲笑。〉

4.家中的子女排行，男女比率等等。

*在家中我是最小的而且是唯一的女生，上面有兩個哥哥

(a)你會覺得自己的個性是怎樣的呢？

〈很中性，因為都跟男生在一起玩〉

(b)會不會沒有辦法跟男生有進一步的交往？

〈會啊！都被人家叫男人婆〉

(c)當別人這樣叫你時，有怎樣的感覺？

〈很生氣啊!因為我也很想當個好女孩〉

5.以比較的話題來引導成員進行分享。

*我的不夠自信是來自我很愛跟別人比較，比較朋友之間誰受重視多，比較很多很多。

	(a)喜歡的比較原因？
	〈因為從小爸爸媽媽都拿別人跟我做比較，使得我常常會
	去跟別人比。〉
	(b)你喜歡比較的感覺嗎？
	〈不喜歡，因為很累？〉
	(c)我想我能夠體會你的感覺。

單元企劃書

一、單元名稱：愛情大魔咒

二、單元目標：

　　1.提供成員一個舒適的空間，讓他們可以暢所欲言。

　　2.提供一個舒發的管道，成員彼此相互支持。

　　3.發現在感情這條路上的自己，是怎樣的模樣。

三、團體次數：第二次

四、領導組：林頻儒、黃坤賢

五、團體時間：80分鐘，11：00～12：20

六、活動內容及進行方式：

活動名稱	活動內容	時間	準備工具
單元回顧	做前一單元的摘要	3分鐘	
（指導語）	1領導者為第一階段作摘述，並引出第二階段的目標：		
	L1：大家好，我是這階段的領導者，我是頻儒，初次見面請		
	多多指教。		
	L2：嗯，大家好，我是坤賢。		
	L1：剛剛在外面看到大家在團體中的表現，不知道大家對團		
	體這樣的進行模式還習慣嗎？也就是彼此互相分享、給回		

	饋……（沈默 3 秒），如果大致還可以接受，那希望接下來的活動大家也能踴躍參與。（立即檢視）
	L2：那因為之後我們所要分享的內容，對某些人可能是蠻私密的，那不知道大家還記得第一單元的時候有提到保密嘛！所以為了尊重大家，也為了塑造出安全的空間，希望大家都能一起配合。那還有啊在這團體中是自由、舒服的，大家可以不用太緊張或太壓抑，有什麼意見都可以提出來討論哦，不用擔心會打斷我們……（沈默 3 秒）。（再保證）
	L1：剛剛在第一單元，好像聽到有些人對自己沒什麼自信，有些人好像受家庭影響很深，總之這些都多少影響到未來對感情的態度……(為第一單元作摘要與連結)。那我們這單元主要探討的就是自己的感情經驗，相信大家會來這裡應該就是想要分享自己感情路上的風風雨雨吧，所以待會我們會藉由一個小活動，引發出令大家最刻苦銘心的一段感情。
活動──片段的歌詞	讓成員有我們所提供的歌詞當中，選出符合他感情路上所經歷的一段深刻回憶。（挑選的過程當加上指導語） 5 分鐘
（指導語）	**L2**：相信大家多多少少都有聽歌的習慣吧！不知道大家是否曾注意過其實歌曲有時就像魔咒一樣，常不經意就勾起你一些特別又難忘的回憶、感覺和感動，有時是聽到歌的旋律有時是看到歌的歌詞，不論如何感動常是伴隨歌而來……。 那現在我們這裡也有一些歌詞和小語，大家可以試著找出令你最有感覺的一個字或一段話，然後用色筆把它畫起來，並思考一下為什麼要選這段話，是不是可以試圖用它來引發出自己最刻骨銘心的感情經驗。 **L1**：好，那時間差不多了，大家要不要試著把眼睛輕輕閉上，讓自己心情沉澱一下，回想一下自己為什麼要畫這一段話呢？是不是曾經有類似的經驗，一直在腦海裡揮之不去？是不是曾經有這樣一段感情讓自己放不下？試著回想一下當時的情形是如何？當時的感覺和現在回憶起來的感覺又有什麼樣的轉

	變？思考一下待會要怎樣把這段故事分享給大家,要怎樣表達大家才能體會你當時的心情感受……
	(目的:觀察成員的非口語行為,並讓他們重新組合思索一遍,閉眼體會舊地重遊的心情)
	<其實真正目的:1.拖時間　2.讓他們心情沈澱,給他們施壓委婉威脅待會要講多一點,不能用一兩句打混帶過>
	L1:如果大家覺得可以了,就把眼睛睜開吧!相信經過大家沈澱的思索一番,應該有比較完整的思緒了,那有人想要先分享嗎?(沈默三秒)
	L2:我挑的是……(小甘示範,敬請示目以待)
	(針對成員說詞,適時連結、反映情緒、非口語、重述、摘要…)
彼此分享	請成員分享過去在感情上的經驗。　　　　67分鐘
(指導語)	**1.母親的限制或反對**
	*對父母反對的心態有什麼樣的感覺?(不被尊重、生氣、討厭、怨恨、故意作對、叛逆、憤怒、無所謂、愧疚、難過、害怕、恐懼)
	*當時的應應之道?(繼續偷偷交往、和父母大吵一架、故意與父母唱反調、離家出走、變本加厲、聽父母的話)
	*日後與父母的態度、關係有何轉變?(和原來一樣、故意作對、造成陰影、表面上的和平、不再相信父母、故意躲避)
	(a)會不會覺得與父母很難溝通?
	(b)對這段感情感到遺憾嗎?
	(c)當時面對感情的心情?
	2.現在回想起來的心情?
	(a)現在對父母的態度?(原諒父母、依舊有嫌隙)
	(b)現在對感情的態度?(不相信愛情、對愛情有不確定感、懷疑愛是否存在、缺乏安全感)
	2.愛上不該愛的人
	*朋友的男朋友

(a)當時的心情？（難過、苦中作樂、複雜、煎熬、內疚、糾結）

(b)會不會拿自己和朋友作比較？

(c)怎麼渡過那段時間？(寂寞、故意遺忘、逃避)

(d)有沒有把當時的感覺表現給對方知道？

(e)當你們兩個獨處時，你的感覺？

(f)有沒有試圖故意暗示對方表示你的心意呢？

(g)如果今天他就在你面前，你想跟他說什麼？

＊搶人家的男朋友

(a)是因為你覺得很孤單嗎？（寂寞、害怕、恐懼、不安全感、滿足私慾、利用別人、太孤單、競爭心態、報復、心靈的滿足）

(b)當你真正和他在一起，你的心情如何？（快樂、失望、後悔、懊惱）

(c)周遭朋友是如何看待你們這段感情？

(d)你喜歡這種感覺嗎？

(e)現在你們還在一起嗎？

(f)現在的心情和以前還沒在一起時一樣嗎？

＊愛上別人都不認同的人

(a)例如：同性戀—害怕說出來，怕別人無法接受。

(b)面對他人（朋友）奇異的眼光時的感覺是怎樣的？

(c)心中會不會很愧疚或是掙扎？

(d)可以說說看你的心路歷程嗎？（接受自己、彼此）

(e)現在你和他的關係如何？

＊自己或對方移情別戀

(a)覺得你女／男朋友面對這個問題的感受是？

(b)可以試著說說當時候的情況、感受嗎？（他／她傷害了我對他的信任、對愛情產生懷疑、彼此間的感情本來就有問題、是不是我不夠好—對自己產生懷疑）

(c)當你和另一人在一起時你心裡的感受？

(d)有沒有想過是什麼原因讓感情變質？

(e)現在和另一人在一起時的感覺？

* 苦苦追求卻不得其心──表白被拒

(a)是不是會覺得自己不夠好？（也許提供支持）

(b)懷疑──女生主動表白，覺得不應該。

(c)當你表白被拒你的感覺如何？（卑微、失落、落寞、努力掩飾、試著忘記、受打擊、無法接受事實）

(d)會不會後悔表白？

(e)表白後你的心情如何？

* 與好朋友同追一個女生

(a)彼此間的猜疑、兩個人相互競爭、相比較的自卑心理

(b)影響到彼此的友情、風度背後的虛假

(c)面對彼此的感覺是怎樣的？

(d)真的喜歡這個女生還是把她當作競爭的東西？

(e)面對三個人關係的情形？

(f)覺得女孩子夾在你們中間的感覺是怎樣的？

(g)現在你們三個人的關係如何？

* 覺得愛情變質

(a)是不是有哪些地方和過去有了不同？

(b)你覺得當初的愛情是怎樣的？

(c)當情況變的不如你所想像的，是怎樣的感覺？

(d)懷疑這和我所想的愛情是不一樣的（認知失調）

(e)對方是不是也覺得愛情變質？

(f)現在與對方相處的感覺？

(g)有沒有想過是什麼時候改變的？

(h)是因為自己還是對方變了？

(i)兩人對愛情的看法一樣嗎？

* 網戀幻想破滅

(a)當對方和想像的不一樣，你的感覺如何？

(b)現在還會相信網戀嗎？

(c)會不會有種被欺騙的感覺

(d)還有繼續和對方連絡嗎？

	(e)自己是不是也曾騙過對方？		
	(f)當兩人只靠網路談情，你的感覺？		
	＊很想交男朋友卻沒人追		
	(a)是不是生活圈太小了？		
	(b)當身邊的朋友都有人陪，你的心情如何？		
	(c)遇到心儀的對象你會有什麼行動？		
	(d)有沒有想過是什麼原因讓你沒人追？		
	(e)自己對自己的評價？		
	(f)家人對你的交友態度？		
	(g)自己的個性如何？		
	(h)與周遭的互動如何？		
	Ⓐ受家庭影響──沒自信、佔有慾強、極度沒安全感		
	Ⓑ自己的原因──個性、情緒化、外在、內在、沒有錢		
結束摘要	將本單元的重點作回顧	5分鐘	
（指導語）	**L1**：作摘要、連結。 **L2**：那我們這一個階段就到這裡結束。那等一下是吃飯和午休時間。希望大家能充分休息，下一階段的時間是1：10分，希望大家能準時。好，那大家就好好休息囉！		

單元企劃書

一、單元名稱：真愛『絆』我行

二、單元目標：

    1.探索成員對感情態度的背後真正原因。

    2.藉由成員彼此的經驗分享與交流，讓成員更加了解自己，並有所啟發與成長。

    3.塑造出安全自在的空間讓成員暢所欲言。

三、團體次數：第三次

四、領導組：楊顯宗、林頻儒

五、團體時間：80 分鐘，13：10～14：30

六、活動內容及進行方式：

活動名稱	活動內容	時間	準備工具
單元回顧與介紹	1.午後一開始，先由領導者帶領伸展操活絡筋骨，並讓成員更換位置。 2.領導者為上午的單元作簡短摘要與總結，並開啟此單元的目標。	5 分鐘	
（指導語）	**L**：現在大家剛吃飽飯，所以希望大家能起來動一動，幫助消化，而且，希望大家起來換一下位子。 **M**：那我們要如何換呢？ **L**：那就斜角換吧。		
深入探索與分享	1.希望藉由剛才的摘要與回顧，勾起成員上午未表達的情緒。 2.深入探討影響成員感情處理的態度，最大原因是來自於何處（以家庭或個性為切入點）。	60 分鐘	
（指導語）	舉例：(前題：延續第二單元　　62 分) **M**：我覺得我在交男友前，我會想很多，因為我會覺得不安全感的存在。 **L**：聽到甲這樣的說法，乙你好像也有相同的感覺，你要不要說說看？ **M**：我也覺得交男朋友會有不安全感的存在，我會害怕他會選擇比我更漂亮的女生，當有非常漂亮的女生走過去的時候，我會注意他是否有看這一個女生，我真得感到不安全。 (前題：此單元是延續第二單元，如果第二單元未進行完成，這一單元將繼續去探討，但這一個單元是比較針對成員的內心及造成有阻礙的原因，舉凡家庭或是自己對自己沒自信心等。		

	我們也會把第一單元和第二單元想探討的感情面拉到這一單元來帶)		
畫紙娃娃說秘密	1.當成員分享完,請他們在娃娃背後寫下:影響自己最深的人,和想對他說的一句話。	10分鐘	
(指導語)	【示範1】對於父母親干涉自己交友情況(不希望父母親對自己的朋友作選擇) L:上一個單元你說自己的母親都會為你選擇朋友,聽起來你好像不喜歡你母親這樣的做法? M:對啊!我真的很不喜歡我母親限定我這樣。 L:那如果你母親現在就在你面前,對於交友這樣的事情,你會如何跟她說? 【示範2】對自己心中那個我說話(a我希望自己不用再為這段傷心的感情再難過下去,希望自己能活得更快樂 b對自己能更有自信 c我能夠獨立處理感情的事) L:在上一個單元中,你說對自己的外表非常的沒有自信,即使對於非常喜歡的人,你也不太敢去告白,因為怕被拒絕。 M:對,我真的對自己外貌非常沒有自信,如果我有像金城武這樣的外貌,我就不會不向他表白了。 L:那假使有另一個沒有自信的你站在你前面,你會對他說什麼? 【示範3】對現在的男女朋友說(很沒有安全感‧對自己沒有自信‧害怕失去‧現在男朋友很花心) M:我覺得現在這個男友給我很大的不安全感? L:是怎樣的情況讓你有這不安全的感覺? M:我很害怕失去他? L:聽起來你好像很恐懼你男友離你而去? M:對。 L:假使你男友就在你面前,你最想對他說的一句話是什麼? 【示範4】對朋友說		

	part1.對不起		
	M：我覺得很愧欠於我的朋友，因爲我和他的男友正在交往。		
	L：我能夠體會你現在的感覺。那如果你朋友就在你面前，你最想對他說什麼？		
	【示範 5】對傷害我或影響我最大的那一個人講(a.自己變得較有自信 b.我現在遇到 更好的了)		
	M：我真得很難過，我覺得自己很笨，表白被拒絕就算了，和他相遇的時候很尷尬，我真的很嘔。		
	L：我能體會你現在的心情。假如他現在就出現在你面前，你想對他說什麼？		
小結	領導者爲此單元作結論與摘要，並引導成員到下一單元。	5 分鐘	
（指導語）	**L**：成員是否有想說的話或想補充的。		

單元企劃書

一、單元名稱：我們都要幸福

二、單元目標：

　　1.提供成員一個舒適的空間，讓他們可以暢所欲言。

　　2.讓成員重新肯定自己。

　　3.檢視成員此刻的感覺，與前三單元的自己的轉變。

　　4.鼓勵成員經驗分享與回饋。

三、團體次數：第四次

四、領導組：黃坤賢、林家穎

五、團體時間：80 分鐘，14：40～16：00

六、活動內容及進行方式：

活動名稱	活動內容	時間	準備工具
單元回顧	1.一開始領導者及協同領導者分別簡短為成員總結前三單元，並詢問成員在前三單元是否有想說卻未說出的事情。 2.檢視此刻的自己與之前經驗分享中的自己有何情緒上的轉變。	50 分鐘	
（指導語）	**一、單元回顧**：一開始領導者及協同領導者分別簡短為成員總結前三單元，幫助成員回到之前的情景，並詢問成員在前三單元是否有想說卻未說出的事情，讓成員完成未完成的事件。 1.第一單元——L2 在第一單元裡面，我們進行了廣告單的活動，我記得……。不知道有沒有人在這個單元裡面對誰特別有印象想要說出來跟大家分享的，還是有沒有什麼議題在第一單元裡面你一直沒有機會發表，想要趁這個機會說出來的。(沉默數秒，等成員主動發表。) 2.第二單元——L1 我記得在愛情大魔咒這個單元裡面，主要是說到每個人暗戀的經驗，其中有一點我印象很深刻，…… 3.第三單元——L1：在剛才，大家分享了……其中 ×× 剛才好像有什們話想想說卻沒有說出來，要不要在這個時候說說看……。 ※在做完各單元的摘要後，我們會試著檢視對前三單元深刻經驗的感覺，與此時此刻（經由前幾單元的洗禮）感覺的比較。		
回饋——給色紙	領導者請成員挑選出四位最想給予回饋的人，在色紙上寫下一天下來最想對他們說的話。	30 分鐘	
（指導語）	**L1**：在經過一整天的活動下來之後，相信大家一定對彼此有一定程度的了解，接下來我們要進行的活動就是給顏色活動。在中間有許多顏色的色紙，現在想請大家在團體成員中先選出四位一整天下來讓你印象最深刻的人、或是你最想跟他說些什		

麼話的人，分別為他們挑選他們最適合的顏色，然後在色紙背面寫下想跟他說的話，也許是鼓勵、感謝、祝福的話，用簡短的一句話寫下來。

L2：基本上，我們以四個人為限，但是若是你想多寫給一些人或是也想寫給領導組的成員，當然也是可以的，不過，我們只給大家三到五分鐘的時間讓大家寫，所以請大家就先四個人為限，如果大家真的還是想多寫給其他人，在團體結束之後，你們還是可以向我們拿色紙去寫。

L1：沒錯，那我們現在就開始吧。

(4分鐘後)

L1：那我們時間差不多了，就請大家將寫好的色紙傳給你所寫好的對象。(等成員都分好)

L2：那大家都拿到別人寫給你的色紙了，也應該都差不多看到別人所寫的內容了，有沒有人要問一下對方為什麼給你這個顏色的？(沉默數秒)成員彼此互相回饋。

※可能問到的問題：

　①你發現此時此刻的妳跟兩三個小時前的妳有什麼不一樣

　②是否有多認識到之前自己所不知道自己的部分

　③是否有些什麼話你想說，可是在之前卻沒有機會說出來的？

　④在這一天下來，有沒有你印象最深刻或最難忘的一件事，或一句話？

人際關係團體範例十一

團體企劃書

一、團體名稱：我們這個「家」

二、團體目標：

　　1.澄清成員對團體的概念

　　2.察覺家庭氣氛，增進個人對家的知覺。

　　3.藉由成員互相的分享與揭露，達到彼此給予支持回饋的互動。

三、團體性質：封閉、結構性團體

四、團體時間：9：30～16：00

五、團體地點：S606

六、團體領導組：謝玲月、王筱京、許家瑋

七、參加人數：9人

八、指導老師：張景然老師

單元企劃書

一、單元名稱：我的好朋友

二、單元目標：

　　1.澄清成員對團體的概念

　　2.增進成員對彼此間的了解

三、團體次數：第一次

四、領導組：謝玲月、王筱京、許家瑋

五、團體時間：9：30～10：50

六、活動內容及進行方式：

活動名稱	活動內容	時間	準備工具
一、暖身活動	說明團體的意義，並介紹團體內的角色。	5-7 分	無
（指導語）	很高興大家今天能夠來參加我們的團體，不知道在大家了解中的團體大概是怎樣的？		
二、訂定規範	說明團體規範，並說明團體規範在團體進行中之重要性。	5-7 分	無
（指導語）	經過剛才的說明之後，希望大家都可以對團體有更進一步的了解，為了今天的團體能夠順利的進行，在團體中有一些基本的規範希望大家能夠遵守……		
三、我的好朋友	1.說明活動進行方式 2.請成員分別介紹自己的好朋友 3.對成員的自我介紹做摘要	58 分	①圖畫紙 ②彩色筆
（指導語）	我們現在開始進行一個活動，請大家在紙上畫出一樣事物來代表自己的個性，然後把自己當成自己的好朋友來介紹自己，也就是把自己當成一個第三者的角色，去介紹自己的個性和家庭狀況，其他的成員也可以對彼此提出問題…… 有沒有人想要先介紹自己的好朋友的？ 還有沒有人想要補充自己的好朋友的個性的……好，剛剛我們聽了＊＊說他的好朋友是……		
四、總結	1.請成員分享參加團體後的感覺 2.摘要與回饋 3.說明下次團體內容	10 分	無
（指導語）	經過剛剛一個簡單的活動之後，希望大家都能對彼此有一些簡單的了解，有沒有人想要分享對這次活動結束之後的感覺……		

單元企劃書

一、單元名稱：家庭樹

二、單元目標：

    1.檢視自己和其他家庭成員在家中的位置

    2.察覺家庭氣氛增進個人對家的知覺

    3.釐清家庭對自我的影響

三、團體次數：第二次

四、領導組：謝玲月、王筱京、許家瑋

五、團體時間：11：00～12：20

六、活動內容及進行方式：

活動名稱	活動內容	時間	準備工具
一、摘要	對前次團體做摘要，並說明此次活動進行過程。	1分	無
（指導語）	藉由上次的團體，相信大家對彼此都有進一步的認識了，在上一次的團體中我們知道……		
二、家庭樹	1.請成員畫一棵樹代表自己的家庭。 2.選擇一種顏色代表家庭的氣氛，塗在背景上。 3.以樹上果實的顏色、分佈遠近、大小、品質，代表和家人的關係與心理地位。	9分	①圖畫紙 ②彩色筆
（指導語）	現在請大家將自己家庭中的氣氛，家人在自己心中的地位，以樹和果實為代表將之描繪出來……		
三、分享	1.說明活動目的 2.請成員分享感覺並相互給予回饋	60分	無
（指導語）	這次活動主要是想讓大家檢視家庭成員在自己心中的地位……＊＊你為什麼用＊色的背景代表家庭氣氛？你個人的		

	感受爲何？喜歡這樣的感覺嗎？＊＊家人和你之間的關係如何？在你心中有著什麼樣的地位？		
四、總結	分享與回饋	10 分	無
（指導語）	＊＊，在活動中對哪個人或哪件事印象最深刻？爲什麼？		

單元企劃書

一、單元名稱：心底的聲音

二、單元目標：

　　1.藉由分享和揭露自己的家庭經驗來覺察自己的情緒

　　2.從成員的回饋中得到支持

　　3.藉由成員互相的分享與揭露達到彼此給予支持回饋的互動

三、團體次數：第三次

四、領導組：謝玲月、王筱京、許家瑋

五、團體時間：1：10～2：30

六、活動內容及進行方式：

活動名稱	活動內容	時間	準備工具
一、摘要	領導者將前兩次的活動做一個摘要使成員能順利進入狀況	5 分	無
（指導語）	第一次的團體我們進行了「我的好朋友」，向別人介紹自己的好朋友，＊＊介紹了……。第二次的團體是「家庭樹」，讓成員想想家庭的情況，像是家庭氣氛和家人相處的時間等等。那還有沒有成員對之前的活動有不清楚的地方？……如果沒有的話，我們就要進入下一個活動囉。		
二、心底的聲音	引導成員分享自己的家庭經驗，並請成	60 分	無

	員說出自己心中想對家人說的話，最後請成員彼此給予回饋或支持。		
（指導語）	接下來我們想和大家一起來分享自己的家庭經驗，我們把焦點放在愧疚和遺憾這兩個主題上，希望大家能談談這樣的經驗…… ＊＊假如現在有一個機會，可以像你的家人說你心裡的話，你想對他說些什麼？可以試著以第一人稱的方式來說說看。 ○○，你聽到＊＊這麼說，你有什麼感覺或是有什麼話想對＊＊說？		
三、總結	對成員的分享做一個摘要，並引導成員分享對這個活動的感覺和心得。	15分	無
（指導語）	剛剛聽到了許多人的分享，像是＊＊分享了……，○○分享了……，那麼整個活動下來，你們現在有什麼樣的感覺？不知道你們願不願意和大家一起分享……。 聽了大家分享了這麼多的事之後，不知還有沒有成員想在分享或是回饋的……，如果沒有的話，第三次活動到這邊結束。		

單元企劃書

一、單元名稱：我們這個「家」

二、單元目標：

　1.回顧和摘述團體經驗

　2.為四次活動做一個結尾

三、團體次數：第四次

四、領導組：謝玲月、王筱京、許家瑋

五、團體時間：2：40～4：00

六、活動內容及進行方式：

活動名稱	活動內容	時間	準備工具
一、摘要	領導者對前三次活動內容做一個摘要回顧。	5 分	無
（指導語）	這是第四次的小團體，在正式進入主題之前，我們先來想想之前三次的小團體，我們都做了些什麼，第一次是自我介紹，並向大家介紹你們的好朋友，而第二次、第三次的主題則是家庭，我們分享了家庭氣氛、你在家中的地位，還有就是有什麼想對你的家人說的……。相信經過這次簡短的說明，能使成員想起我們之前活動的內容。		
二、我們這個「家」	請成員畫出三次活動的自我揭露程度，並分享印象最深刻的活動，並請成員彼此回饋。	55 分	①紙張 ②筆
（指導語）	這次我們的主題是我們這個「家」，指的是這個小團體，而不是你們各自的家庭。在經過三次的小團體之後，我們想問問大家對於這個團體的開放程度，也就是你願意在這個團體中分享多深入的事情，為什麼？請你們將開放的程度寫下來，1 代表一點都不開放，10 代表非常開放……。 現在想請大家分享對這四次的活動有什麼感覺，或是對哪一個活動印象最深刻，為什麼？		
三、總結	邀請成員分享現在的心情，並為此次活動畫上句點。	15 分	無
（指導語）	大家要不要說一下現在的心情是怎麼樣的呢？經由這個團體，我們由一開始的不熟悉，到漸漸的互相信任，分享家庭的生活點滴。不論你在團體中獲得了多少，或是有什麼感觸，我想這都是一次很寶貴的經驗。現在我們的團體即將結束，希望你們可以把在團體中的美好感受保留下來，也將一些想要改變的想法用在生活中。很高興大家今天的參與，活動就到這結束。		

人際關係團體範例十二

團體企劃書

一、團體名稱：是關心還是關心

二、團體目標：

　　1.使成員重新思索與家人、同儕的互動

　　2.讓成員思索除了和有血親關係的家人以外的人互動的模式，及其感受，希望成員能從大家的分享中有所收穫。

三、團體性質：自願性（自由報名）、封閉性（全程參與）、結構性（領導者帶領）

四、團體時間：9：30～16：00

五、團體地點：S202

六、團體領導組：彭蓓燕、陳雅而、鄭敦儒

七、參加人數：12 人

八、指導老師：張景然老師

單元企劃書

一、單元名稱：是關心還是關心

二、單元目標：使成員重新思索與家人、同儕的互動

三、團體次數：第一次

四、領導組：彭蓓燕、陳雅而、鄭敦儒

五、團體時間：9：30～10：50

六、活動內容及進行方式：

活動名稱	活動內容	時間	準備工具
一、前言與摘要	讓成員認識、了解何謂小團體，並說明團體中成員的角色及作用，和這次的團體主題是什麼。	5 分	無
（指導語）	各位成員大家早啊，首先要非常歡迎大家參加這個小團體，我想在正式開始團體前先問問大家「不知你們知道什麼是小團體？還有在團體中每個人所需扮演的角色是什麼？」希望可以先為大家解釋說明一下，那首先先為大家說明一下團體是啥，「團體」就是指兩人或兩人以上，彼此相互互動的組合，而在團體之內包括有領導者、協同領導者。那大家一定會覺得很奇怪的是坐在團體之外的那三個人又是誰呢？他們分別是我們團體課的督導＊＊＊助教，以及兩個觀察員，他們是將團體過程中一切的人、事、物具體清楚的觀察、紀錄、分析並回饋於團體內人員，通常是超越團體之外的，並未真正參與團體活動的內容，那不知大家有沒有什麼問題？		
二、相見歡	協助成員相互認識，增加成員的安全及信任感，以便團體的順利進行。	20 分	無
（指導語）	不知每個成員對彼此都認不認識，雖然大家都是社心系的同學，以及兩位新聞系的同學，但可能彼此間有的也不太熟悉，所以我想在團體的一開始，每個成員都可以藉由兩兩對彼此的自我介紹，讓所有成員都可以互相認識。 經過剛剛的相見歡後，相信每個成員都對彼此又更加熟悉、認識了，在正式進入團體之前，想先問問成員不知道大家對「是關心還是關心？」（解釋關心）這樣的團體主題，會認為是怎樣的一個團體啊？（第一印象）其實我們今天想和大家一起分享的主題是有關於家庭，以及從家庭中引生出來的人際關係，那在第一階段想要分享的主題是家庭，屬於感覺方面的分享；		

	第二階段的主題也是家庭，但是是關於「關心」的分享；團體的第三階段是分享人際關係；團體的最後一個階段是屬於團體的總結，希望待會大家可以暢所欲言。		
三、定規範樹	藉由成員的共同討論，訂定一些團體規定，大家共同遵守，以便小團體可以順利進行。	5 分	①規範樹 ②樹葉 ③麥克筆
（指導語）	我想一個團體要能順利的進行，可能需要有一些共同的規範，讓大家遵守，因為每個成員來自四面八方，大家都各自有自己的想法，然而或許彼此之間會產生一些摩擦、衝突，所以希望藉由團體規範的訂定使大家產生共識，也使得團體可以順利進行，例如：我覺得「團體保密」很重要，因為如果成員無法保密，任意把其他成員在團體中分享的經驗洩漏出去，會使得其他成員在團體中的分享有所保留，就會使團體的意義大打折扣。		
四、分享時刻（家庭中的感動）	藉由事先擬定的主題，並且透過圖畫的呈現，分享讓自己最感動的一件事。 主題：你的家人對你做過最讓你最感動（窩心、印象深刻）的一件事。	45 分	①圖畫指數張 ②粉臘筆或彩色筆 ③輕音樂 ④音響
（指導語）	（冥想－閉上眼睛）其實從剛剛到現在，我們都還是在為正式進入這個團體做暖身動作，大家了解團體、彼此相互認識、定規範樹，不知道現在大家心中有什麼感覺？現在請大家慢慢的放輕鬆，慢慢的深呼吸兩次，吸氣吐氣，吸氣吐氣，那我們今天想跟大家一同分享的是家人與自己。 家人和自己是最親密的了，然而或許隨著年紀的增長或是距離的拉遠，和家人的相處逐漸產生隔閡，不再看見家人對自己的關心、照顧，取而代之的是對家人的抱怨，甚至是敵視，今天藉由這樣的主題分享，讓大家可以有機會讓自己的心沉澱下來，重新想想家人與自己的關係，再度重溫那種甜蜜的回憶。		

五、總結	摘要與分享	5 分	無
（指導語）	在這個階段聽到了許多成員的分享，不知道大家現在心裡有什麼感覺呢？應該覺得甜甜的吧，希望大家可以把這種甜蜜的回憶永遠記得，尤其是當你與家人起衝突時，不妨想想曾經覺得很甜蜜的感動回憶囉，那第一階段的團體就到這裡結束了。		

單元企劃書

一、單元名稱：是關心還是關心－家庭中的親密關係

二、單元目標：使成員重新思索與家人之間的互動關係

三、團體次數：第二次

四、領導組：彭蓓燕、陳雅而、鄭敦儒

五、團體時間：11：00～12：20

六、活動內容及進行方式：

活動名稱	活動內容	時間	準備工具
一、前言與摘要	領導者對上一次團體中成員的分享內容做適度摘要，並為大家說明此次團體與上一次的相同、相異點。	5 分	無
（指導語）	不知道大家對上一次團體的感覺如何啊？還記得自己說了些什麼嗎？讓我們一起來回想：＊＊提到……嘿！不要太快將它還給我們喔，因為啊，在這次團體中我們仍然要接著之前的主題「家庭」繼續分享下去。		
二、一個屋簷下	領導者拿出預先做好的道具，讓成員輪流抽籤，決定要分享的主題。	10 分	①紙條 ②音樂帶 ③音響
（指導語）	現在呢，為了讓團體的氣氛不會太嚴肅，我們要先來個暖身的		

	小活動，大家都看到我手上拿的東西了吧，這個活動就叫做「一個屋簷下」，待會呢，希望每個人輪流從這些格子中抽出一張紙條，並依著紙條的指示和大家分享你所聯想到的人、事、物，記得是要與家庭有關的喔，嗯，那就由我率先做個示範……（領導者抽完，換成員抽，領導者接著先做分享，成員花 30 秒冥想後，再一一分享。） ＊備註：冥想時放日劇「一個屋簷下」的音樂。		
三、分享時刻	領導者再次為大家介紹此次的主題，並做自我揭露，再請成員們回想與家人的互動經驗，接著請協同領導者自我揭露後，成員間的分享採自由意願方式進行。	60 分	無
（指導語）	剛才的「一個屋簷下」只是個小暖身，不知道大家現在振作起精神了嗎？現在我們總算是要真的進到主題了，首先我想請各位仔細想想與家人的互動，有沒有什麼時候你覺得感受不到家人的關心？或是相反的，你覺得家人的關心已對你造成了某種程度的壓力？為了保護自己，當我們察覺心中不舒服的感覺時，往往很容易就關上了自己的心門，於是這便是我們的團體主題「是關心還是關心」的由來了，現在我想與大家分享我的一個小故事……		
四、總結	對主題做出總結；適度給予成員回饋。	5 分	無
（指導語）	我想家庭是我們一生中永遠放不下的牽掛，願不願意去經營她，常常只在一念之間，今天真的很高興能與大家分享彼此與家人互動的點滴，而剛才所分享的內容有沒有什麼是另你印象深刻的呢？不論這些點點滴滴所帶給你的是怎樣的感覺，都希望你能好好的去面對自己心中的感覺喔，對於這次團體不知道大家還有什麼話想再補充的嗎？如果沒有的話，我想這次的團體就到這告一段落了，謝謝大家的盡心參與。		

單元企劃書

一、單元名稱：是關心還是關心

二、單元目標：讓成員思索除了和有血親關係的家人以外的人互動的模式，
　　　及其感受，希望成員能從大家的分享中有所收穫。

三、團體次數：第三次

四、領導組：彭蓓燕、陳雅而、鄭敦儒

五、團體時間：1：10～2：30

六、活動內容及進行方式：

活動名稱	活動內容	時間	準備工具
一、前言與摘要	對前兩次的團體做簡短的連結、摘要。	5分	無
（指導語）	之前其實大家彼此都想了許多有關於自己在家庭與家人互動的情形，相信大家印象都還很深刻，像：＊＊、＊＊都有類似的感受。		
二、分享時刻	由領導者介紹這次的主題，分享人際之間的關係。	65分	無
（指導語）	家庭是一個人從一出生第一會接觸的環境，因此有某些習慣或模式也會影響自己，所以除了在家庭圈之外的生活圈，相信大家也曾遇過相似的情形，可能在工作時候或是私下生活與朋友、同學的相處，難免都可能帶給你的是矛盾、難過的情緒，也可能是無束縛、快樂的情緒，而現在想和大家分享的是關於在人際方面，其實不論朋友、同學或男女朋友之間，他們的行為、舉動一定常常都會牽動你的心情，現在能讓你回想起最有印象的是朋友曾為你做過怎樣的事，讓你想忘都忘不掉，也許會讓你很感動，也許會有不舒服的，都可以說出來和大家一起分享。		
三、總結	由領導者做摘要、連結。	10分	無

（指導語）	聽過大家的分享，相信在這次的主題中一定有某位成員的某件事讓你印象最深刻，或者是有其他的悸動，那現在是否還有哪位成員還要做補充或回饋的……，那這次的活動到這邊結束，謝謝大家。

單元企劃書

一、單元名稱：是關心還是關心

二、單元目標：讓成員回顧前三次的團體互相給予回饋並使成員去思考何謂「小團體」

三、團體次數：第四次

四、領導組：彭蓓燕、陳雅而、鄭敦儒

五、團體時間：2：40～4：00

六、活動內容及進行方式：

活動名稱	活動內容	時間	準備工具
一、前言與摘要	使團體成員重新回顧三次團體，並相互給予回饋	7 分	①音響 ②音樂帶
（指導語）	各位成員大家好，這是我們第四次回顧的團體，現在先請大家閉上眼睛，但是千萬不要睡著喔，請大家隨著圍繞在耳邊的音樂，慢慢回想歷經了三次的團體，我們彼此分享了在家庭與人際方面的點滴，像：＊＊分享了……而在這次的團體中是我們最後分享回饋的時候，不論你還有什麼之前想分享但是未能來的及說出的，或是你聽了前三次團體中，某成員所分享的，而觸動了心裡的那根弦，現在想要給他回饋，甚至是你想給團體中任何一位成員回饋，都可以在這次的團體中一起分享，（音樂仍持續 20 秒後逐漸降低音量，讓成員能沉澱、整理自己的		

	思緒），現在請大家睜開眼睛囉。		
二、回饋	藉由協同領導者的示範，來引導成員發言，給予其他成員回饋。	33 分	無
（指導語）	在經過四次的小團體之後，有沒有誰對某位成員的分享印象最深刻或是或是想給他一些回饋的，現在請大家想一下……。＊＊你要不要和我們大家分享一下，你對誰的分享最深刻或是想對誰說些什麼話。		
三、分享時刻	使成員回顧整個團體進行過程中，成員的分享與回饋。	25 分	無
（指導語）	在團體一開始正式進行的時候，我們有先解釋何謂「小團體」，但是不知道大家對於小團體是否真正了解呢？在親身經歷小團體之後，現在的你們對於團體又有什麼想法呢？至於已經體驗過小團體的其他成員，在第四次團體結束後又有什麼感覺呢？現在請大家一同來分享彼此的想法吧。		
四、總結	透過這次的分享，讓領導組有改進的機會，並且藉由每個人的分享過程，激盪出一些不同的想法，使成員對於小團體的概念能更加了解。	7 分	無
（指導語）	L：在這四次團體中，大家互相分享了彼此的一些經驗和感覺，不論你覺得它是好或不好，都是我們在親密關係互動中的一個過程，甚至是一個印象深刻的記憶。另外我們還有分享的是關於小團體的想法與感覺。進行到這邊，不知到大家對於整個個體還是個人還有什麼想要補充的嗎？嗯……（停頓五秒），如果沒有的話，非常謝謝各位成員在四次團體過程中積極參與，我們的團體到這邊結束。		

人際關係團體範例十三

團體企劃書

一、團體名稱：家的感覺

二、團體目標：

　　1.讓成員藉由四次的活動，有機會檢視家中成員的互動，自己和家庭的關係。

　　2.體驗家所給我們的助力和阻力，看見自己對家的期望，進而能努力去達成期望。

　　3.藉由團體的力量、成員的分享及回饋，協助成員改善與家庭的互動關係。

三、團體性質：家庭關係探索團體

四、團體時間：10 月 19 日起每週二（2：00～3：30）共四次，每次 90 分鐘

五、團體地點：世新大學　團體輔導室

六、團體領導組：蔡中慶、洪乙清、鄭筱鵑、林言秀、蔣苡禎

七、參加人數：5 人

八、指導老師：張景然老師

單元企劃書

一、單元名稱：親密距離

二、單元目標：

　　1.在第一次的活動時介紹團體的大致內容，及討論規範

　　2.讓成員檢視自己和家中成員的互動關係

三、團體次數：第一次

四、領導組：洪乙清、林言秀

五、團體時間：90 分鐘

六、活動內容及進行方式：

活動名稱	活動內容	時間	準備工具
團體介紹	介紹團體的主題及大概內容	5	
（指導語）	**L1**：首先非常高興大家來參加這個團體，雖然這並不是自發性的參予，但是我們可是非常用心地準備，所以也非常希望大家能用心的參予，在團體中有任何感受都能分享給大家，我想這樣能夠使團體進行的更棒更順利。 **L1**：我們這個團體的主題──就是家庭，也就是說我們這四次的活動都跟家庭有密切關係，這可是我們嘔心瀝血、精心設計的唷，主要是讓你能更仔細的思考家裡的關係、家人之間的互動等等，因為這是一個蠻私密性的主題，或許有人不是那麼願意說，但我們還是很希望藉由活動一次一次的進行，帶著成員能更深入地分享、互動，我一直強調分享這一件事實在是家庭這個主體非常重要的一環，它會使活動進行的更順暢，我們期望大家都能做到。		
討論規範	討論團體規範，並做一顆規範樹	10	規範樹
（指導語）	**L1**：接下來我們設計一個規範樹，讓大家想一下有哪一些是需要大家一起遵守，想到後把它寫在蘋果上，貼上去樹上，以後大家就必須一起遵守；那有一個問題想跟大家詢問一下，就是有關錄音的問題，我們為了方便紀錄，當然不會有團體以外的人知道，除了老師以外，絕對保障個人的隱私。		

親密距離	1.做出家庭成員的肖像黏在竹籤上，將自己的像插在保麗龍得中心再依照自己和家人的親密程度選擇插在保麗龍板上的位置，然後在依互動關係來選擇不同顏色的線結在自己和家人間	20	保麗龍板 絲線 牙籤 圖畫紙 色筆
	2.每個人分享自己的作品、介紹自己的家人、家人間的互動情形	40	
（指導語）	**L2**：那現在，大家可以思考一下，在你自己的家庭中，其實每一個成員都有親密程度的差異，像是我跟弟弟的關係，因為年齡比較相近，所以比較密切，但是跟姊姊就有點距離而且還有點爭執，所以我把姐姐放得較遠，用紅色絲線代表我們之間緊張的關係。那大家現在手上也都有拿到保力龍板，大家可以像我一樣喔，把家中的成員都各自作一個小圖片，粘在牙籤上，再把他插在保力龍板上，用距離還有中間的一些絲線來表示你和他的關係。		
總結	成員分享今天的感受 leader 結語	5	
（指導語）	**L1**：嗯，今天其實我們都大概的了解了彼此的家庭關係，那下一次我們會跟大家探索一下有關於家庭中與父母相處的經驗，大家也可以在這一個禮拜中，想一想，如果有機會是住在家裡的，也可以體驗一下。那下個禮拜再見了，也希望大家不要忘了我們的團體規範喔。		

單元企劃書

一、單元名稱：微妙的波動

二、單元目標：

    1.讓成員回想過去檢視現在和父母相處的經驗

2.讓成員察覺父母和自己的關聯

三、團體次數：第二次

四、領導組：鄭筱鵑、蔣苡禎

五、團體時間：90分鐘

六、活動內容及進行方式：

活動名稱	活動內容	時間	準備工具
準備	連結上個禮拜的活動內容，讓成員進入團體。		
（指導語）	**L1**：我想經過了上禮拜的活動之後，大家應該會對自己和家人之間的關係有了比平常較更深一層的了解吧！那我想現在大家可以放鬆一下心情，讓自己回想一下上禮拜的活動內容，有沒有給自己怎樣的感覺？是好的？還是不好的呢？		
討論	1.最喜歡父母的地方 　　最不喜歡父母的地方 　　和父母的關係 　　我和父母相似及相異的地方 2.成員回饋	25	
（指導語）	**L1**：再更進一步的想想，對於父母給自己的感覺是否有較清晰？抑或是較強烈？或許我們可以更進一步的來討論某一些問題。我相信父母給我們的感覺總是有好有壞，那你們認為自己最喜歡爸爸媽媽哪一些地方？而他們又有哪些地方是你最不能接受的？有誰願意先分享一下自己的東西呢？		
記憶拼貼	1.從報紙、雜誌中找出和自己父母有相同意象的圖案、文字、色塊、等，將之貼在圖畫紙上，再依個人意願寫上文字或加上圖畫 2.分享剪下的內容	20 35	報紙 雜誌 色筆 剪刀 膠水
（指導語）	**L2**：我想經過了剛剛的活動及分享之後，我們換一個面向來		

	進行下一個活動,是否某樣圖片或是物品,能讓自己深刻的感受到、聯想到自己的爸爸和媽媽。就以我自己爲例來說,當我看到盆栽的時候,第一個想到的人就是我的爸爸,因爲從我有印象以來,就知道我爸爸很喜歡種一些花花草草的,我家的院子就種了一大堆他的寶貝。而且,我覺得我爸爸就像盆栽一樣,總是靜靜的坐在一旁,很少開口說話,默默的做自己的事。所以盆栽會讓我聯想到自己的父親,所以呢!我們今天所要進行的活動就是類似這樣的有些抽象的印象連結。		
總結	成員分享今天的感受 leader 結語	10	
(指導語)	**L1**:我想今天的活動就要到此告一個段落了,因此我想請大家彼此分享一下今天 一整個活動下來,有怎樣的感受呢?有誰願意先分享呢? **L2**:今天的活動我相信大家都有一些感觸,藉由圖片去想爸媽我想會是一條比較容易的路,且會有不同的體驗,其實自己私下也可以練習的。 **L1**:那謝謝大家剛剛彼此的分享和回饋,我也希望活動結束後能給大家帶來一些對自己和父母之間更新一層的體認或感覺。		

單元企劃書

一、單元名稱:家族使命

二、單元目標:讓成員看見家庭對自己的要求和期望,及其影響

三、團體次數:第三次

四、領導組:林言秀、蔡中慶

五、團體時間:90 分鐘

六、活動內容及進行方式：

活動名稱	活動內容	時間	準備工具
暖身活動(心靈沈靜)	撥一段輕音樂，讓成員穩定心情，回想前兩週所談的部分，和回想由小到大幾幕印象深刻和家人相處的場景	15	音樂帶 音響
（指導語）	**L1**：同學們活動就要開始了，那請妳們坐下，在以你們最舒服的方式坐下後，也請你們閉上你的眼睛		
分享	分享從之前暖身活動中所回想到的，或印象深刻的一個和家人相處的事件	25	
（指導語）	**L1**：在經過剛剛的一段回想之後相信大家都有一些屬於自己的回憶那我們希望現在能請每一位成員來和大家一起分享一下有關剛剛那一段引導所能想到的回憶那能不能請 M1 來說一下呢？ **L2**：到現在為止每個成員都說了很多那接下來我們就進入下一個活動吧！		
家庭寄望	調換第一週紙盤的位置和線的顏色 對家庭的寄望 想要改善的……	10 30	第一週作的 紙盤 色筆 絲線
（指導語）	**L1**：在前幾週我們每個人都對自己的家庭關係做了深入的討論，其中有些部分可能是很好的，如<u>某某人</u>提到的……但有不少的部分我們提到的可能是一些我們失望的、不喜歡的、感受不好的關係或情形，我想請大家先藉由對第一週所作的紙盤，將上面的位子和每個人之間線的顏色轉變對現在的家的期待：我希望我的家有某個部分我很希望它變的如何，我希望我和家裡的某某某關係能變的……我希望家裡的某某某能夠做某些改變，那我自己能做些什麼？		
總結	成員分享今天的感受 leader 結語	10	

（指導語）	嗯……今天謝謝大家的參與或許這個活動並不算非常有趣，但是也希望能帶給每一個成員一些小小的啓示，那下個禮拜我們要進行的是有關於我們所期望的家庭，也將是最後一次團體，但是還是希望大家下次都能帶著期待的心理再來參加我們的小團體……拜拜！

單元企劃書

一、單元名稱：回到未來

二、單元目標：

    1.讓成員察覺自己對自己的家庭的期待

    2.由成員彼此回饋給予意見和支持的力量

    3.讓成員勾勒出對理想家庭的雛形

三、團體次數：第四次

四、領導組：蔣苡禎、蔡中慶

五、團體時間：90 分鐘

六、活動內容及進行方式：

活動名稱	活動內容	時間	準備工具
沉思靈想	讓成員放鬆及回憶前三次團體的記憶	10	
（指導語）	**L1**：這次是我們小團體的最後一次的活動，在前三週我們討論了很多主題，相信大家都有著屬於自己的感觸，在這次的活動希望大家都能將這些感觸再回憶起來，現在請大家放鬆、沉澱一下心情—— 【放鬆的指令——引導回想前三次的主題】		

理想的家	1.請成員在圖畫紙上畫出自己心中理想的家裡自己最在乎、重視的場景	15	圖畫紙 色筆
	2.分享	25	
（指導語）	**L1**：現在我們要進行一個活動，請大家想像今天自己有能力、或結婚後有了屬於自己的家庭，自己有機會有能力去經營它，我們要請你畫下，在這個家庭中對自己而言最重要的一個場景（分享自己的作品） **L2**：請大家分享一下自己的作品		
依依不捨	1.寫最想送給每位成員各一句話再將它唸給每個人聽	10	
	2.每位成員分享回饋聽見別人送的話的感覺	10	
（指導語）	**L1**：很高興大家在這四次的團體活動都如此的投入和用心，在整個活動的過程每位成員都分享了很多自己很個人的事情，這些事情不論你之前知道與否 **L2**：我想在連續四次團體中，對每位成員來說都是很具意義的過程，在小團題結束前，想請每個人送給其他包括成員及領導者就這四次活動下來，對他們的分享或表現做一些回饋 **L1**：我們有準備裁好的紙張，希望每個人能在紙上寫下想對其他人說的話，在活動結束後我們會為每個人收集其他九個人送你的話，整理後，在一起送給你們。		
	請成員分享對整個團體過程的感受	15	
（指導語）	**L1**：四次團體也到尾聲了，想請每位成員分享對這四次團體的感受		
	結語	5	

【情緒探索團體】

◣情緒探索◤

團體企劃書範例

情緒探索團體範例一

團體企劃書

一、團體名稱：情緒探索團體

二、團體目標：

　　1.讓成員認識自己的情緒。

　　2.如何適當的表達情緒，認識感覺、情緒，與其發生的情境。

　　3.了解對同一件事，每個人的感覺不同，表達方式也不同。

三、團體性質：結構、封閉式團體

四、團體時間：9：30～14：30

五、團體地點：S203

六、團體領導組：林美孜、林尹萱、黃怡庭

七、參加人數：8人

八、指導老師：張景然老師

單元企劃書

一、單元名稱：我想認識你

二、單元目標：藉由活動讓成員彼此熟悉，增加信任感以及認識團體。

三、團體次數：第一次

四、領導組：林美孜、林尹萱、黃怡庭

五、團體時間：09：30～10：50

六、活動內容及進行方式：

活動名稱	活動內容	時間	準備工具
一、我想認識你	1.說明團體主題，並介紹領導組給成員認識。 2.請成員自我介紹。	10分	無
（指導語）	1.今天我們的團體主題是「探索情緒」，我是第一次活動的領導者＊＊＊，對面是協同領導者＊＊＊。 2.再進入我們的第一次活動之前，我想先花一點時間請你們自我介紹，並希望你們能說出參加團體的動機和期望。（徵求成員是否可以錄音）		
二、信任跌倒	1.藉由活動讓成員增加信任感。 2.請成員分享在活動中的感受。	55分	無
（指導語）	1.現在我想讓你們體驗一個活動－信任跌倒，你們有玩過或是聽過嗎？請你們五個人分兩排，各二、三人，然後二、三個人輪流站在隊伍前面，身體放鬆向後倒，如果實在不敢的人不用勉強沒關係，敢的人盡量去體會其中的感覺。 2.現在我想請一個自願者站在我們中間⋯⋯然後我們圍成一個圈圈，＊＊你站在中間，雙手抱胸眼睛閉著，身體自然放鬆，準備好之後就往你想要倒的方向倒去，在圈圈邊的人看他往哪邊倒就要扶住他。 3.在活動結束之後，我想請你們分享活動中的感受，像是你們扮演跌倒者或保護者的感覺等等，都可以和大家分享。		
三、總結	摘要及說明接下來的活動主題。	5分	無
（指導語）	1.在第一次的活動中，我們互相自我介紹，讓大家都能認識彼此、建立關係，接著信任跌倒這個活動中，我們讓大家建立信任感。 2.再接下來的幾次小團體，我們會讓大家一起分享如何認識自己的情緒、表達情緒，即不同的情緒對人的影響等等。		

單元企劃書

一、單元名稱：情緒 WINDOW

二、單元目標：

    1.讓成員認識自己的情緒。

    2.如何適當的表達情緒，認識感覺、情緒，與其發生的情境。

    3.了解對同一件事，每個人的感覺不同，表達方式也不同。

三、團體次數：第二次

四、領導組：林美孜、林尹萱、黃怡庭

五、團體時間：11：00～12：10

六、活動內容及進行方式：

活動名稱	活動內容	時間	準備工具
一、暖身活動	1.引出情緒 2.先讓成員閉上眼睛，再將一些引發情緒的小東西放至於成員面前。	30 分	引出情緒的圖片
（指導語）	請大家先將眼睛閉上（將東西陳列），現在我要在你們的面前放置不同的小東西，可能你拿到的是一張照片或⋯⋯，我希望當你睜開眼睛時，用心去看你眼前的這樣東西，並告訴我你看到什麼，以及你看到之後的感覺。現在，將你們的眼睛慢慢打開。		
二、心理劇	1.將各種不同的狀況，製作成籤，讓成員自行發揮。 2.預設狀況：不知如何表達、不好意思表達、不敢表達。 3.分享	55 分	心理狀況劇的腳本（附於後）
（指導語）	現在這個活動是心理劇，你們會看到這邊有一個籤桶，裡面有許多籤，這是要給你們演戲的腳本，當你們看到內容時，請你		

三、總結	們將它們演出來……。		
	1.摘要與回顧	10 分	無
（指導語）	在今天的活動中不知道你們對哪一個印象最深刻呢？＊＊分享了……，○○也談了……，不知還有沒有成員要對這次的活動或是成員給予回饋的……，如果沒有的話那這次活動到此結束。		

單元企劃書

一、單元名稱：打開情緒的話匣子

二、單元目標：

　　1.使成員認識不同的情緒表達帶給人的影響

　　2.鼓勵成員學習表達情緒的藝術

三、團體次數：第三次

四、領導組：林美孜、林尹萱、黃怡庭

五、團體時間：13：10～14：30

六、活動內容及進行方式：

活動名稱	活動內容	時間	準備工具
一、暖身活動	成員相互按摩	5 分	無
（指導語）	大家好這是我們第三次的小團體，在進入主題之前，為了緩和大家緊張的情緒，想請你們幫隔壁的成員按摩按摩，像是按摩肩榜、手臂啦等等，然後再請被按摩的成員，回饋幫你按摩的成員，也幫他按摩。		
二、摘要前 2 次活動	摘要前兩次活動，讓成員順利進入主題。	5 分	無

（指導語）	在第一階段的團體中藉由「信任跌倒」的活動，幫助你們了解團體的性質是……，接著第二階段一開始的暖身活動，帶領大家認識情緒感受方面的形容詞有……，最後運用角色扮演，探討三種不同情緒表達的方式，也聽到你們個自的相關經驗與感受。		
三、你是那一款 ㄉㄟ	藉由活動讓成員了解自己	60 分	坐墊 2 個
（指導語）	我要邀請你們先全部站起來，左邊的坐墊代表「勇於表達情緒」，右邊的坐墊代表「壓抑情緒」。好，現在請你們根據自己平時表達方式，選擇最貼近你的位置站定。此活動是希望你們能了解每個人的表達方式，沒有絕對的好或不好。（協同領導者會作示範，並在黑板上畫下成員站立的位置。） 好，現在請大家都坐下，有沒有成員願意和我們主動分享，你是屬於哪一種的表達情緒，為什麼？		
四、總結	1.摘要與回顧	10 分	無
（指導語）	最後想請成員對這次的活動做個分享或是回饋，誰願意先說？＊＊你有沒有什麼話想說的……。好，那這次的活動就到這邊結束。		

情緒探索團體範例二

團體企劃書

一、團體名稱：情緒探索團體

二、團體目標：

　　1.協助成員互相認識、建立互動關係

　　2.探索自己在人際關係中的情緒表露

　　3.協助成員探討認知與情緒的關係，了解個人非理性的想法

三、團體性質：封閉性、結構性

四、團體時間：9：30～16：00

五、團體地點：S606

六、團體領導組：羅應齊、王筱真、汪美和

七、參加人數：12 人

八、指導老師：張景然老師

單元企劃書

一、單元名稱：生活的節奏──喜、樂

二、單元目標：

　　1.協助成員互相認識、建立互動關係

　　2.協助成員認識團體目標、進行方式、及建立團體規範。

　　3.協助成員覺察自己情緒中喜樂的部分

三、團體次數：第一次

四、領導組：羅應齊、王筱真、汪美和

五、團體時間：9：30～10：50

六、活動內容及進行方式：

活動名稱	活動內容	時間	準備工具
一、姓名跌羅漢	協助成員互相認識、建立互動關係	5分	無
（指導語）	各位好，歡迎你們來參加情緒探索的小團體，一開始，想先請大家依序說出自己的名字和現在的心情。我想由我先開始好了，我叫＊＊，是這次的領導者，我現在的心情是……。在剛才，每個人都已經說出自己的名字，所以現在我們要來進行姓名疊羅漢的活動，方式是第一位成員說：「大家好，我是○○，大家好。」第二位成員則要說：「大家好，○○好，我是××，大家好。」以此類推，現在開始吧。		
二、規範方塊	凝聚成員向心力	8分	①海報 ②俄羅斯方塊
（指導語）	在一個團體中，我們需要有一些共同的規範來遵守，以確保團體能順利進行。現在，我們有幾項團體規範，大家一起來表決，將贊成的項目列入團體規範中，然後寫在規範方塊上，在將它貼在海報上。		
三、情緒探索	以句型的方式分享喜、樂的經驗	60分	①紙 ②筆
（指導語）	現在，協同領導者會發給你們紙和筆，請你們以「……，讓我很快樂」或「我很高興，因為……」的句型，來開始我們今天的主題……。大家都寫好了吧，現在想請大家分享你現在的心情，和早上剛來時有沒有什麼不一樣……。		
四、總結	摘要與回饋	5分	無
（指導語）	現在我們離結束大概還有5分鐘的時間，不知大家有沒有什麼		

	想說的，可以說說今天第一次參加團體的感覺，說說自己對剛才活動的感覺，或任何你想說的話……

單元企劃書

一、單元名稱：跳動的音符——第二個音符「哀」

二、單元目標：

　　1.認識自己情緒

　　2.探索自己在人際關係中的情緒表露

　　3.發展健康的人際關係

三、團體次數：第二次

四、領導組：羅應齊、王筱真、汪美和

五、團體時間：11：00～12：20

六、活動內容及進行方式：

活動名稱	活動內容	時間	準備工具
一、暖身活動	以按摩的方式紓解成員心情	3 分	無
（指導語）	現在我們來進行一個暖身活動，你們兩兩一組，由其中一位先為另一位按摩，從肩膀到兩側的手臂，再到背部，可用捶或捏的方式，然後兩人再交換。		
二、跳動的音符—第二個音符「哀」㈠	讓成員看圖片並說出圖片人物的感覺	7 分	圖片
（指導語）	這次的主題是喜怒哀樂中的哀，這是屬於較低潮的情緒，當情緒走到此時，可能會感傷、痛苦。現在，請成員看看我手上的		

	圖片,請你們說說對圖片中人物的感覺,為什麼你會有這樣的感覺?是從什麼地方看出來的?		
三、跳動的音符──第二個音符「哀」(二)	以畫圖及文字的方式分享哀的經驗	65分	①紙 ②彩色筆
(指導語)	現在,你們回想最近或是最令你印象深刻感到「哀」的情緒,用寫或是畫的方式,將它表現在圖畫紙上,並表達出當時的心情的顏色,然後我們再來做分享。		
四、總結	摘要與回饋	5分	無
(指導語)	經由每位成員的分享,我們知道其實哀的情緒,確實存在我們生活當中,雖然它是負面的情緒,但是我們仍應正視它的存在,並在適當時候表達出來,不要一直埋藏在心中,才不會對我們身心狀況有影響。		

單元企劃書

一、單元名稱:怒──什麼惹火你

二、單元目標:

　　1.促進成員改變認知思考,以培養其情緒調適的能力。

　　2.協助成員探討認知與情緒的關係,了解個人非理性的想法。

　　3.促進成員自我開放

三、團體次數:第三次

四、領導組:羅應齊、王筱真、汪美和

五、團體時間:13:10～14:30

六、活動內容及進行方式:

活動名稱	活動內容	時間	準備工具
一、暖身活動	讓成員伸展四肢放鬆心情	2 分	無
（指導語）	現在是中午，相信大家一定都很想睡吧，所以請大家站起來，你們可以用力伸展你們的四肢，但是在活動中不可以和別人說話。		
二、回顧	摘要前兩次活動	2 分	無
（指導語）	現在大家都已經坐好了，早上我們分享了喜樂哀的情緒，＊＊分享了……，.※※分享了……的經驗……		
三、怒——什麼惹火你	以分享的方式，請成員述說生氣的經驗。	70 分	無
（指導語）	第三次的主題是怒，請你們想想看，有沒有什麼樣的人或事讓你感到生氣？為什麼？現在再想到時會不會生氣呢？……有沒有成員想對其他成員分享或是回饋的……。＊＊，我剛剛聽了你的分享，讓我覺得……		
四、總結	摘要與回饋	6 分	無
（指導語）	這階段團體即將結束，你們還有沒有其他話想說？如果沒有，我們先休息十分鐘，待會進行下一個團體活動，謝謝。		

單元企劃書

一、單元名稱：珍重再見

二、單元目標：

　　1.使成員能夠回顧前三次團體歷程

　　2.使成員能夠體察到自己在團體中的感受

　　3.成員互相祝福及回饋，結束團體。

三、團體次數：第四次

四、領導組：羅應齊、王筱真、汪美和

五、團體時間：14：40～16：00

六、活動內容及進行方式：

活動名稱	活動內容	時間	準備工具
一、回顧	摘要前三次活動	10 分	無
（指導語）	在前面幾次的活動，我們分享了喜怒哀樂四種情緒，在喜樂的活動中，我們以語句完成法的方式，引導成員分享。在哀這個情緒上，是以畫圖或文字的方式抒發。而怒則是請成員直接分享，沒有借助任何工具，＊＊分享了……。		
二、我想對你說	以拋毛線球的方式，對成員說出想說的話。	60 分	①毛線球
（指導語）	現在想請大家分享：1.對哪一位成員印象最深刻？2.對哪位成員的哪一句話印象最深刻？3.對哪一次團體活動印象最深刻？為什麼？這三個問題，你們可以自由選擇。在我的手上有毛線球，我們請要分享的人，將毛線球的另一端傳給想對他說話的那位成員上，然後以此類推。毛線球沒有規定只能一次傳給一人，可以給兩三人，也沒有規定傳過的人就不能再傳了。		
三、總結	摘要與回饋	10 分	無
（指導語）	經由這個團體，我們由一開始的不熟悉，到漸漸的互相信任，不論你在團體中獲得了多少，或是有什麼感觸，我想這都是一次很寶貴的經驗。現在我們的團體即將結束，希望你們可以把在團體中的美好感受保留下來，很高興大家今天的參與，活動就到這結束。		

情緒探索團體範例三

團體企劃書

一、團體名稱：打開情緒的窗——失落感探索團體

二、團體目標：

　　1.讓成員藉由四次活動察覺自己在生活中較不令人高興的事，及引發的情緒（失落感）。

　　2.藉由團體的力量、成員的分享與回饋，協助成員了解自己的失落感。

三、團體性質：封閉式的結構團體

四、團體時間：10 月 16、23、30 日 、11 月 07 日 (二) 14：10～15：40 共四次

五、團體地點：S202

六、團體領導組：張唯中、鄭以君、林明葳

七、參加人數：9 人

八、指導老師：張景然老師

單元企劃書

一、單元名稱：生活的顏色

二、單元目標：回想過去一年多的大學生活中，自己的生活重心在哪，對於那樣的生活有何感受。

三、團體次數：第一次

四、領導組：張唯中、鄭以君、林明葳

五、團體時間：10 月 16 日 14：10～15：40

六、活動內容及進行方式：

活動名稱	活動內容	時間	準備工具
一、自我介紹	協助成員相互認識，增加成員的安全及信任感，以便團體的順利進行。	10 分	①紙片 ②雙面膠 ③彩色筆
（指導語）	大家好，首先歡迎大家參加我們的小團體，由於大家都是第一次見面，又是來自不同的背景，所以如果能夠對彼此先有一定程度的認識，那麼自然也就能夠對團體產生信任感，而這對往後三週也要相處的我們而言是非常迫切需要的，因此我們要進行自我介紹的活動。現在我會發給每人一張紙，請你們寫下自己的名字或是綽號，在這四次的團體中，我們就以你們所寫的來稱呼你們。		
二、講解團體	說明團體內容及進行方式	10 分	無
（指導語）	我們這次團體的主要內容是情緒，我們的團體目標主要是讓大家來回想一下，從上大學以來的生活，有時候可能過的很開心，但總是有不順心的時候，可能平時你會忽略它，或故意遺忘、壓抑，今天我們希望大家能和我們分享這樣的經驗。		
三、團體規範	藉由成員的共同討論，訂定一些團體規定，大家共同遵守，以便小團體可以順利進行。	5 分	①紙 ②海報 ③彩色筆
（指導語）	我們的團體中總有一些需要大家遵守的規範，在小團體中其實最重要的是保密，這是一項大家都必須遵守的規定，另外像不要遲到，團體進行時不要吃東西，我們都希望你們能夠遵守。		
四、生活的顏色	以畫圖的方式分享生活情形	45 分	①圖畫紙 ②彩色筆
（指導語）	現在發給大家一張紙，上面分成大一上、大一下、大二初這三個時間，在上面用線條、幾何圖形，畫出你這三段時間生活上		

	的情形是如何。……畫好之後，我想邀請大家和我們分享你的生活重心是什麼？那樣的生活給你怎樣的感受。……		
五、總結	使團體主題前後連貫，加深成員心中的迴響。	10 分	無
（指導語）	進行到這裡，這一次的活動也接近尾聲了，大家從活動中對自己有什麼新的發現，或是有什麼感覺想說的呢？		

單元企劃書

一、單元名稱：生活蛋糕

二、單元目標：藉由製作蛋糕的過程，來了解有哪些是自己缺乏，和已經擁有的特質。

三、團體次數：第二次

四、領導組：張唯中、鄭以君、林明葳

五、團體時間：10 月 23 日 14：10～15：40

六、活動內容及進行方式：

活動名稱	活動內容	時間	準備工具
一、生活蛋糕	藉由製作蛋糕的過程，來了解有哪些是自己缺乏，和已經擁有的特質。	75 分	①小蛋糕 ②小紙片—(1)粉紅色（代表自己已擁有的）(2)紫紅（代表自己現在沒有的）

（指導語）	大家對自己生活的一個近況都有所了解，所以接下來的活動是要讓大家想一想，要在自己的生活中添加一些自己認為最重要的東西，或是感覺。等一下會發給一人一個蛋糕，上面沒有任何東西，我會給大家一些裝飾品，你們可以在裝飾品上，寫下自己想在生活中添加的東西，不管是有還是沒有，會有兩種顏色來區別，若是你擺設的位置有特殊意義，也可在分享時提出說明，視你的情況而定…… ＊＊，你要不要先和我們分享。		
二、總結	摘要與回饋	5分	無
（指導語）	經過剛剛的分享，我們可以看到總有一些東西，是我們想要卻又無法改變的，這對自己或許會有影響。所以在下一個活動進行時，希望大家能想一些對自己印象深刻的事。那這次活動到這邊結束。		

單元企劃書

一、單元名稱：生活的一角

二、單元目標：提供情境讓成員回想，及分享生活中讓自己難受、失落的事，察覺自己的情緒。

三、團體次數：第三次

四、領導組：張唯中、鄭以君、林明葳

五、團體時間：10月30日 14：10～15：40

六、活動內容及進行方式：

活動名稱	活動內容	時間	準備工具
一、暖身	伸展身體提振成員精神	2 分	無
（指導語）	這是我們第三次的團體，在開始進入主題之前，我們先來做做暖身操，恢復大家的精神。好，現在大家跟我一起……		
二、摘要	摘要前兩次活動，喚起成員記憶。	3 分	無
（指導語）	大家不知道還記不記得我們前兩次的活動在分享些什麼？如果忘記的話，現在我再說一次，你們要聽清楚喔。第一次的團體我們分享了……，第二次……		
三、生活的一角	提供情境讓成員回想，及分享生活中讓自己難受、失落的事，察覺自己的情緒。	70 分	無
（指導語）	現在的活動要請大家想一些事情，大家坐的舒服一點，可以閉上眼睛，但還是保持清醒，我會念一些事情，請大家跟著想想看自己的狀況如何。（和一群朋友在一起時，你總會覺得遭到忽略，沒有被重視，好像被丟在一旁。）（做一件事，像是做報告或辦活動，總覺得做的不好，或者也覺得不知道要怎麼做。）（沒有真的朋友，總是孤孤單單的一個人。）……上大學後，有什麼讓你印象深刻、感到難受的事？讓你覺得一整天很沮喪、提不起勁來。		
四、總結	摘要與回饋	5 分	無
（指導語）	現在我們離結束大概還有 5 分鐘的時間，不知大家有沒有什麼想說的，可以說說今天第一次參加團體的感覺，說說自己對剛才活動的感覺，或任何你想說的話……		

單元企劃書

一、單元名稱：回憶手札

二、單元目標：探討成員參與團體一天中的情緒，並以成員情緒的起伏爲
　　主要的探討要點，讓成員能在團體結束前整理好外顯的情緒，促使成
　　員觀察並自我處理情緒。

三、團體次數：第四次

四、領導組：張唯中、鄭以君、林明葳

五、團體時間：11 月 7 日 14：10～15：40

六、活動內容及進行方式：

活動名稱	活動內容	時間	準備工具
一、回饋與分享 （分享時刻）	使團體成員重新回顧前面三次團體，並且互相給予回饋。藉由領導組的示範，來引導成員發言，給予其他成員回饋。	10 分	無
（指導語）	大家好這是我們最後一次的小團體，不知道大家還記不記得前三次的活動是什麼？如果大家都忘記的話，我現在說一遍，希望你們都能記得喔。一開始我們……。好了，說完之後有沒有比較清楚啊？現在想請大家分享參加四次小團體，你們的心情起伏是怎麼樣的？還有你們有什麼樣的感覺？		
二、回憶手札	指導成員做回憶手札並分享 封面 P1 團體照片　　　　P12-P13 回憶圖鴉 P3 團體緣起　　　　P14-P15 記憶紀錄片 P4-P5 第一印象 P6-P7 二見鍾情 P8-P9 情深意儂 P10-P11 離情依依	20 分	①瓦楞紙 ②粉彩紙 ③引線 ④剪刀 ⑤刀片 ⑥膠水 ⑦書面紙 ⑧彩色筆 ⑨相機
（指導語）	由於這是最後一次的小團體，我們希望在你們離開這個小團體時，能有一個紀念的小禮物，所以我們一起來做回憶手札吧。這邊有許多材料，都是等一下你們會用到的，我們請協同領導		

	者將這些材料發下去，然後我們會教你們如何做回憶手扎，現在開始動手吧……。好，那我想大家應該都做完了吧，不知道你們有沒有人想分享參加四次小團體的感覺？或是有什麼話想對其他人說？		
三、總結	摘要與回饋	5 分	無
（指導語）	團體時間已經接近尾聲，今天我們彼此分享了團體相處時的經驗與感受，相信大家也都對彼此有了更多的了解，就讓我們在這裡互道祝福話語，願大家在往後的日子都能記得這樣的感覺，團體就進行到此為止。		

情緒探索團體範例四

團體企劃書

一、團體名稱：遺憾

二、團體目標：

　　1.讓成員分享在人際上、人生歷程中、家庭中所感到遺憾的事。

　　2.讓成員能夠從活動中分享自己面對遺憾時的反應、情緒。

　　3.成員能傾聽、接納、和同理其他成員在團體中的揭露。

　　4.使成員能從經驗中察覺造成遺憾的原因，並能夠面對自己遺憾的事實
　　　並接納它。

　　5.在參與團體進行之後，成員能夠了解個人期望，再由知覺造成遺憾的
　　　因素，在往後期勉自己減少遺憾的發生。

三、團體性質：情緒探索團體

四、團體時間：9：30～16：00

五、團體地點：世新大學　團體輔導室

六、團體領導組：黃妤節、謝意晴、朱羽淯、莊聖莓、黃雯冰、林苡雰

七、參加人數：12 人

八、指導老師：張景然老師

單元企劃書

一、單元名稱：Speak my mind

二、單元目標：

　　1.讓成員認識團體進行方式、了解團體主題。

　　2.介紹團體規範、增進成員凝聚力。

　　3.建立團體信任感。

　　4.讓成員探索出自己在人生過程中感到遺憾的事。

三、團體次數：第一次

四、領導組：朱羽濤、黃妤節、黃雯冰

五、團體時間：9：30～10：50，共 80 分鐘

六、活動內容及進行方式：

活動名稱	活動內容	時間	準備工具
	活動一開始先介紹團體的主題和團體規範及團體進行的方式。	10'	一張團體規範。
（指導語）	**L1**：大家好，很高興大家今天來參加今天的團體。我是這單元的三位領導者之一 L1，她是 L2，她是 L3。督導是張景然老師，觀察員是 OOO。 那今天團體主題是。那在今天團體開始前我們先來介紹一下我們團體進行的流程。第一單元是 speak my mind；第二單元是真情告白；第三單元是家族相簿；第四單元是扭轉未來。以上這就是我們今天團體進行的過程。希望大家能放鬆心情，敞開心胸來分享自己的經驗。 **L2**：大家好，我是 oo。在團體開始前我先來介紹一下我們團體的規範。第一，要準時；我們每單元完休息 10 分鐘，中午休息 50 分鐘，請大家不要遲到；第二，不可在室內飲食；第三，不要稱綽號，可避免別人不知道說的是誰；第四，手機請關機；第五，主動分享、用心傾聽、尊重他人；第六，不可做人身攻擊；第七，保密，團體中的內容不能洩露給團體外的人知道。我們的團體是很安全的、透明的，也是絕對保密的。那希望大家能信任這個團體，能放鬆心情，敞開心胸來分享自己

	的經驗。我們很願意傾聽你的心事。以上這些規範請大家務必遵守。		
自我介紹	請領導者和成員分別做自我介紹。	15'	
（指導語）	**L1**：嗯！大家好。我叫 OO。我先來自我介紹一下。我老家在嘉義，家中有爸爸、一個姊姊、一個弟弟。我覺得我的個性很活潑、喜歡結交新朋友。我對朋友很真心也很誠懇。 **L2**：聽完 L1 的介紹後，有沒有和 L1 一樣的個性或是想介紹自己的。（用眼神邀請）		
『噓！秘密』	1.發下卡片。 2.請成員在卡片上寫上『早知道……當初就……』的造句。 3.寫完後讓成員彼此分享，也讓成員彼此做回饋。	50'	①一張小卡片 ②一支筆
（指導語）	**L1**：在聽完大家的自我介紹後，相信大家對彼此都有一定程度的了解。那我們就開始要進行我們第一單元：speak my mind。現在我發給大家每人一張卡片，大家一定有看到卡片上寫著『早知道……當初就……』，像我自己寫著『早知道媽媽會離開我，當初就該和媽媽說我愛你』。因為我小時後我爸媽就離婚了。之後我和媽媽見面的機會變很少，其實我心裡很想媽媽，也很愛媽媽，只因從小和媽媽的感情就一直冷淡，現在就變成和媽媽有些隔閡。其實我很想跟媽媽說聲我愛你。現在就請大家開始寫下自己想寫的話吧。 **L3**：大家都寫好了嗎？（用眼環視）若大家都寫好了，即用眼神邀請；若有人尚未寫好：沒關係，你可以等會兒想到再補充。那現在有沒有人想先跟大家分享的。……若沒有人想先分享的話，那我來分享我寫的		
做總結	對此單元活動做總結。	5'	
（指導語）	**L1**：聽了大家分享自己的經驗，不知有沒有人想補充自己的想法或想對其他人說的話呢？ **L2**：也許我們第一單元可在這裡做個結束。那大家就先休息		

	10 分鐘，然後我們再準時回來進行我們第二單元：真情告白。

單元企劃書

一、單元名稱：真情告白

二、單元目標：

　　1.探索成員感到遺憾的人、事。

　　2.使成員分享在人際上所感到遺憾的事。

　　3.讓成員能夠從活動中分享自己面對遺憾時的反應、情緒。

　　4.活動中，讓成員間能夠主動分享經驗、回饋與互相支持。

三、團體次數：第二次

四、領導組：謝意晴、莊聖莓、林苡雰

五、團體時間：11：00～12：20，共 80 分鐘

六、活動內容及進行方式：

活動名稱	活動內容	時間	準備工具
摘要、回顧與說明	進入這一階段前先摘要前一單元，讓成員回顧上一階段內容，而後說明介紹這一單元的主題和欲探索的內容	3-5"	
（指導語）	**L1**：『大家好！我是 L1。這是 L2，這是 L3。這一階段由我們三個來帶領大家分享在人際上的遺憾。在上一階段大家都分別提到了一些讓自己有些遺憾的事，像 A 說到了早知道會……，就……；B 和 C 則說到了和朋友間的小遺憾；那麼，相信大家現在都有很多的感觸。人際關係在我們的生命中佔了很大的比例，我想多少都有些曾經來不及說的話、做的事，而有所遺憾		

	的事。像男女朋友、同學、家人等,都可能會是讓你有所遺憾的對象。我想,對她們大家心中一定有什麼想說的吧!?		
請聽我說	1.請成員回想再人際互動經驗中曾讓自己感到遺憾的對象,並在紙上寫下想說的話。	3	紙、筆
	2.請成員將紙條傳向坐在自己右手邊的人。	72	
	3.請成員把手上紙條內容唸出(由領導者示範)		
	4.請成員分享對該內容的聯想和情緒。		
	5.請原作者分享這件遺憾的經驗、情緒和成因。		
	6.讓成員彼此回饋。		
（指導語）	**L1**:『那現在,請大家心裡想著那個讓自己有所遺憾的對象,想著他,對他有什麼話要說,把話寫下來,寫好以後把紙條傳項作在你右手邊的人,讓他幫你說出來,嗯哼!那就開始寫吧!』 **L2**:『大家寫好了嗎?記得把指傳向右手邊的人唷!(環顧)好,那現在有沒有人要先分享的?』 **L3**:『那我先來好了!(唸出紙上的內容)』(讓成員先唸完)。 **L3**:『大家對於剛剛自己念的內容,有什麼感覺?它讓你聯想到什麼?』(用眼神邀請) **L2**:『我覺得……,我想到……。』 **L1**:『那 A 你聽到 L2 念出來後有什麼感覺?你和這個人是什麼關係?』 讓每位成員分享自己想說的話和遺憾的經驗,並讓彼此給予回饋或做補充。		
結語	做這一階段的摘要,並讓成員作回饋、補充。	3-5	
（指導語）	**L2**:『(摘要成員所述)很高興大家分享了自己的經驗,對於剛		

	剛我們所進行的部分，有人還想要做補充的嗎？嗯～那接下來中午我們休息 50 分鐘，讓大家吃個便當，瞇一下。第三個單元—家族相簿，在 1：10 準時開始，請大家不要遲到！』

單元企劃書

一、單元名稱：家族相簿

二、單元目標：

　　1.成員彼此能得體地分享自己在家庭方面所感到遺憾的事。

　　2.成員能傾聽、接納、和同理其他成員在團體中的揭露。

　　3.成員能適當的提供和接受其他成員的回饋。

三、團體次數：第三次

四、領導組：莊聖莓、黃雯冰、林苡雰

五、團體時間：13：10～14：30，共 80 分鐘

六、活動內容及進行方式：

活動名稱	活動內容	時間	準備工具
摘要上一單元	領導者摘要上一單元，幫助成員作回顧。	5	
（指導語）	**L1**：大家好！我是這個單元的領導者 OO，這位是 L2，這位是 L3。在上一個單元真情告白的時候，大家都分享到自己在人際關係的經驗中，感到最遺憾的事。就像 A 和 B 同樣對某一位朋友感到很遺憾。C 和 D 心裡有同樣的感覺。		
	L3：經常，我們都把自己感到遺憾的事，引藏在我們內心最隱密的角落。其實呢，我們可以把這些遺憾的事在團體中拿出來分享，就像把棉被拿出來曬曬太陽。希望大家在這個單元裡，也能夠用心傾聽，主動的分享。		

蘋果樹的秘密	1.發給每位成員一人一張圖紙,圖紙上已繪有一棵蘋果樹。 2.請成員在樹上缺了角的蘋果裡寫下一位自己對他感到最遺憾的親人。 3.讓成員在缺角的蘋果上塗上代表情緒的顏色。 4.協同領導者首先示範自己的蘋果樹圖,向大家分享。 5.邀請成員分享自己的蘋果樹圖。		色筆 紙八張
(指導語)	**L2**:接下來,我們要進入這個單元活動－蘋果樹的秘密。家庭對每個人來說,都有某種特別的意義。其中,一定會有一位親人,會讓我們對他感到很遺憾。現在我們在這張紙上看到一棵蘋果樹。樹上的蘋果是缺了一角的,代表著遺憾。 請大家在這顆蘋果上面寫下讓你覺得對他有遺憾的親人。大機在紙上也有看到紙上寫著一些伴隨遺憾的情緒,例如:懊惱、憤怒、矛盾等。這邊有許多色筆,你可以挑選自己覺得可以代表除了遺憾以外情緒的顏色,把顏色塗在蘋果上;如果沒有你要的顏色,可以用鉛筆來代替沒關係。 **L1**:那大家都畫好了嗎?有沒有人想先分享的呢?(眼神邀請成員分享,若無成員主動分享,協同領導者分享) **L2**:那我先跟大家分享好了。我在蘋果樹上寫的是爸爸,我塗的顏色是代表無助的紫色……。 **L3**:(摘要同理 L2 的分享)		
結語	1.領導者摘述團體進行的內容。 2.連結成員間相似或相反的分享內容。 3.用眼神邀請成員作補充或澄清。 4.邀請成員彼此回饋。		

（指導語）	**L1**：聽了 A 的分享，我心裡覺得很感動。在聽了大家的分享後，發現 B 和 C 和 D 都對家裡的情形感到很無力，也很難過。那有沒有人想要對誰說一說呢？還是想再說一說的呢？（用眼神邀請）這個單元就在這裡結束了，大家可以休息個 10 分鐘再回來進行下一個單元的活動。

單元企劃書

一、單元名稱：扭轉未來

二、單元目標：

　　1.使成員能從經驗中察覺造成遺憾的原因

　　2.使成員能夠面對自己遺憾的事實並接納它

　　3.使成員能夠了解個人期望

三、團體次數：第四次

四、領導組：黃妤節、謝意晴、朱羽清

五、團體時間：14：40～16：00，共 80 分鐘

六、活動內容及進行方式：

活動名稱	活動內容	時間	準備工具
腦力大激盪	1.導者先對前三階段做摘要 2.邀請成員一起回顧分享、摘要前三階段並相互給予回饋	10	
（指導語）	**L1**：我是 OO！這個單元由我們三個來帶領大家，在進行第四單元前，我們先來作回顧一下，在第一階段，我們進行『三個小秘密』的活動，使大家更深入地認識彼此，也談到令自己感到遺憾的事，有些人……，有些人……，大家都分享自己的經驗，在第二階段的『真情告白』活動中，成員敘述自己在人際		

	方面感到遺憾的事，面對遺憾所造成的衝擊，分享經歷遺憾的感觸及情緒，第三階段『蘋果樹的秘密』，促使成員坦然面對並接納家庭中的遺憾，抒發情緒及感傷。 **L1**：那現在有沒有成員想對前三階段作回饋或想補充的呢？		
向前走	讓成員檢視這一天所參與的過程及內容	10	
（指導語）	**L1**：大家在今天一連串的單元中，對遺憾所帶來的衝擊與情緒有更深的體悟，在彼此分享的過程中，我們也了解該如何面對、接納遺憾，最後一階段送給自己一份禮物，希望大家藉由這份禮物來鼓勵自己，並期望自己能從新面對遺憾，從遺憾中獲得新的體驗。		
讓愛說出來	1.進行送給自己的小禮物活動 2.邀請成員分享	60	海報、小卡片、筆
（指導語）	**L2**：那我們就開始進入這階段的活動，此階段的活動是送給自己的小禮物，相信大家在一整天的分享後，一定會有一些對自己的回饋，那麼現在就發給大家一張卡片，請大家看牆壁海報上的小禮物，每一樣禮物都代表著一種意義，那大家在紙上寫上或畫上想送給自己的禮物，如果有想送自己的禮物不在海報上，也可自行創意發揮，好！那我們現在就開始吧！ **L1**：不知道大家寫好了嗎？（用眼神示意） **L3**：那我先來說好了！嗯！我送給自己的是一隻手機、時間、和勇氣，之前我提到了<u>星美</u>的事，對我來說那是很大的遺憾，我想要把握自己和朋友共處的時間，我想要多一點的勇氣和別人多溝通，把心中滿滿的愛對他們說。 **L1**：你是不是對<u>星美</u>有著許多複雜的情感？ **L3**：對！有很難以形容的矛盾、疑惑、和深深的悲傷吧！ **L2**：如果<u>星美</u>尚在人間的話，你會不會想積極把握與她相處的時間？ **L3**：我想不會吧！因為如果不是發生了這件事，我也不會體驗到<u>這些</u>的重要性，我能做的就是把握珍惜現在所有的了！		

| 情緒探索團體範例五 |

團體企劃書

一、團體名稱：還不會『游泳氣』死我了——尋找你的勇氣

二、團體目標：

　　1.評估自己是不是一個有勇氣的人。

　　2.讓成員分享成員彼此之間對於所謂的勇氣有許多不同的看法。

　　3.讓成員明白自己勇氣十足或不足的地方。

　　4.讓成員了解自己可能有什麼方法去增加勇氣。

三、團體性質：情緒探索團體

四、團體時間：9：30am～4：00pm

五、團體地點：S605

六、團體領導組：徐立青、周儀倫、蔡心宜、張育玲、王婕音、項千文

七、參加人數：9人

八、指導老師：張景然老師

單元企劃書

一、單元名稱：勇敢說出來

二、單元目標：

　　1.說明團體性質、團體主題、團體目標、和團體走向。

　　2.訂定團體規範，以增進團體成員的凝聚力。

3.評估自己是不是一個有勇氣的人。

4.藉由成員的經驗分享，以期成員能夠達到進一步的自我認識。

三、團體次數：第一次

四、領導組：立青、儀倫、心宜

五、團體時間：9：30am～10：50am

六、活動內容及進行方式：

活動名稱	活動內容	時間	準備工具
一、前言和摘要	介紹領導者、協同領導者及活動主題與成員間自我介紹	10	
（指導語）	各位成員大家早，很高興大家來參與這次的團體，我是立青，是這一階段的領導者，儀倫是我的協同領導者，心宜是我的催化員，張景然老師是我們的督導，不會參與我們的團體，婕音、千文、育玲是觀察員，不參與此階段的活動，以下的階段他們會陸續加入我們之中。接下來我們就來做個簡單的自我介紹。首先我先來對何謂團體做個介紹：團體是屬於兩個人以上的一群人，彼此分享的經驗，同時，團體是溫暖的、安全的，所以大家可以在團體中說出自己想說的話。 我來介紹我們的團體主題－還不會『游泳氣』死我了－尋找你的勇氣，　團體的目標在讓各位成員分享自己的經驗，更清楚的知道自己的勇氣有多少，還有察覺到自己在各方面不管是人際之間、作決定、認錯……或其他自己生活中可能碰到的事。那我希望大家在團體中能多多分享彼此有關勇氣的經驗。 **介紹每個單元流程**		
二、訂定規範（活動）	激發成員訂定團體規範	7	
（指導語）	**（L1）**：我們為了讓團體進行的更加順利，所以我們現在來進行一個屬於我們大家的團體規範。因為我想在座的成員大多是第二次參加小團體的人，對小團體中的一些該注意的事項應該		

	都有概念，可是我們還是需要再重述一下。現在我們就來訂團體規範，在團體裡面，大家可以藉由遵守這些規範進一步凝聚團體的向心力。有沒有人已經想到要訂什麼規範了？如果沒有的話那我先提一個好了。我希望在團體進行時大家能保持自在。 　**（L2）**：我是覺得因為我們是屬於分享性的團體，所以我們可能會在團體進行中分享一些自己的經驗，可是在我們分享經驗的同時，也會害怕被洩露出去，所以為了避免這樣的事發生，我覺得我們的團體要有保密的這一項原則存在。那我希望在今天的團體中所互相分享的經驗及感覺，不向外人透露，以保護個人的隱私權。 　**（L3）**：除此之外我還想請大家都能主動分享，那還有沒有人有想到別的……（將所有的訂定的規範大概的介紹一下：大聲說話、關手機、不中斷他人言語、哭不打緊、主動回饋），希望我們可以共同遵守以上的規範。		
三、自我介紹活動和經驗分享	藉由活動引導大家分享自己的經驗 活動名稱：照樣接句 目標：讓成員揭露自己對勇氣的感覺 進行方式： 　1.領導者先舉出接句的題目（事前寫在紙上）。 　2.讓成員在紙上寫下造句。 　接句的題目： 　我是…… 　我討厭…… 　我害怕…… 　我需要…… 　我正(準備或考慮)…… 　我……	58	海報、墊板、彩色筆、A4紙
（指導語）	**指導語（L1）**：接下來我們希望對你們有更深一層的認識，		

	要進行一項小活動，再發下去的紙上，有六個小問題要起大家來作答。		
	（L2）：像我呀！我是一個內向的人，我害怕跟陌生人說話，我討厭有心事不能跟朋友說的感覺，我需要朋友在我身邊陪伴我，我正考慮要不要考研究所，我不敢糾正好朋友的錯誤。(大家都在做題目中……)		
	（L3）：大家都寫好了吧？那有沒有人想要先分享的。		
四、摘要及結束	摘要這個階段的內容和結束此階段	5	
（指導語）	**（L1）**：（做這個階段的摘要）非常謝謝大家的用心參與。		

單元企劃書

一、單元名稱：勇氣在那裡

二、單元目標：

　　1.揭露彼此對勇氣的感覺。

　　2.讓成員分享成員彼此之間對於所謂的勇氣有許多不同的看法。

　　3.讓成員了解成員彼此之間對於所謂的勇氣的有許多不同的價值觀。

　　4.讓成員明白自己勇氣十足或不足的地方。

三、團體次數：第二次

四、領導組：婕音、育玲、儀倫

五、團體時間：10：40am～12：20pm

六、活動內容及進行方式：

活動名稱	活動內容	時間	準備工具
一、摘要與簡介	上一個階段的摘要回顧與這次團體主題的介紹	5	

（指導語）	（L1）：大家好，我是這個階段的領導者婕音，而育玲、儀倫是我們的協同領導者（新加入的領導者要自我介紹一下，再做上一個階段的摘要）。 （L2）：剛剛我們所談的主題是『勇敢說出來』，每個人都在團體當中彼此分享了一些經驗……。那麼現在我們所要進行的主題是勇氣在那裡？它可以是很具體的，或是很抽象的，日常生活中不論是什麼大小事情，我們都需要有勇氣才能去做，希望大家在這個單元中，能夠提出自己的經驗讓大家分享。		
二、活動和經驗分享	藉由活動讓大家經驗分享。 活動名稱：我有沒有勇氣去 目標：藉由 20 道題目的設定，讓成員用行動去完成，來了解成員在這些情境中是否有勇氣去達到目標，進而達到改變歷程。 進行方式： 　1.事先將題目寫在紙上（共 15 題）。 　2.先請成員挑出自己最不敢做會有勇氣去做的事。 題目： 　(a)認錯。 　(b)打電話跟家人說「I love you」。 　(c)提出分手。 　(d)接受分手。 　(e)告白。 　(f)即使有同學沒做報告也會刪除他／她的名字。 　(g)殺價。 　(h)跟陌生人搭訕、聊天。 　(i)跟餐廳老闆說你們的東西不乾淨。 　(j)同學拜託你的事，自己不想做會說不要。	67	

	(k)被性騷擾會大聲說出來 (l)勇於舉手發表自己的意見 (m)試穿衣服不買 (n)拒絕不喜歡的人的追求 (o)自助旅行		
（指導語）	**（L1）**：我們會問你們一些題目，我們設計這些題目的目的不是說要妳們有什麼立即性的改變，只是說，我們希望透過經驗分享可以幫助你們自己去覺察，去省思，這就是我們的目的。 **（L2）**：現在在我們的兩面牆壁上有 2 張海報，分別列有一些生活中可能會發生的事，而每位成員的手上也有 15 張寫有自己姓名的小卡貼紙，現在請各位成員把自己不敢做的事貼在左欄，敢做的事貼在右欄，至於尚未遇到而不曉得自己敢不敢做的事情貼在中間的那條線上。 **（L3）**：現在請成員分為兩邊，先貼靠自己比較近的那面牆，然後等會再交換，必須每個人都要貼完 15 道題目，大家還有什麼疑問嗎？如果沒有的話現在請大家開始貼吧！ （大家都貼完後） **（L1）**：還有成員沒有貼好的嗎？……嗯……那就先以我來說，我不敢因為同學沒有做報告，就去除掉同學的名字，因為我害怕當我這麼做了以後，我們會有疙瘩存在，或者，我們根本做不了朋友了！那跟我一樣的有……。		
三、摘要及結束	摘要這個階段的內容和結束此階段	5	
（指導語）	**（L1）**：其實藉由剛剛生活中的分享，我們可以看到很多種關於勇氣不同的層面，希望藉由剛才的經驗分享能對大家有所幫助，不知道各位對於這個階段的分享還有沒有想要補充的地方？如果各位都沒有其他問題的話，這個單元就到這裡先告一段落了。		
四、補充下一個活動		3	
（指導語）	**（L2）**：嗯……對不起，我在這裡要先補充說明一下我們的午		

	餐是在小白屋內吃，同時我們會有一些狀況題要考驗大家，請大家要多多努力的去完成題目中的要求唷！並且記得我們要在 1：10pm 之前回來！如果大家都沒有問題的話，那我們就開始行動吧！

活動三

活動名稱：出外走走

目標：藉以讓成員可以實際的體會此時此地的感覺

進行方式：讓成員各自去達成自己不敢做的事的其中一項

道具：無

狀況的題目：

　　a. 跟老闆加飯和加菜

　　b. 跟老闆飲料

　　c. 稱讚會批評老闆的東西

　　d. 跟老闆殺價

　　e. 當大家用餐到一個段落時，站起來高聲唱歌

　　f. 跟警衛伯伯打招忽和說話聊天

單元企劃書

一、單元名稱：趕走膽小鬼

二、單元目標：

　　1.利用活動讓成員完成一些平時沒有勇氣做過的事。

　　2.讓成員發現有些事會不敢做的背後原因。

3.讓成員了解自己可能有什麼方法去增加勇氣。

4.邀請成員分享自己從沒有勇氣到有勇氣的改變歷程與經驗分享。

三、團體次數：第三次

四、領導組：千文、婕音、立青

五、團體時間：1：10pm～2：30pm

六、活動內容及進行方式：

活動名稱	活動內容	時間	準備工具
一、摘要與介紹	上一個階段的摘要回顧與這次團體主題的介紹	13	
（指導語）	**（L1）**：經過一個吃飯時間，加上 30 多分鐘的戶外活動，相信大家都有點累了，大家跟我伸伸懶腰，動一動（大家跟著做，一分鐘過後），經過稍微的活動身體，相信大家的精神都好多了吧！那我們要開始進行第三階段的團體。 **（L1）**：大家好，我是這個階段的領導者，我是千文，而婕音和立青是我的協同領導者。（先做上一個階段的摘要）剛剛我們所談的主題是『勇氣在那裡』，相信大家都感受到關於勇氣我們每個人有很多不同感覺，對於不同的事件大家的應對方式也不一樣，在上一階段，有些人對某些事是敢做而且已經做過的，也說出了自己的經驗；有些人對某些事是不敢做的；有些人則不曉得自己敢不敢做，因為沒有親身經歷過那種情境。大家都分享了很多自己的感覺和情緒，也很主動，希望在這個階段大家也能多主動分享、主動回饋。到了這個階段我們要談的是如何加強我們的勇氣。中午的活動，相信大家都有很多不同的感覺，面對平時我們不敢做的事，後來是如何去克服的，特別是以前從未想到自己也可以做到，後來居然可以達到目標的感覺，這些感覺妳都可以在這個階段說出，與大家一起分享彼此的經驗。		
二、活動和經驗分	藉由活動進入主題	62	

享			
（指導語）	**（L3）**：剛剛的活動中，有人要殺價、有人跟老板要求加菜、有人要當眾唱歌、有人要跟警衛伯伯說話……，我想，從走出團動室，一直到抵達小白屋，到要對自己的任務開始行動，到任務完成，大加家心裡一定有許多不同的感覺和情緒的起伏，我想聽聽大家的感覺，有沒有人想先說說看？ **（L1）**：剛剛我聽了大家說了很多，發現大部分的人一開始都不太敢，過了一會才鼓起勇氣去做。在第二階段還有一些題目沒有談到，像是打電話給家人說我愛你……，剛剛某某 1 說因為之前跟嬸嬸發生過爭執，到現在都沒再跟嬸嬸說過話了，妳說妳想跟嬸嬸說謝謝，妳很感激她為妳做的一切，那不知道妳現在願不願意打個手機跟她說妳想對她說的話？（某某 1 接過手機撥給嬸嬸，電話沒人接）某某，剛妳撥電話時，好像很緊張，結果後來沒人接，我想聽聽妳那時的感覺，（某某 1：對呀！我很緊張，而且不知道說什麼好，沒接通，讓你們失望了！）。 **（L2）**：剛也有人其實對家人想表達一些自己的感覺，只是平常不會也沒勇氣開口，像某某 2 跟某某 3……，有沒有人現在想撥手機告訴家人妳想對他們說的話？（沒人，沉默 3 秒）如果沒有，那我想聽聽看，從團體進行到現在，這團體給你的感覺如何？有沒有人想要跟大家分享的？		
三、摘要及結束	摘要這個階段的內容和結束此階段。	5	
（指導語）	**（L1）**：……那我們這個階段就進行到這邊，休息 10 分鐘，下一個階段是今天團體進行的最後一個階段，開始的時間是 2：40，提醒大家不要遲到了，好，我們就進行到這邊。		

單元企劃書

一、單元名稱：勇敢向前走

二、單元目標：

　　1.希望自己可以有什麼改變，藉成員分享此次活動的感想。

　　2.藉著活動的進行，來回饋此次團體的經驗。

　　3.邀請成員彼此回饋。

　　4.結束團體。

三、團體次數：第四次

四、領導組：心宜、千文、育玲

五、團體時間：2：40pm～4：00pm

六、活動內容及進行方式：

活動名稱	活動內容	時間	準備工具
一、摘要與介紹	摘要回顧與這次團體的主題介紹	5	
（指導語）	**（L1）**：大家好，這是我們的最後一個單元了，大家好，我是這個階段的領導者，我是<u>心宜</u>，而<u>千文</u>和<u>育玲</u>是我們的協同領導者。（先做上一個階段的摘要），我們在前三次的團體中分別談到了『勇敢說出來』、『勇氣在那裡』、『趕走膽小鬼』，（稍微做一下前三次的摘要）。		
二、活動		30	
（指導語）	**（L2）**：我們這個階段要進行的是『勇敢向前走』，把我們的勇氣在之後能夠表現出來。在前一階段大家也都分享了不少，應該還有人尚未在上一單元分享自己的感覺吧！那要不要說說看？		
三、回饋		5 30	
（指導語）	**（L3）**：經過今天一整天的活動後，大家應該都有很多不同的感覺和想法吧！或許是給予某個成員或領導者回饋，或許是對今天團體所有的感想，都可以藉由此回饋卡來回饋給對方。 (寫回饋卡) 那大家都寫好了嗎？有沒有人要先對誰給予回饋的？而我想		

	給……因為……。		
四、總結和再見	對這四次的團體進行總結	10	
（指導語）	**（L1）**：今天一天的團體下來，我們分別談到了『勇敢說出來』、『勇氣在那裡』、『趕走膽小鬼』、『勇敢向前走』。也一起做到了我們所訂定的規範，像是大聲說話、哭不打緊、主動分享……等。其實，我們希望藉著這個團體來幫助成員自我探索、自我肯定，或許我們並沒有將團體帶的很好，但是透過成員間的經驗分享，相信大家都能有某種程度的收穫。現在我們以勇氣糖分送給大家，希望大家勇氣倍增。最後，謝謝大家今天一天的參與，希望能給大家一個美好的回憶，我們的團體就到此結束了。		

【其他議題團體】

◣其他議題◢

團體企劃書範例

其他議題團體範例一

團體企劃書

一、團體名稱：愛情急轉彎（網路團體）

二、團體目標：

　　1.透過成員的經驗分享與回饋，分享與學習他人的經驗。

　　2.藉由團體進行，讓成員能夠體察自己的情緒，以理性、健康的態度面
　　　對兩性問題。

　　3.藉由團體，讓成員認識自己及異性的溝通態度，彼此尊重、體貼。

三、團體性質：封閉性、低結構

四、團體時間：每星期六的晚上 8：30～10：30，連續四週

五、團體地點：網路

六、團體領導組：丁羽心、王美華

七、參加人數：7 人

八、指導老師：張景然老師

單元企劃書

一、單元名稱：越過那一道防線的掙扎——男女純友誼

二、單元目標：

　　1.藉由網路上文字的分享，來分享自己在處理男女間微妙情感時候的感
　　　覺，並藉著成員間的文字交流，來學習或分享自己在處理感情上的一

些態度。

　　2.使成員能體察到自己在團體中的感受，並且用一種新的態度與心情，
　　　來面對當時或現在的心情。

三、團體次數：第一次

四、領導組：丁羽心、王美華

五、團體時間：5月6日　20：30～22：30

六、活動內容及進行方式：

活動名稱	活動內容	時間	準備工具
一、介紹團體及單元目標	說明團體及活動方式	1分	無
（指導語）	大家晚安，歡迎來到（＊＊＊＊）聊天室，很高興你們可以參加第一次的團體，在這次與接下來幾次的活動之中，除了今天的「純友誼」，還有下面幾次我們會分享到「熱戀」和「失戀」的經驗。希望藉由彼此間的經驗分享，讓每個人能夠更清楚的體察自己的情緒，並且學習到處理類似事件的經驗。		
二、澄清團體目標	說明團體進行時應注意事項	1分	無
（指導語）	今天晚上的主題是「越過那一道防線的掙扎——男女純友誼」，希望藉著今天晚上短短兩小時的交流，大家可以分享一下自己曾經在「男女之情」及「友情」間，掙扎時所經驗過的過程與感覺。在團體裡一切的談話內容會被保密，也請成員不要在團體以外的地方討論團體裡的事。在團體進行的同時，也希望大家多多分享自己的經驗和感覺。		
三、自我介紹	請成員自我介紹，並說明對團體的期許。	15分	無
（指導語）	我是這次團體的領導者，目前是＊＊系的學生，請向大家簡單介紹一下你自己，例如：性別、科系、年齡等等，並說說你參加本次團體的動機與對團體的期望。在這裡我要再一次提醒大家，在團體裡所談論的內容，千萬不要對團體之外的人說，因為其中牽涉到其他成員的隱私，大家能夠遵守這個		

	原則嗎？ 既然是團體，就要有所謂的規範，就像在班級中要制定班規一樣，你們大家要不要說說看，在這個聊天室及接下來的幾次團體中應該要有哪些規定？		
四、主題	進入主題請成員分享與回饋	80 分	無
（指導語）	不知道大家對「越過那一道防線的掙扎——男女純友誼」有什麼樣的看法？你覺得這種「純友誼」存在嗎？		
五、總結	摘要與分享	25 分	無
（指導語）	現在團體的時間已經接近尾聲，我們剛聽了這麼多的經驗，大家說一下自己的感覺好嗎？……有沒有想對其他成員說的？…… 我想生命中的每一段過程與經驗都是累積的，並且在無形之間對我們造成了某些影響，這樣的過程與經驗，也許是愉快的，也許是令人感傷的，但卻都是成長的痕跡，也許我們應該以更正面的態度來面對這些經驗。謝謝大家今晚的參與，希望下一次團體還能夠看到你們每一個人。		
備註	在「領導者介紹團體及單元目標」的指導語，會寫在聊天室的問候語裡，各單元的指導語會先複製和貼上，以節省打字時間。		

單元企劃書

一、單元名稱：天旋地轉——熱戀時光

二、單元目標：

　　1.協助成員以健康理性的態度面對兩性關係。

　　2.協助成員察覺自己在交往時所存在的情緒。

　　3.協助成員認識自己及異性的溝通及態度，彼此尊重、體貼。

三、團體次數：第二次

四、領導組：丁羽心、王美華

五、團體時間：5 月 13 日　20：30～22：30

六、活動內容及進行方式：

活動名稱	活動內容	時間	準備工具
一、前言與摘要	領導者對上一次團體中成員的分享內容做適度摘要	5 分	無
（指導語）	大家晚安，歡迎來到（＊＊＊＊）聊天室，我是今晚的領導者，上次大家談論的主題是純友誼，大家分享了彼此的經驗。而今天晚上的主題是「天旋地轉——熱戀時光」，希望藉著今天晚上短短兩小時的交流，大家可以分享一下自己在熱戀時所經驗過的過程與感覺。		
二、天旋地轉	以分享的方式使成員察覺自己在交往時所存在的情緒。	80 分	無
（指導語）	很高興你們可以繼續參加這一次的團體，希望大家多多分享自己的經驗和感覺。在進行團體之前，你們先回想一下過去你在熱戀時，曾經聽過、想過、遇過的景象或事物，在什麼情況下，曾經讓你自己感到輕鬆愉快？這種感覺是在兩人說了什麼話或做了什麼事？在兩個人的交往過程中，有什麼曾經讓你印象深刻的事？或讓你感動的？		
三、情感分享與回饋	成員間互相分享與回饋	25 分	無
（指導語）	在聽到別人經驗與感覺時，你們是否也有相同的或類似的感受？有沒有人要分享的？或對其他人給予回饋？		
四、總結	摘要與分享	10 分	無
（指導語）	團體時間已經接近尾聲了，今天我們分享了熱戀時的經驗與感受，相信大家又重新體會當時的心情吧，彼此也更加了解，願大家在往後的日子都能記得這樣的感覺，今天團體進行到此為止。		

單元企劃書

一、單元名稱：愛情的盡頭——我失戀了

二、單元目標：

　　1.藉由網路上文字的分享，來分享自己如何面對感情的低潮。

　　2.使成員體察自己在團體中的感受,並且用一種新的態度與心情來面對
　　　當時或現在的心情。

三、團體次數：第三次

四、領導組：丁羽心、王美華

五、團體時間：5 月 20 日　　20：30～22：30

六、活動內容及進行方式：

活動名稱	活動內容	時間	準備工具
一、摘要	對前兩次的團體做簡短的連結、摘要。	9 分	無
（指導語）	大家晚安,歡迎來到＊＊＊＊聊天室,很高興今晚大家又見面了,今天是第三次的團體,之前我們分享了純友誼和熱戀的經驗,不知道大家對前兩次的團體有什麼樣的感受？		
	上一次團體進行過程中,發現有成員互丟悄悄話的行為發生,＊＊和我覺得這樣的情形多少影響到團體的進行,對其他的成員有所回饋是件好事,但是希望不要藉悄悄話的功能嬉戲或談論與主題無關的事,其實我也不喜歡限制這個限制那個,最主要的目的,是希望大家可以專心在團體裡的分享,也尊重發言的人,和團體中其他成員。 雖然已經過了兩次團體,還是要跟大家再一次強調,希望大家在聽別人分享時,多多給予回饋,並且我們比較想聽到的是「你的感受」,而非很詳細的事件經過,或者是「人生的道理」,所以啊,分享的時候,希望大家盡量以「我」字作為主詞,……抱歉啦,今天有點囉唆,大家準備好要開始了嗎？		

二、愛情的盡頭— 　　我失戀了	向成員說明此次主題並分享	90分	無
（指導語）	今天晚上還是希望大家談談自己的經驗和感覺，在經歷了相識交往的過程後，再美麗的花朵也有褪色的一天，今天讓我們來談談「失戀」後，你如何面對這樣的低潮，以及從中所學習到的經驗。		
三、分享與回饋	使成員回顧整個團體進行過程中，成員的分享與回饋。	10分	無
（指導語）	現在團體時間已經接近尾聲，我們剛才聽了這麼多的經驗，請大家說一下自己的感覺好嗎？		
四、總結	摘要與分享	10分	無
（指導語）	今天的主題讓你勾起了不愉快的回憶，但卻不能否認這樣的經驗，讓我們學會了成長，也許我們應該以較正面的角度來看這些事，而不是活在痛苦與悲傷中。謝謝大家今晚的參與，希望下次團體還能夠看到你們每一個人。		

單元企劃書

一、單元名稱：珍重再見——分享與回饋

二、單元目標：

　　1.讓成員回顧前三次的團體歷程。

　　2.讓成員體察自己在團體中的感受。

　　3.成員相互祝福及回饋，結束團體。

三、團體次數：第四次

四、領導組：丁羽心、王美華

五、團體時間：5月27日　20：30～22：30

六、活動內容及進行方式：

活動名稱	活動內容	時間	準備工具
一、摘要	對前三次的團體做簡短的連結、摘要。	10 分	無
（指導語）	大家晚安，歡迎來到＊＊＊＊聊天室，這是我們最後一次團體了，我是＊＊，在前三次的團體中，我們分享了彼此的經驗與感受，我們也分享過在純友誼、熱戀以及失戀等這些階段的感受。今天晚上是我們這個團體最後一次的分享，在短短兩小時的交流，我們來分享一下在團體中的所有感受。		
二、珍重再見	讓成員回憶前三次的團體並回饋	105 分	無
（指導語）	很高興你們可以參加這一次的團體，在前三次的團體中，誰讓你印象深刻？或什麼樣的經驗讓你印象深刻？……我很高興跟大家共同度過這四次的時光，在這個團體中，還有沒有什麼話要對其他成員說的？或者你在前三次團體中，仍有想分享的人事物或經驗、感受？可以趁現在說出來，千萬不要憋在心理。		
三、總結	對團體做摘要，結束全部活動	5 分	無
（指導語）	團體時間已經接近尾聲，今天我們彼此分享了團體相處時的經驗與感受，相信大家也都對彼此有了更多的了解，就讓我們在這裡互道祝福話語，願大家在往後的日子都能記得這樣的感覺，團體就進行到此為止。		

其他議題團體範例二

團體企劃書

一、團體名稱：搶救憤怒大作戰（網路團體）

二、團體目標：

　　1.能夠自我覺察憤怒的情緒

　　2.透過團體分享，可以更認識自己，也學習認識別人。

三、團體性質：低結構、封閉性團體

四、團體時間：連續兩週的星期六、日 10：00～12：00，共四次

五、團體地點：網路

六、團體領導組：羅映亭、王黍涓、俞可凌

七、參加人數：8 人

八、指導老師：張景然老師

單元企劃書

一、單元名稱：相見歡

二、單元目標：

　　1.成員互相認識及訂定團體規範

　　2.說明團體的目標及未來的走向

　　3.成員建立信任感及互動

三、團體次數：第一次

四、領導組：羅映亭、王忝涓、俞可凌

五、團體時間：10 月 17 日 (六) 10：00～12：00

六、活動內容及進行方式：

活動名稱	活動內容	時間	準備工具
一、暖身活動	說明團體性質及目標並請成員自我介紹	15 分	無
（指導語）	嗨！我是今天的領導者，首先先歡迎大家今天來參與我們的團體，請大家先對其他人打個招呼吧。我們的團體性質是屬於情緒探討，團體的目標是想藉由團體，讓大家可以重新體察自我情緒經驗，透過分享讓大家更認識自己以外，還可學習去認識別人，總共會進行四次，連續兩週的星期六、日 10：00～12：00，聊天室的名稱為搶救憤怒大作戰，請大家每次皆能準時報到。接下來請大家先自我介紹，包括性別、年齡及是否有參與過小團體，或是網路諮商的經驗。		
二、訂定規範	藉由成員的共同討論，訂定一些團體規定，大家共同遵守，以便小團體可以順利進行。	15 分	無
（指導語）	再來我們要來訂定屬於我們的小團體規範，我先提幾個，大家可以看看有沒有要補充或發問的。1.對分享的內容要保密，2.認真參與及分享，3. 不要中途離線，若有緊急事件，請告知當週聯絡人，4.要坦承，5.可使用聊天室的功能、表情或顏色，但勿使用悄悄話，6.進來聊天室先打招呼，我們的暗號為「阿囉哈」，若非我們的成員我們會拒絕他的加入。		
三、對自己的憤怒經驗	請成員分享印象中讓自己最深刻的憤怒的經驗與感覺	80 分	無
（指導語）	接下來我們要進行今天的主題，本次的主題為對自己的憤怒經驗，大家可以想想在印象中，最深刻或是最近有過什麼樣的經驗，是自己對自己感到憤怒的感覺？大家可以邊想邊打字，等一下輪流上傳到畫面上，大家再看完別人的經驗後，也可分享自己的感覺。		

四、總結	摘要與回饋		無
（指導語）	我們的團體今天要結束了，有沒有誰想補充什麼……，那現在請大家分享參加完第一次活動的感覺……，那我們的團體要告一段落了，下次要談的憤怒經驗是對朋友或是室友，請大家回去想想，下次再和大家一起分享，拜拜。		

單元企劃書

一、單元名稱：與氣憤共舞

二、單元目標：

　　1.希望成員能察覺自己憤怒的情緒

　　2.使成員能分析自己憤怒情緒產生的原因

　　3.藉由分享使成員覺察對憤怒情緒的處理方式

三、團體次數：第二次

四、領導組：羅映亭、王黍涓、俞可凌

五、團體時間：10 月 18 日(日) 10：00～12：00

六、活動內容及進行方式：

活動名稱	活動內容	時間	準備工具
一、回顧	告知此次團體的聯絡者及電話，並摘要前次團體內容。	2 分	無
（指導語）	大家好我是＊＊，先提醒大家今天的聯絡人就是我，通知單上有我的電話，如果臨時有什麼事要趕快和我聯絡喔。第一次的團體，我們分享了對自己產生怒氣的經驗，像＊＊……，不知道大家對這樣的分享方式有什麼感覺？可以提出來談談。		
二、認識自己	分享自己在憤怒時會有的生理反應	5 分	無

（指導語）	我們今天要談的主題是有關和朋友之間的衝突，而產生憤怒情緒的經驗，比如說和室友或是同學等等。想先請問大家，你們是如何察覺一個人在生氣？有沒有什麼線索？那自己是不是也會有這些類似的反應？		
三、與氣憤共舞	使用語句完成法和其他成員分享憤怒時的反應	100 分	無
（指導語）	接下來我要請大家花 30 秒到 1 分鐘完成一個句子：「我很生氣因為……」或「……讓我很不高興」，選其中一個句型寫就行了，在這個句子中，請大家要包括人、事、時、地等因素，寫好之後就把它上傳到畫面上……。現在想請大家分享在當時的情境中，你們的心情如何？除了生氣，像不爽、覺得可惡啦等等，有沒有外在的生理反應？事情結束後又是如何？以及現在說出來之後的感覺如何？		
四、總結	摘要與回饋	5 分	無
（指導語）	我們今天分享了對朋友之間的憤怒情緒，大家可能發現到對朋友發怒和對自己生氣之間的差距，（摘要成員分享內容），有沒有人覺得還有一些話要提出來分享？		

單元企劃書

一、單元名稱：透視憤怒

二、單元目標：

　　1.希望成員能夠察覺與家人互動所產生憤怒情緒的原因

　　2.希望成員能夠分享與家人互動所產生憤怒情緒的原因

三、團體次數：第三次

四、領導組：羅映亭、王黍涓、俞可凌

五、團體時間：10 月 24 日（六）　10：00～12：00

六、活動內容及進行方式：

活動名稱	活動內容	時間	準備工具
一、回顧	告知此次團體的聯絡者及電話，並摘要前次團體內容。	2分	無
（指導語）	今天我們的團體聯絡人是＊＊，如果大家連線發生問題，或是其他緊急情況發生，請大家趕快聯絡＊＊，我們會進快解決問題。不知道大家還記不記得上次團體進行的情形，我們所談的主題，是與朋友或室友相處所產生的憤怒經驗，在聽完大家的分享，以及經過一個禮拜的沉澱，不知道大家有沒有其他的想法或感覺想再補充的？可以提出來和大家分享。（領導者會說上次團體概況，再由領導者和協同領導者分享自己的感覺。）		
二、透視憤怒	使成員察覺與家人互動所產生憤怒情緒的原因並分享	105分	無
（指導語）	今天我們所要進行的主題是與家人相處所產生的憤怒、不滿、或是討厭等情緒的經驗，大家可以想想最近或是令你印象深刻的經驗，是什麼時候？和什麼人？為了什麼事？發生的情況如何？你們各自說了哪些話？當時的心情如何？除了憤怒還夾雜了哪些情緒？是否是一直累積所造成的？……你們當時的心情又是如何？自己為什麼說了那些話？這件事結束了嗎？現在的感覺又是如何？你們在分享的前後心情是否不同？		
三、放鬆體操	請成員跟著螢幕指導語一個動作一個動作慢慢放鬆	10分	無
（指導語）	現在我們開始進行放鬆體操，請大家呈現一種最舒服的姿勢，眼睛要打開不要睡著了。由頭開始放鬆，想像有人在幫你按摩各個部位，頭往右轉再往左轉，往下看再往上看，由左而右轉兩圈，之後由右而左轉兩圈。接著肩膀往上提、放下，再往上提、放下。然後肩膀往前轉兩圈，往後轉兩圈。接著想請大家分享，做完放鬆提操後的心情與感覺。		
四.總結	摘要與回顧	3分	無

（指導語）	我們今天的團體進行的很順利，成員也分享了很多經驗，不曉得大家是不是收穫豐富？最後有沒有人想再說說自己的想法與感覺？那團體結束後，我們會傳一份團體回饋單到你們的e-mail 信箱，寫完後請大家在今天 5 點以前回傳給我們，請傳至＊＊的 e-mail 信箱……，那今天的團體就進行到這裡結束。

單元企劃書

一、單元名稱：情緒大回顧

二、單元目標：

　　1.回顧三次團體的分享進而重新體察自我情緒

　　2.成員互相分享及回饋

　　3.結束團體

三、團體次數：第四次

四、領導組：羅映亭、王黍涓、俞可凌

五、團體時間：10 月 25 日（日）　10：00～12：00

六、活動內容及進行方式：

活動名稱	活動內容	時間	準備工具
一、心情溫度計	請成員分享自己的心情溫度	20 分	無
（指導語）	阿囉哈，再進入主題之前，想先和大家玩個小遊戲，如果有一個溫度計從 0-10 度，從昨天活動結束到今天早上，你們認為自己的心情溫度是幾度？想一想並告訴我們為什麼？		
二、情緒大回顧	摘要前三次團體並分享	60 分	無
（指導語）	聽完大家的心情溫度計之後，我們要進入今天的主題，今天是我們第四次團體，也是我們最後一次，前三次我們都做了許多		

	分享，也聽到許多別人的經驗。在第一次我們談對自己的憤怒情緒，第二次談對朋友或室友的憤怒經驗，第三次談對家人的憤怒經驗。大家現在可以回想看看，是否有任何想補充的話？……現在，想請大家想一想這幾次活動下來，印象最深刻的是哪一次？		
三、總結	摘要與回饋	40 分	無
（指導語）	感謝大家這幾次的熱情參與，我們的團體到今天就要結束，在團體的最後，請大家想一想這幾次以來，自己參與過後的感覺，可以用一句話或一段話來表示。有沒有對誰的印象最深刻？在團體的最後想對他說些什麼？那我們的團體就要結束，再一次感謝大家的參與，如果大家都沒有其他想補充說的話，現在就和大家說 goodbye。		

其他議題團體範例三

團體企劃書

一、團體名稱：女人的秘密花園

二、團體目標：

　　1.協助成員客觀的檢視自己的外表

　　2.協助成員了解別人對自己優缺點的看法

　　3.協助成員對自我有更深一層的認識，覺察社會我與自己產生的衝突

　　4.與成員分享在生活上面臨的性別不平等的經驗分享，並以情緒探索為主

三、團體性質：兩性成長團體

四、團體時間：9：30～16：00

五、團體地點：S204

六、團體領導組：李郁瑋、潘子恩、宋冠婷、黃雅芸、周曉晴、阮孟薰

七、參加人數：11 人

八、指導老師：張景然老師

單元企劃書

一、單元名稱：維納斯的哀愁

二、單元目標：

　　1.協助成員認識團體性質、目標、進行方式與內容。

　　2.協助成員之間建立團體融洽、開放之氣氛。

3.協助成員訂定團體規範，以利活動之進行。

4.協助成員客觀的檢視自己的外表

三、團體次數：第一次

四、領導組：李郁瑋、阮孟薰、潘子恩

五、團體時間：9：30～10：50AM

六、活動內容及進行方式：

活動名稱	活動內容	時間	準備工具
一、團體性質	由領導者解釋團體性質	2	
（指導語）	**郁瑋**：首先非常歡迎各位今天來參與我們這個「女人的秘密花園」的小團體，我是三位領導者之一的郁瑋，這位是孟薰，以及子恩，另外，有三位觀察員，分別是：曉晴、冠婷以及雅云，還有一位督導淑儀，那麼，其實督導以及觀察員只是在觀察領導者在帶領團體的方式而已，而非在探聽成員的隱私，因此，各位可以放心這一點，我們絕對會做到保密的原則。 那麼我們這次團體活動的性質，是屬於成長團體，希望藉由參與這次的團體，能讓各位更深一層的探索自我，其實這就是我們團體的目標之一。 其實我們的團體是非常安全的，因此，大家可以放心的分享自己的經驗，並且互相給予回饋，剛好成員和領導者又都是女生，因此，大家更可以不用有太多顧忌。		
二、介紹團體主題	介紹團體主題與流程	8	紙、筆、規範樹
（指導語）	**孟薰**：我們這次團體的主題是「女人的秘密花園」，首先第一單元是「維納斯的哀愁」，主要是分享女人對外表的看法，第二單元「I,Me,Myself」是分享自己的內在特質，第三單元「囚鳥」，是站在女人的觀點來分享男女不同的生活經驗，第四單元「蛻變」，主要在回顧與分享。		
三、團體規範	1.領導者會先放一些我們認為重要的規	8	紙、筆、

	範		規範樹
	2.所有成員再自行寫出認為的規範，並自行貼上		
（指導語）	**郁瑋**：接下來我們就一起來訂定屬於我們的團體規範，其實規範只是為了要讓我們的團體進行的更順利，因此，希望在大家同意之下，就能夠一起遵守。 這邊我們已經先寫好了兩個規範給各位參考，像是尊重他人、不要小睡片刻…… （寫完後，請各成員自行貼到海報上） （領導邀請成員分享自己所寫的團體規範）		
四、自我介紹	領導者示範後，再讓成員逐一自我介紹	2	
（指導語）	**【示範】** **孟薰**：我是觀光系第二部，家庭有父母，哥哥和奶奶住另一個家，目前沒有打工也和家裡一起住，有一個男友交往兩年。我最自信的地方是背，最不滿意的地方是肚子。		
五、維納斯的哀愁	成員分享交換對於自己或成員外在的看法	55	
（指導語）	**【示範＋自我揭露】** **子恩**：相信經過以上成員間的自我介紹之後，大家彼此之間都有所了解；不曉得大家對美的定義是抱持什麼樣的看法？我會認為，自然、自信就是一種美，不知道有沒有成員願意和大家分享自己的看法		
六、結論	1.領導者摘要回顧此一單原來回饋給成員 2.結束技巧的使用，下一單元的預告	5	

單元企劃書

一、單元名稱：I , Me , Myself

二、單元目標：

　　1.以情緒爲主的內在探索

　　2.協助成員了解別人對自己優缺點的看法。

　　3.協助成員自我澄清。

　　4.協助成員對自我有更深一層的認識，覺察社會我與自己產生的衝突。

三、團體次數：第二次

四、領導組：宋冠婷、周曉晴、黃雅芸

五、團體時間：11：00AM～12：20 PM

六、活動內容及進行方式：

活動名稱	活動內容	時間	準備工具
一、摘要回顧	1.連結第一單元 2.摘要導入第二單元	5	
（指導語）	**冠婷**：上一單元，我們有分享到對外表的感覺和朔身、衣著的經驗，像 a 和 b、c 和 d 有類似的經驗……，那現在我們想分享一下對於內在部分的感覺。		
二、規則說明	使成員了解規則，並且使成員有時間思索對抽到名字的人的優缺點。	10	小卡
（指導語）	**冠婷**：這一單元「I,Me,Myself」，我們想聽聽大家是怎麼看團體中其他的人，所以待會每大家面前會有七張小卡，每張卡上寫著每一個成員的名字，請對抽到的人，分享對他的優缺點或第一印象的觀感，請問大家有問題嗎？		
三、I , Me , Myself	1.彼此分享傾聽活動內容，探問以情緒爲主的內在特質。 2.協助成員自我澄清，察覺自我缺點及	60	

	以優點增進成員接受度。 3.成員間的相互回饋，使團體動力流暢。 4.以受回饋者為主進行連結探索，注意反應情緒及連結。 5.注意抗拒的人和時間，且不要給建議。		
（指導語）	【示範】 **曉晴**：（設計曉晴抽到我的那一張）像我覺得冠婷最大的優點就是什麼都想嘗試，例如他參加救生班、教練班、出服務隊、參加成報……，比較不好的缺點，就是責任感較薄弱，常三分鐘熱度。 【示範＋自我揭露】 **冠婷**：想什麼都學除了好奇外，是因為我對未來有一份焦慮，害怕自己什麼都不會、沒有深度，所以我努力想培養自己，但最後又不能取捨要堅持下去的東西，做太多事，有太多期許，挫折、無力感使我容易疲倦，所以最後常又段時間不想做任何事情，所以讓很多機會溜掉了……。		
四、結論	1.討論及分享對此活動的感覺及發現 2.摘要成員內容 3.提醒便當收費及用餐時間和地點	5	

單元企劃書

一、單元名稱：囚鳥

二、單元目標：

　　1.以暖身活動提振精神

　　2.摘要引領成員進入主要單元，並與上單元做連結

　　3.與成員分享在生活上面臨的男女不平等的經驗分享，並以情緒探索為

　　主。

　　4.引導內容以家庭為主,備案為愛情和打工部分的男女不平等的不平之

　　　鳴。

三、團體次數:第三次

四、領導組:李郁瑋、阮孟薰、周曉婷

五、團體時間:1:10~2:30 PM

六、活動內容及進行方式:

活動名稱	活動內容	時間	準備工具
一、暖身活動	請成員像左右兩邊的成員肩膀互相捏幾下,或做簡易伸展,提振精神	3	
(指導語)	【示範】 郁瑋:大家剛吃飽飯,大家來提提神,來,大家向右轉幫身旁成員捏捏肩,提振一下精神。		
二、摘要回顧	1.與第三單元摘要連結 2.使用指導與帶領進入回饋分享的氣氛	10	
三、男女大不同	1.引導成員寫出男女不同的地方,以進而探討情緒部分。 2.男女在生活經驗衝突的情緒分享	62	紙、筆
(指導語)	孟薰:在生活週遭中,男人的思考方式似乎就是與女人不一樣,總是不知道我們在想什麼!請各位成員想想男女到底有什麼方面不一樣,不論在想法、行為、地位等,都可以寫在這張卡上。 【示範＋自我揭露】 孟薰:對我來說,在精神上雖然對我和哥哥都很好,但家人似乎總是不理解我的決策,哥哥買東西都是應該的,我買就是浪費錢。譬如:他買 PDA,家人覺得很合理,多天我不過買個暖氣,就被唸的要死。零用錢也老是比我多,讓我覺得好像我是女兒總是像潑出去的水,花錢就是浪費。有時真是覺得有點		

	不公平，還想是不是長大了他們就不疼我了，這有時會令我沮喪！		
四、結論	1.討論及分享對此活動的感覺及發現 2.摘要成員內容	5	

單元企劃書

一、單元名稱：蒙娜莉莎的微笑

二、單元目標：

    1.成員互相回饋

    2.結束團體

三、團體次數：第四次

四、領導組：黃雅云、宋冠婷、潘子恩

五、團體時間：14：40～16：00 PM

六、活動內容及進行方式：

活動名稱	活動內容	時間	準備工具
一、暖身及摘要	領導者對前三次團體作摘要，邀請成員發言，看是不是有什麼想要補充或感覺要何大家分享。	5	
（指導語）	**雅云**：在經過一整天的活動之後，我們已經對自己和對朋友都有更深一層的瞭解。如比說，在第一單元中，我們的題目是維納斯的哀愁，談到了每位成員不同的塑身和減肥的經驗，比如說像某某成員和某某成員的經驗是類似的…… （冠婷做第二單元的摘要，子恩做第三單元的摘要） **冠婷**：第二單元，I,Me,Myself 我們談到別人如何看自己，自己又如何看自己，在社會我和真實我中我們發現了一些誤解，		

	希望這個單元能幫助大家來了解自己。		
	子恩：我們在第三階段談論的是有關於男女之間的差異性。		
規則解說	做完摘要之後，雅云繼續接著以下說：	5	
（指導語）	雅云：相信在經過今天一整天的活動之後，大家一定會更瞭解自己的死黨，對於他們每個人又有更深一層的瞭解，也一定會有一些話想跟某些人說。等一下我們會發下小卡，每個人手上會有三張，利用五分鐘的時間寫給三個人你想給他們的話。剩餘的小卡我們會放在中間，如果還想再寫，可以從中間再拿小卡。 （大家寫完之後） 雅云：有沒有哪位成員要先來回饋給其他成員的？ 某某某，你有沒有想要給誰回饋的？……		
二、蛻變	1.發給每個人三張小卡，寫下自己想對團體內的哪一位成員作回饋，如果時間允許，想要多寫的人中間還有小卡片。 2.讓成員思考及寫卡片 　(a)成員間相互回饋 　(b)領導者自我揭露。 　(c)若時間不夠可以只寫一句話	30	小卡、紙
三、臨別的鐘聲	1.對第四次團體作回饋（讓成員輪流發言） 2.說明團體即將要結束，詢問成員是否還有想要與大家分享的事或有什麼話想補充 3.結束第四次團體	35	

其他議題團體範例四

團體企劃書

一、團體名稱：台灣阿錢～啊～money——金錢觀團體

二、團體目標：

　　1.成員分享家庭影響自己的金錢觀進而自我覺察

　　2.成員分享自己的金錢觀，繼而覺察金錢跟自己個性／家庭的關係

　　3.從兩性關係來覺察自己的金錢觀，分享自己在兩性關係裡運用金錢的
　　　經驗

　　4.成員分享除了家庭、兩性以外的人際關係對自己金錢觀的影響

三、團體性質：封閉性、結構性

四、團體時間：9：30～16：00

五、團體地點：S203

六、團體領導組：文以軒、顏桂和、張因韻、楊慧娟、陳節瑜、趙君兒

七、參加人數：12 人

八、指導老師：張景然老師

單元企劃書

一、單元名稱：撲滿的迷思——家庭關係中的金錢觀

二、單元目標：

　　1.使成員認識團體及其進行方式，了解團體主題目標。

2.訂定團體規範，增進成員間的凝聚力。

3.成員分享家庭影響自己的金錢觀進而自我覺察。

三、團體次數：第一次

四、領導組：文以軒、顏桂和、張因韻

五、團體時間：9：30～10：50AM

六、活動內容及進行方式：

活動名稱	活動內容	時間	準備工具
一、前言	介紹領導者、協同領導者、活動主題	5'	名牌、海報
（指導語）	**以軒**：各位成員大家早，歡迎大家來參加我們這次的團體，我是團體第一單元的領導者以軒，因韻、桂和是這個單元的協同領導者，那慧娟、君兒、節瑜是觀察員，他們都不會參與這個單元的團體進行。淑儀助教（或老師）則是團體的督導，他們所紀錄的內容無關於我們分享的內容，只是在旁指導我們，紀錄一些我們運用的技巧，不用太擔心。我們的團體主題是「台灣阿錢～㊣」，聽到這個主題就知道我們今天就是要來分享有關於大家對金錢觀的想法與經驗。 **因韻**：不論大家是否有參加過團體的經驗，我們先對團體做個小小的說明。其實呢……我們這個團體是十分開放、自由的，可以提供大家一個安全的環境—暢所欲言，藉由大家彼此分享的經驗與探索來幫助大家獲得自我覺察成長，所以團體不是要教你什麼，也不是在解決問題，更不是團康活動，最重要的就是每個人都能真誠地與大家分享互動，所以希望大家能盡量多分享。今天我們整天的團體，請大家看看牆上的海報，我們主要會從家庭、自我、兩性、人際這四個方面來分享我們的金錢觀，希望大家能暢所欲言唷！		
二、自我介紹			
（指導語）	**桂和**：在我們開始第一單元之前，我想大家應該對彼此都還有點陌生，所以我們先來做個自我介紹吧！【**以軒做示範**】		

	大家好，我是以軒，……[姓名、家庭狀況、個性、用錢ㄉ態度（打工、消費、零用錢）、對團體的期望及感覺]【因韻預備】		
三、請成員開始自我介紹		25'	
（指導語）	以軒：嗯……那大家現在都對彼此比較熟悉了吧！那就是希望呀在接下來這一天的團體中，大家能以叫成員的名字為主，盡量不要有暱稱的出現比較好。		
四、訂規範撲滿	激發成員訂定團體規範	5'	紙鈔、壁報紙撲滿豬
（指導語）	以軒：進行活動前，為了讓我們的團體能進行的更順利，所以我們得先訂一些大家都同意、能遵守的規範，例如：保密、敞開心胸、……現在請大家想想還有沒有什麼其他規範是你認為大家必須要遵守的呢？那我們先給大家 30 秒，若紙不夠還可以從中間拿。(成員寫、分享)若是你今天有突然想到都可以在各單元中隨時提出來唷！看大家想出這麼多的規範，那也希望大家一定要遵守這些大家共同的團體默契唷！ 【因韻作示範】		
五、撲滿的迷思		43'	金幣 30 顆 8份、家庭成員表 8 份
（指導語）	以軒：所以我們接下來有個小活動，大家都會分到一份分別代表家庭每個成員的家庭成員表，和一些金幣，每個家庭成員最多可以用到五個金幣，給大家一分鐘的時間，根據你自己的觀察和判斷，就家庭中其他成員對金錢使用的觀念與行為來看，對金錢使用的態度愈開放，就給他貼上愈多金幣，愈保守謹慎的成員就給他較少的金幣。【因韻作示範】 請大家完成後，可以稍微思考一下，為什麼會做出這樣的分配，他們的態度帶給自己的又是什麼想法？（澄清：這裡是指必要的開銷外）。		
六、摘要及結束	摘要這單元的內容和做這單元的結束。	2'	

（指導語）	**因韻**：經過剛剛的團體，我們一起分享了自己與其他成員的家庭金錢觀念，相信大家對於自我的金錢觀有更多不同的體會，(連結、摘要)大家對於這次團體還有什麼想補充或想給其他成員的回饋的嗎？……如果沒有其他問題的話，那我們第一單元的團體就在此告一個段落了！謝謝大家！那我們現在休息 10 分鐘！請大家將名牌放置在原地！11 點準時回來進行下一個單元有關個人的團體內容別遲到囉！

單元企劃書

一、單元名稱：金錢報——關於自我的金錢觀

二、單元目標：成員分享自己的金錢觀，繼而覺察金錢跟自己個性／家庭
　　的關係。

三、團體次數：第二次

四、領導組：陳慧娟、文以軒、陳節瑜

五、團體時間：11：00AM～12：20 PM

六、活動內容及進行方式：

活動名稱	活動內容	時間	準備工具
一、前言	介紹領導者、協同領導者、單元主題。	10’	
（指導語）	**慧娟**：我是團體第二單元的領導者慧娟，以軒、節瑜是這個單元的協同領導者，因韻、桂和、君兒是觀察員，他們都不會參與這個單元的團體進行。在第一單元『撲滿的迷思』中，大家都談到了家庭的金錢觀，＜連結、摘要＞。在這個單元裡，我們將進行的是金錢報。這個單元裡，我們會更進一步的分享大家自己的金錢觀。嗯～因為我剛剛是觀察員，所以就讓我簡單的做個自我介紹。……那我們再請剛剛上個單元的另一位觀		

	察員怡潔也來做個簡單的自我介紹吧！			
二、為著十萬 call	用個人的金錢分配連結上個單元引導出自我金錢觀的討論	60'		圓餅圖、筆8 枝
（指導語）	**慧娟**：嗯～～ok!!我們這個單元的名稱叫作『為著十萬 call』！讓我們來聊聊前一陣子最紅的樂透吧！～先請大家想想喔～如果今天你中了樂透頭獎，一下子擁有十萬元，你會怎麼運用呢？(發)大家利用你們面前的圓餅圖畫出你會怎麼分配你的十萬元呢？給大家一分鐘的時間思考一下(這整個圓餅圖就是100000 元)要清楚的寫明比例及數目唷！【軒作示範】(成員分享)……可用星座／未來等引導…… ◎觀察員拿便當去……			
三、摘要及結束	摘要這單元的內容和做這單元的結束。	10'		
（指導語）	**節瑜**：經過剛剛的團體，我們一起分享了自己與其他成員的金錢觀念，相信大家對於自我的金錢觀有更多不同的體會，(連結、摘要)大家對於這次團體還有什麼想補充或想給其他成員的回饋的嗎？……如果沒有其他問題的話，那我們第二單元的團體就在此告一個段落了！謝謝大家！那我們現在休息 50 分鐘！吃頓好餐囉!請大家將名牌放置在原地！1 點 10 分準時回來進行下一個單元有關兩性的團體內容別遲到唷！			

單元企劃書

一、單元名稱：錢途茫忙盲──兩性關係中的金錢觀

二、單元目標：

　　從兩性關係來覺察自己的金錢觀，分享自己在兩性關係裡運用金錢的經驗。

三、團體次數：第三次

四、領導組：趙君兒、陳節瑜、顏桂和

五、團體時間：1：10～2：30 PM

六、活動內容及進行方式：

活動名稱	活動內容	時間	準備工具
一、摘要前一單元及連結		30'	
（指導語）	**君兒**：各位成員大家午安，我是這一個單元的領導者君兒，節瑜、桂和是協同領導者，觀察員是以軒、因韻、慧娟，他們都不會參與我們團體的進行。我們剛在前一個單元──金錢報，是透過圓餅圖了解各個成員使用金錢的態度（連結）。		
二、暖身活動			圈叉牌 8 份
（指導語）	**桂和**：剛剛大家才享用完美食，一定有點睡意，為了不要錯過接下來的分享，我們要稍稍提振一下大家的精神。現在發給大家兩個牌子，一個是圈牌，一個是叉牌，請大家伸出雙手，把牌子拿起來，依循我的問題來作答。 第一題，大家有吃飽嗎？ 第二題，便當好吃嗎？ 第三題，有交過男／女朋友嗎？……很好，相信大家已經清醒了許多，我們這個單元名稱叫做『錢途茫忙盲』，主要是在分享兩性關係中，彼此的金錢觀是否有影響呢？既然大家都有過交往的經驗，那我們現在請大家回想一下，與大家分享一下，在你們的交往經驗裡，兩個人是如何去處理關於金錢的問題呢？【君兒作示範】		
三、愛情答客問		45'	
（指導語）	**節瑜**：〈連結、摘要前一部份的經驗分享〉 有人說愛情是金錢的推砌，例如電影『心動』中，金城武典當吉他為了跟 gigi 約會，還有張震嶽那首『我要錢』，因為交了新的女友而伸手向家人要錢的例子，都透露出了兩個人在一起往往需要花 1～2 倍的錢，不論是單方面或雙方面～～兩人的		

	金錢觀也是兩個人花錢的關鍵所在，相信或多或少也會影響到關係的發展。所以我們現在要進行的這個活動是承接上個分享的內容，叫做『愛情答客問』，請大家在把手上的牌子拿出來，我們會問一個問題，若是你覺得這一題答案是肯定的，就舉圈圈的牌子，以此類推。 Q：交往經驗中，是否曾與另一半在用錢態度、金錢觀念及經濟狀況的不同，導致自己或對方產生不舒服的感覺嗎？		
摘要及總結 （指導語）		5'	
	君兒：……大家對於這次團體還有什麼想補充或想給其他成員的回饋的嗎？……如果沒有其他問題的話，那我們第三單元的團體就在此告一個段落了！謝謝大家！那我們現在休息 10 分鐘！請大家將名牌放置在原地！準時回來進行下一個團體內容別遲到唷！		

單元企劃書

一、單元名稱：錢進大未來──人際關係中的金錢觀

二、單元目標：

　　成員分享除了家庭、兩性以外的人際關係（人、事、時、地、物）對自己金錢觀的影響，並給予成員回饋。

三、團體次數：第四次

四、領導組：張因韻、楊慧娟、趙君兒

五、團體時間：2：40～4：00 PM

六、活動內容及進行方式：

活動名稱	活動內容	時間	準備工具
一、摘要、連結前三階段		10'	
（指導語）	**因韻**：大家好，我是這個單元的領導者因韻，慧娟、君兒是這個單元的協同領導者，節瑜、桂和和以軒是此單元的觀察員不會參與團體的分享。在第一個單元裡面，我們則是分享了家庭對我們自己本身金錢觀的影響，而……（連結和摘要）。 **慧娟**：在第二個單元裡面大家一起深入的分享了自己的金錢觀，我們可以發現……（連結和摘要）。 **君兒**：那在上一個單元中，我們則對兩性之間彼此的金錢觀影響做了個別的經驗分享，其中……（連結和摘要）。		
二、分享		40'	
（指導語）	**因韻**：這個單元叫做『錢進大未來』，我們所要分享的則是除了家人與兩性以外的人際關係，因為相信大家在日常生活中，除了家人和男女朋友以外，還會接觸到各式的人，這些人可能是朋友、同學、同事等等。那麼大家來聊一聊，除了我們之前聊過的家人兩性以外，有沒有一些特別的人或是事件，激盪了你自己本身在金錢觀的一些想法。【**君兒作示範**】 **慧娟**：摘要、連結並給予回饋		
三、回饋		30	金幣袋 8 份
（指導語）	**慧娟**：相信今天大家得到了很多值得參考的經驗，那接下來我們要作一個小小的回饋，每個人面前都有 50 個金幣，請大家斟酌一下，把它放在你們想回饋的成員面前，同時對他做回饋。【**因韻作示範**】		
四、總結			
（指導語）	**君兒**：最後今天一整天下來，大家分享了很多，不論是家庭、兩性關係方面，相信大家都有一些啟發或想法，不知道有沒有成員想分享一整天下來的感覺呢？其實因為我們這次所設計的這個團體主題很新，對我們而言是十分具有挑戰性的一項工		

程。我們都是很戰戰兢兢的在帶這次的團體，真的很希望藉由這次的團體能給大家一個實質的回饋！不論在檢視自己運用金錢態度上或是聽到其他與自己相似經驗的成員分享，都能獲益匪淺！

弘智文化價目表

書名	定價		書名	定價
社會心理學（第三版）	700		生涯規劃：掙脫人生的三大框梏	250
教學心理學	600		心靈塑身	200
生涯諮商理論與實務	658		享受退休	150
健康心理學	500		婚姻的轉捩點	150
金錢心理學	500		協助過動兒	150
平衡演出	500		經營第二春	120
追求未來與過去	550		積極人生十撇步	120
夢想的殿堂	400		賭徒的救生圈	150
心理學：適應環境心靈	700			
兒童發展	出版中		生產與作業管理（精簡版）	600
如何應用兒童發展的知識	出版中		生產與作業管理(上)	500
認知心理學	出版中		生產與作業管理(下)	600
醫護心理學	出版中		管理概論：全面品質管理取向	650
老化與心理健康	390		組織行為管理學	出版中
身體意象	250		國際財務管理	650
人際關係	250		新金融工具	出版中
照護年老的雙親	200		新白領階級	350
諮商概論	600		如何創造影響力	350
兒童遊戲治療法	出版中		財務管理	出版中
認知治療法	出版中		財務資產評價的數量方法一百問	290
家族治療法	出版中		策略管理	390
伴侶治療法	出版中		策略管理個案集	390
教師的諮商技巧	200		服務管理	400
醫師的諮商技巧	出版中		全球化與企業實務	出版中
社工實務的諮商技巧	200		國際管理	700
安寧照護的諮商技巧	200		策略性人力資源管理	出版中
			人力資源策略	出版中

書名	定價		書名	定價
管理品質與人力資源	290		全球化	300
行動學習法	350		五種身體	250
全球的金融市場	500		認識迪士尼	320
公司治理	出版中		社會的麥當勞化	350
人因工程的應用	出版中		網際網路與社會	320
策略性行銷（行銷策略）	400		立法者與詮釋者	290
行銷管理全球觀	600		國際企業與社會	250
服務業的行銷與管理	650		恐怖主義文化	300
餐旅服務業與觀光行銷	690		文化人類學	650
餐飲服務	590		文化基因論	出版中
旅遊與觀光概論	出版中		社會人類學	出版中
休閒與遊憩概論	出版中		購物經驗	出版中
不確定情況下的決策	390		消費文化與現代性	出版中
資料分析、迴歸、與預測	350		全球化與反全球化	出版中
確定情況下的下決策	390		社會資本	出版中
風險管理	400			
專案管理的心法	出版中		陳宇嘉博士主編 14 本社會工作相關著作	出版中
顧客調查的方法與技術	出版中			
品質的最新思潮	出版中		教育哲學	400
全球化物流管理	出版中		特殊兒童教學法	300
製造策略	出版中		如何拿博士學位	220
國際通用的行銷量表	出版中		如何寫評論文章	250
			實務社群	出版中
許長田著「驚爆行銷超限戰」	出版中			
許長田著「開啟企業新聖戰」	出版中		現實主義與國際關係	300
許長田著「不做總統，就做廣告企劃」	出版中		人權與國際關係	300
			國家與國際關係	出版中
社會學：全球性的觀點	650			
紀登斯的社會學	出版中		統計學	400

書名	定價		書名	定價
類別與受限依變項的迴歸統計模式	400		政策研究方法論	200
機率的樂趣	300		焦點團體	250
			個案研究	300
策略的賽局	550		醫療保健研究法	250
計量經濟學	出版中		解釋性互動論	250
經濟學的伊索寓言	出版中		事件史分析	250
			次級資料研究法	220
電路學（上）	400		企業研究法	出版中
新興的資訊科技	450		抽樣實務	出版中
電路學（下）	350		審核與後設評估之聯結	出版中
電腦網路與網際網路	290			
應用性社會研究的倫理與價值	220		書僮文化價目表	
社會研究的後設分析程序	250			
量表的發展	200		台灣五十年來的五十本好書	220
改進調查問題：設計與評估	300		２００２年好書推薦	250
標準化的調查訪問	220		書海拾貝	220
研究文獻之回顧與整合	250		替你讀經典：社會人文篇	250
參與觀察法	200		替你讀經典：讀書心得與寫作範例篇	230
調查研究方法	250			
電話調查方法	320		生命魔法書	220
郵寄問卷調查	250		賽加的魔幻世界	250
生產力之衡量	200			
民族誌學	250			

團體諮商的觀念與應用

作　　　者／張景然

發　行　者／弘智文化事業有限公司

　　　　　　登記證：局版台業字第 6263 號

　　　　　　地址：台北市丹陽街 39 號 1 樓

　　　　　　E-mail:hurngchi@ms39.hinet.net

　　　　　　郵政劃撥：19467647　戶名：馮玉蘭

　　　　　　電話：(02) 2395-9178．0936252817

　　　　　　傳真：(02) 2395-9913

發　行　人／邱一文

經　銷　商／旭昇圖書有限公司

　　　　　　地址：台北縣中和市中山路二段 352 號 2 樓

　　　　　　電話：(02) 22451480　　傳真：(02) 22451479

製　　　版／信利印製有限公司

版　　　次／93 年 3 月初版一刷

定　　　價／400 元

ISBN ／957-0453-97-4

國家圖書館出版品預行編目資料

團體諮商的觀念與應用 / 張景然著. -- 初版. --
　　臺北市 ：弘智文化, 民93
　　面 ； 公分
　　ISBN 957-0453-97-4(平裝)

　　1. 諮商 2. 團體治療

178.4　　　　　　　　　　　　93000669